GA日記

二川幸夫

A.D.A. EDITA Tokyo

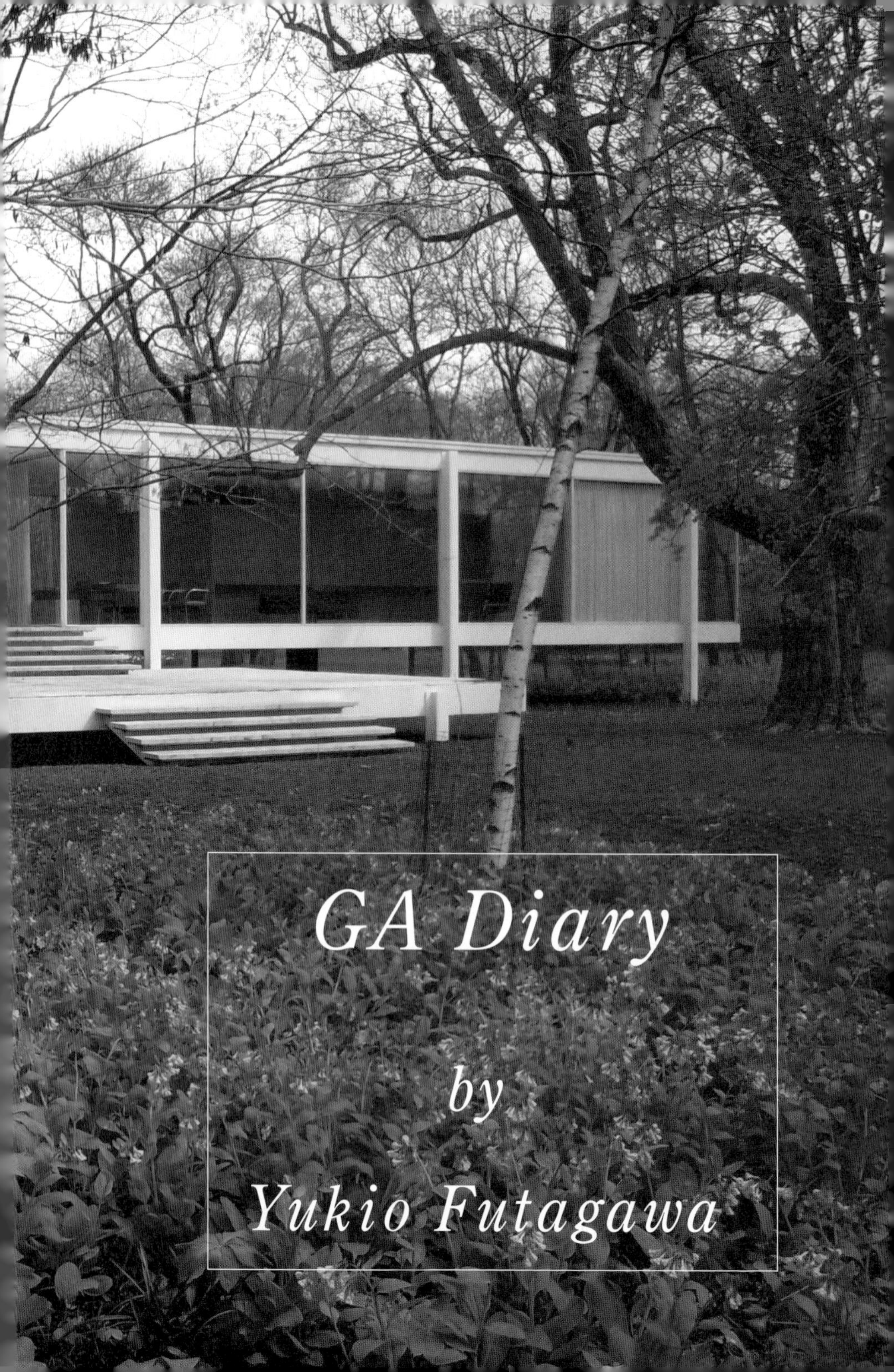

GA Diary

by

Yukio Futagawa

目次

GA日記

1992年　6 — 7月

六月二一日（日）

正午発ＪＡＬ405便、パリ行き直行便。満席。十二時間三〇分の旅の道中がおもいやられる。バブルの最盛期に比べると、最近少しは座席も空きぎみだったのに、長距離の旅行には、精神的にも一番疲れる満席である。

一九五九年から旅行しているが、当時は、ジェット機にまじってヨーロッパやアメリカの地方都市を結ぶ航空路はプロペラ機が多く、今日のジャンボのように高度一万メートルより低い所を飛んでいたので揺れもひどく、喘息のような爆音は、それだけでもぐったりしたものである。ジャンボになって一番良かったのは、やはり揺れが少なくなったことだと思う。

夕方の五時、三〇分も早くパリ、シャルル・ド・ゴール空港に着く。曇り空。十八℃。湿度が低いので東京より清々しい空気が周囲を包む。透明感が何ともいえない。タクシーで街に入ると、一ヵ月前より街路樹の葉が繁っていて、街並みがはっきりと見えないくらいになっていた。このグリーンの帯はいつ見ても美しい。やはりここは世界一美しい街だとつくづく思う。セーヌ川に出て、ルーヴル美術館の大改造が順調に進んでいるのを見ながらサン・ジェルマンに着く。夜七時だというのに街は昼間のように明るく、夏のヨーロッパの特徴が街いっぱいに広がっていた。

六月二二日（月）

朝、目をさますと快晴。昨日の白い空とは反対にコバルト色の青空が広がり、パリは白一色に見える。

アンリ＆ブルーノ・ゴーダンの「フランス・スポーツセンター」の撮影にかかる。パリ大学の敷地と道路ひとつ隔てた場所に、事務所とスタジアムの建設が進行している。スタジアムはまだ根切りの段階であるが、事務所棟は完成していた。

△▷アンリ&ブルーノ・ゴーダン：フランス・スポーツセンター、1992年（GA Document 34）

一ヵ月前には内部の工事が進んでいたが、今はすっかり出来上がり、客船を想わせるような外観。彼は以前、船に乗っていた時期があったので、初期のハウジングや学校建築にそれを想わせる造形が数多い。曲線を強調した外観。アルヴァ・アアルトを感じさせる内部空間。しかし彼は着々とゴーダン流の建築の完成を目指していることを感じさせる。クリスチャン・ド・ポルザンパルクと共にフランス現代建築のリードマンとしての丁寧な仕事ぶりである。ちょうどオリンピックの前なので人の出入りが激しく、一階のロビーではフランス代表のスポーツウェアが箱から取り出されていた。バルセロナのオリンピックが近づいていることを感じさせられる。

　現在パリはなかなかの建築ブームで、至る所で計画が進んでいる。ミッテランが大統領になってからのパリの建築ラッシュは、恐らくヨーロッパでは最大規模のものではないだろうか。新しいオペラ座の完成、デファンスの中心部分のモニュメント、新しい図書館の計画。特にポルト・デ・ベルシーのセーヌ川を挟んだ大ハウジング群や、その対岸に建設中のフランク・ゲーリーの「アメリカン・センター」（p.83）といったものが今後続々と完成されてゆくはずだ。パリの街が少しずつ計画的に改造されてゆくのが実感される。旧市街の美感を損なわずに大パリ建設に向かって着々と、整然と進んでいるのはオスマンのパリ計画からの伝統だろうか。

　夜は「ヴィラ・ダラヴァ」の撮影の約束があったので一〇時頃、パリ郊外のサン・クルーの丘の上にある住宅を訪れる。ちょうど設計者であるOMAのコールハースが来ているので説明をしてくれるとかで、夜景の撮影の支度をして行く。一〇時三〇分というのにまだ明るく、恐らく夜景になるのは十一時頃。久々にコールハースに会う。少し若返ったようだ。

△▷OMA：ヴィラ・ダラヴァ、1991年（GA Houses 36）

レム・コールハース、ヴィラ・ダラヴァにて

やはり昨今彼は仕事が好調なのだろう。例によってコンセプトの説明。地獄と極楽、自然と都市と、両極端の現象を対立させて計画したとか。屋上から見るプールを介して遠くに聳えるエッフェル塔が美しい。クライアント夫妻が八年間かけてコールハースと共に計画し完成させた道中の話の方が、コンセプトの説明より興味があった。住宅の計画の密度は高く、気持ちの良いインテリアもなかなかのもの。今日で三度目の訪問であるが、工事中の印象よりはるかに充実しているのは見事であった。クライアントは私の親友である、パリの出版社モニトゥールの社長ビジエ氏の協力者の一人である。建築には素人であるが、世の中には建築を理解していることにかけては本職の建築家より優れた人がたまにいて、彼はまさしくその一人であることを話を聞きながら感じる。同時に奥さんがまたまた大変なインテリで、フランスによく見られる最高のインテリ夫妻である。私の持論である、良い建築は、クライアント、建築家、施工者が最高のレベルに在った時に出現することがここで見事に証明されている。

六月二五日（木）

今日は曇り。ポルザンパルクの音楽都市、西棟の音楽学校（一九九〇年完成）のペアとして建設されている、コンサートホール・美術館・寄宿舎等からなる東棟ブロックを見学。外観はほとんど完成しているが工事が止まっているように見える。聞くところによると、内部の部屋割りの

ベルナール・チュミ：ラ・ヴィレット公園、1998年
（GA Document 26）

クリスチャン・ド・ポルザンパルク：音楽都市、東棟、1995年
（GA Document 44、写真は完成後撮影）

変更のために完成が遅れるとか。例の如くのフランス政府の気ままな変更。何しろ法律も絶えず変更してしまう不思議な国である。道路を隔てた向かい側のホテルは順調に工事が進んでいる。民間企業がクライアントのためらしい。こちらは一九九三年に完成とか。「ラ・ヴィレット」と称するこの付近はパリの屠殺場の跡地で、一九八六年に完成したエイドリアン・ファンシルベルの「パリ科学産業博物館」、ベルナール・チュミの「ラ・ヴィレット公園」、アルド・ロッシのハウジングが並び、少し離れた所にはレンゾ・ピアノのハウジングも最近完成している。

六月二八日（日）

ロンドンに行く。大変暑い。二九℃。空は晴れているが白く、ほとんどの家屋は冷房がないので、昔の日本の暑さを思い出す。四日間の滞在で最後の日だけ二六℃に下がる。ロンドン動物園が予算の都合で九月に閉鎖されると聞いて撮影にきたのだが、こちらの情報では閉鎖にならないとか。どちらを信用してよいのか分からないが、ひとまず動物園で撮影を始める。以前、一〇年くらい前だと思うが、その時の印象よりきれいになっている。キャッソン／コンダー事務所の象の館も、セドリック・プライスの大鳥籠も、ルベトキンのペンギン・プールも、その設計の確かさは、今でも古い感じがない。やはり動物園の傑作だと思う。

七月五日（日）

いよいよオランダ、ドイツの旅が始まる。昨夜の夜景の撮影が終わったのが十一時三〇分。帰ってフィルムの詰めかえを終了したのが二時。

　朝七時出発。A1を北上。一週間前からのフランス・トラック組合のストライキのために、フランスの主要な幹線道路はトラックが封鎖しているので移動は大

ルベトキン、ドレイク&テクトン：ペンギン・プール、ロンドン動物園、1934年

エイドリアン・ファンシルベル：パリ科学産業博物館、1986年（GA Document 19）

変だとフランスの友人たちに話を聞いていた。しかし、なかなか全貌がつかめない。パリから五〇キロ走った所でA1の北上は駄目。迂回路にまわる。日本でいえば旧東海道のような道が整備されていて、バカンスの時などこの道を利用した方がスムーズに行くことを知っていたので迂回路をとったが、やはり道は混んでいた。普通三時間くらいでベルギーの国境に辿り着くのに今日は五時間。小さな街で、ベルギーに向かうための国境の所在地がわからないのには閉口した。出発の時は雨が降っていたが、北上と共に薄日が出て期待を持たせる。

ロッテルダムに二時頃到着。工事中のOMAの近代美術館「クンストハル」を見る。八〇%位の完成。パリの住宅と同じ手法。鉄とガラスが明快な線で構成されている。彼の建築は夜景が美しいが、この建築も完成した時はきっと夜景が美しいだろうと想像する。現場は休みらしく中に入ることはできなかった。ロッテルダムはオランダの中でも特にモダン建築が多い。一九三〇年代の建築が今日でも数多く見られるし、この建築の近くにある美術館の周囲にも三〇年代の住宅を見ることができる。ヒルヴェルサムにあるリチャード・マイヤーの建物「オランダ王立製紙会社本社屋」の明日の撮影のためにと下見に行く。高速道路に沿って建っているために車を止めて見ていると突然に晴れだした。急いで外観の撮影にとりかかる。時間は六時だというのに日はまだ高い。八時まで二時間、ゆっくりと西側の重要な部分の撮影をする。こじんまりとしたマイヤー流の白い空間。

七月六日（月）

快晴。昨日の続きの撮影。撮影の許可を受付で伝えると駄目だと言う。「マイヤーから連絡があるはずだから」と言ったが、「担当者がいない」と言う。こんなことは

リチャード・マイヤー：オランダ王立製紙会社本社屋、1992年（GA Document 34）

OMA：クンストハル、1992年（写真は工事中）

いつもよくあるので、例の強引さで許可をとる。彼らは「数日前に言ってくれ」と言うが、こちらは天気の都合で旅行しているので、そんな連絡はできないし、「もし駄目だったら帰ります」と簡単に帰る支度をする。しばらくすると「東京からやってきたのだからいいでしょう」とか。撮影とはいつも因果もので、スムーズにはいかない。もちろん帰る気などないのだが。芝居、芝居。昨日、西側を撮影しているので午前中に終わる。

四八〇キロ先にあるフランクフルトに直行、五時頃に着く。太陽は高い。ボレス+ウィルソンの「フランクフルト市立幼稚園」撮影のためである。まだ手直し中の建物の中に数人の職人がいたが、内部の撮影を始める。ピーター・ウィルソンらしい丁寧な室内。よく考えられた幼稚園。彼は今、ロンドンから奥さんの里であるドイツに帰ってミュンスターの大きな図書館（「ミュンスター市立図書館」p.45）を建設中。

七月七日（火）

朝曇っている。今日は駄目だと思っていたら午後から晴れだした。ちょうど全体が朝の光より午後の光の方が良いので、夜八時頃まで撮影する。

七月八日（水）

朝から幼稚園の撮影。しかし明日、市に渡すために大がかりな手直し工事。各内部に職人が入っているので撮影どころではなかった。前日に撮影していてよかったと思う。撮影にはいつもこんなアクシデントがつきものだ。一〇時に切り上げてシュトゥットガルトのギュンター・ベーニッシュ「アルベルト・シュヴァイツァー校」に行く。しかしせっかく飛ばしてきたのに曇り。よしとばかりに一路北上。カッセル近郊のジェームズ・スターリングの遺作を見に行く。先日ロンドンにいた時には、彼が亡くなったことを知らなかった。三ヵ月前にロスでフラン

ベーニッシュ&パートナーズ：アルベルト・シュヴァイツァー校、1991年（GA Document 34）

ボレス＋ウィルソン：フランクフルト市立幼稚園、1992年（GA Document 34）

ク・ゲーリーが、「明日スターリングが来るから昼食を一緒にしよう」と言っていたが、前からの約束があったので会えなかった。残念だ。カッセルに着いて下見。その足で明日のためにシュトゥットガルトまで帰る。千キロの旅。少々疲れる。

七月九日（木）

朝シュトゥットガルトの空港のホテルを七時に出発。ベーニッシュの小学校「アルベルト・シュヴァイツァー校」の午前中の撮影。うまく晴れてくれる。終わり次第ウルムにあるマイヤーのボイラー工場「ヴァイスハウプト・フォーラム」の撮影に向かう。ウルムから少し外れた田園の中の小さな町にあるので行き着くまでがもどかしい。運悪く橋が工事中のため大廻り。しかし条件が整っていて撮影は順調に進む。また一路シュトゥットガルトへ。夕方の「小学校」は光が最高。七時三〇分に終わる。このような撮影の仕方を人は信じないが、夏の撮影で日中に内部を撮ることがない時は、その時間を移動にあて、午前中と午後遅くに撮ることにしている。今日も五〇〇キロの行程。五〇〇キロといえば東京から大阪への距離。やはりアウトバーンのおかげ。日本では考えられない移動距離だ。

七月十三日（月）

ドイツの撮影が終わったので一度パリに帰り、スイス、イタリアの旅に出る。マリオ・ボッタのスイスにある二軒の住宅と二軒のオフィスビルの撮影。不思議なことに彼の撮影はここ十数年間いつも快晴。我々はこれをボッタ日和と呼んでいる。前日いくら雨が降っても、彼の撮影になるといつも快晴。しかも今日はパリを出て一路ルガーノに向かうまで一点の雲もない天気。明日のことが心配になってくる。特にルガーノはスイスとイタリアの国境の町。天気がよく変わるので。

マリオ・ボッタ：ロゾーネの住宅、1989年
(GA Houses 36)

レンゾ・ピアノ：自然植物繊維構造体研究所、1986年
(GA Document 35)

七月十四日（火）

やはりボッタ日和で今日も快晴。ルガーノ近郊は東京の近郊よりよく道を知っているので便利。昨日図面を検討して、午前と午後に分けて撮影できることを確認済み。一つは円形、一つは正方形のプラン。彼の場合はほとんど内部の処理は同じ。例の階段室。外観はブロックに鉄骨の屋根といったボッタ様式。しかし昨今はボッタが有名になったので、このあたりの住宅やオフィスビルはボッタ様式が蔓延。一見すると新しい彼の作品かと思うことがしばしば。午後一時間ほどボッタと立ち話をする。仕事はかなりありそう。「サンフランシスコ近代美術館」(p.54)もやっと着工とのこと。去年完成した自分のオフィスで生き生きと仕事をしている。十数年前に彼の最初の住宅と教会を撮影に行ったことを思い出す。ボッタは若年のわりには素晴らしい経験をしている。学生の頃にはカルロ・スカルパ、そしてル・コルビュジエ、さらにはヴェネツィアの病院の設計ではルイス・カーンの仕事のアシスタントをしていた。

七月十六日（木）

朝からジェノヴァでレンゾ・ピアノの作品二つの撮影にとりかかる。一つはジェノヴァ港の「ジェノヴァ万博会場」。これは五月の撮影の時にはまだ完成していなかったので、今日は完成後の撮影。会場に行くと博覧会なのに人がまばら。たまたまその日が日本デイなので、柔道や空手のエキジビションを会場でやっていた。やはり暑い。午後からピアノの新しい事務所（「自然植物繊維構造体研究所」）の撮影。ジェノヴァから海岸沿いに二〇キロばかり離れた地中海に面した小高い丘の上にある、鉄骨と木造、そしてガラス張りの建物。随所にピアノらしい工夫が見られる。パートナーである石田さんが丹念に案内してくれる。今日はピアノが不在。

レンゾ・ピアノ：ジェノヴァ万博、1992年（GA Document 35）

四月に来た時は工事中に会った。道路から丘に向かってガラス張りのエレベータで上がると、素晴らしい景色が眼下に見える。面白いことに、ここ数年で、ノーマン・フォスターとリチャード・ロジャースも自前のオフィスをロンドンにつくっている。昔の仲間三人が次々と自前の事務所をつくったのが面白い。

七月十八日（土）
イタリアから再度北上、ドイツのカッセルに向かう。スターリングの遺作「ブラウン本社屋および工場施設」の撮影。気が重い。一九五九年から始めた海外撮影の中でも、スターリングと会ったのは初期の頃、ちょうど「レスター大学工学部棟」が完成して間もない頃であった。今でも「レスター」のシャープなシルエットは忘れることができない。彼はロンドンの事務所で、当時アシスタントが一、三人だったと思うが、三時間くらいかけて「レスター」のスライドを根気よく見せてくれた。その頃の彼はスマートで最近のように太っていなかった。赤ら顔だけは昔も今も同じであるが。

パートナーのジェイムズ・ゴーワンと別れてから、彼の建築は少しずつ変化する。「シュトゥットガルト国立美術館」はその後の彼の作品中でもポストモダンの傑作に数えられると思うが、近年の彼のポストモダンはそれ程好調とは言えないのではなかろうか。

カッセル近郊にある「ブラウン本社屋および工場施設」は、研究所と工場、そしてトラックによる製品の発着場、と大きく三つのパートに分かれているのだが、最初見た時は研究所のみが彼の設計で、あとは誰かドイツの建築家の作品だと思うくらいにデザインがばらばらで彼の悩みが感じられた。しかしもっと重要なことは、彼が最後にポストモダンと決別しようとしていたように思われて仕方がな

△▷ジェームズ・スターリング：ブラウン本社屋および工場施設、1992年（GA Document 35）

かったことである。ここしばらく彼とは立ち話くらいでゆっくり会っていないので、何を考えていたかは定かでないが、次の作品では何らかの答えを出してくれそうな予感がしていたのに、残念である。

このヨーロッパ旅行での走行距離は九八〇〇キロ。今年の夏のヨーロッパは比較的天気に恵まれ、来年施行されるＥＵ「ヨーロッパ統合」のためか、景気が悪いとはいえ、各国とも活気が感じられた。

ジェームズ・スターリング：レスター大学工学部棟、1963年（1960年代撮影）

GA日記

1992年　9 — 10月

九月四日（金）

八月一〇日出発の予定だったが、『GA Japan』の手伝いのために遅れる。今年の日本の暑さは格別で、一週間前の九州撮影旅行は、連日三五℃前後の猛暑のため、さすがの自分も暑さに辟易した。予定では八月一〇日にニューヨークに行き『GA Houses』の撮影をするはずだったが、関西や九州の天気の不順のために遅れに遅れ、あとが思いやられると心配しながら、だるい体に鞭打つ気持ちでＪＡＬに乗る。

アメリカでの撮影が後廻しになったので、ひとまずヨーロッパへ。十二時間後アムステルダムに着く。十一℃。軽装の我々日本人は、しょぼしょぼ降るヨーロッパの秋雨のなかでぶるぶる。やはり地球は広いと思わずつぶやく。やはり文化の違いは、大袈裟にいえば気候のせいにしたくなるように思う。これからのヨーロッパの秋の旅行が思いやられる。パリに数時間後到着。十六℃で曇り。

九月七日（月）

パリに到着して、ゴーダンの「サン・ドニ市庁舎新館」を見学。八〇％出来ているが、工事が止まっているようで、たぶん完成予定の一〇月末には出来そうにないと思う。例によって複雑な面が外観を構成し、古い市庁舎とゴシックの教会にはさまれ、広場の一隅を占めている。新旧の造形が無理なく納まっている風景に、恐らく気持ちの良い建築になるだろうと確信。完成が待たれる。

九月八日（火）

ジェームズ・スターリングの「ブラウン本社」（p.17）を再度撮影するためにカッセルへ。今日のルートは、一旦ベルギーに入り、デュッセルドルフから斜めに一路カッセルへ。現場に四時頃着く。天気が曇りから良い方に向かっているので明日の天気が良いことを確信。カッセル近くのホテル・レストランに泊まる。

△▷パトリス・モッティーニ：ル・グラマ小学校、1992年（GA Document 35）

九月九日（水）

快晴。外観と内部を午後の二時まで撮影。秋の光は先日の夏の光より美しい。しかし西北の方向はもう光が弱く、やはり七月に撮影しておいてよかったと思う。ちょうど四年に一度のドクメンタを見に、カッセルの中央広場へ。この前衛芸術の展覧会は、どうも今までになく不調と見る。日本の長沢英俊氏の作品がそのなかでも特に良かった。

長沢英俊：アイオーン（ドクメンタ9）

九月十三日（日）

快晴。九月のパリは考えていたより天気が安定している。パリ十五区、パトリス・モッティーニの「ル・グラマ小学校」を撮影。春にリチャード・マイヤーのTV局「カナル＋テレヴィジョン本社」を撮影しているときに屋上から発見した建築である。全体がガラスブロックで包まれ、二ヵ所に吹抜けの屋内運動場をもつユニークな小学校。期待していた通りよくまとまっている。冬の暗いパリではこのガラスブロックが活躍することだろうと思う。隅々まで行き届いた配慮がなされている。新しいタイプの小学校。あまり雑誌では見ないが、その他にもフランスの新しい学校建築には見るべきものが最近多い。フランスとスペインは今、新しい動きが最も活発に見られる国である。

九月十五日（火）

快晴。レンゾ・ピアノのパリ郊外にある

スティーヴン・ホール：プール・ハウス、1981年
(GA Houses 10)

レンゾ・ピアノ：トムソンCSF社工場、1991年
(GA Document 35)

「トムソンＣＳＦ社工場」の撮影。ここはヴェルサイユの近くで、近くにはリカルド・ボフィルのアパート（「湖畔のアーケード」）やケヴィン・ローチの「ブイグ本社」がある。数年前までは麦畑が広がっていて、高速道路からあたり一円が見通せたのだが、昨今は大規模な開発が進行して続々と新しい郊外都市が建設され、光景が一変しているのには驚かされた。トムソン社は軍需産業の工場とかで、内部はカフェテリア以外撮影禁止で見ることは出来なかったが、インダストリアルな工法でいかにも先端工場らしい雰囲気がある。それでいて農家の大きな納屋の近代建築版といった形が、周辺の緑によくマッチしている。

九月十六日（水）

快晴。朝五時起床。フランス西部の大都市レンヌに向かって、朝霧の中、三五〇キロの行程をとばす。九時に到着。太陽が顔をみせその中に建物の姿が見える。遠景だが見ていた写真とは印象が違う。近づくにしたがってますます違う。薄っぺらな建物。悪い意味でいえば七〇年代のフランス近代建築。日頃どんな小さな写真を見てもそのものが解ると豪語していたのに、今日は見事に一杯喰わされた。よいことではないので建物の名は伏せておくが、まず写真から感じられたスケールは実際には半分、ディテールがよくない。しかし見た写真は光と影のコントラストが見事で、撮影したのは知っているアメリカの写真家。後日会ったときに大いに写真家を誉めよう。三〇分ほど見て、また三五〇キロの距離をパリまで。気が重い。快晴の一日を無駄にしたことに自分自身に腹がたつ。だから写真はこわい！！

九月十七日（木）

パリからニューヨークへ。エールフラン

マイケル・ロトンディ：CDLT１・２、1991年（GA Houses 36）

ブライアン・マーフィー／BAM：プリンスター邸、1991年（GA Houses 36）

スの例のストライキで食事がパリで積み込めないので、スペインとの国境に近いトゥールーズに一時着陸。四時間も遅れてニューヨークに明くる十八日到着。ぐったり。

九月十九日（土）

スティーヴン・ホールの作品集、『GA Architect』のために朝から事務所の田中君とニューヨークの北にある「プール・ハウス」に出かける。今にも雨が降りそうな天気。雲行きが悪い。しかしきっと正午頃より晴れ間がでるだろうと思っていたら、きっかり十一時三〇分に雲が切れる。急いで撮影。

四時十五分にはＴＷＡでロサンゼルスに行かなくてはならないので、やっとのことでケネディ空港に辿り着く。三時間の時差があるので、八時頃にはロスに着く予定。

九月二〇日（日）

快晴。九〇℉。サンタモニカの朝は霧が少し出ているので、朝夕は涼しい。太陽が頭上から照りつけるわりには木陰に入ると涼しさを感じる。たぶん湿度のせいだろうと思う。アルキテクトニカの住宅は白亜の殿堂。工事中に見ていたときはたぶん例のように原色の赤や青や黄色が顔を出すように思っていたが、肩透かし。クライアントの都合で火曜日の撮影になる。午後から下見のためにマイケル・ロトンディとブライアン・マーフィーの住宅を見に行く。

九月二一日（月）

連日快晴、九〇℉の日が続く。ハリウッドの丘の上にあるブライアン・マーフィーの住宅「プリンスター邸」。家の向い側には一九五〇年代の「ケース・スタディ・ハウス」が建ち、共にハリウッドの丘からロスの街全体を見晴らせる絶好の立地

バンベック＋バンベック：シュトゥットガルトの住宅、1989年（GA Houses 36）

エリック・オーエン・モス：ローソン／ウェステン邸、1993年（GA Houses 38、写真は完成後撮影）

条件。ローコスト風に見える住宅は（実際にはローコストではないが）、カリフォルニアらしい、清潔で明るさを心情とした佇まいを持っている。ローコスト風に見せる住宅にはフランク・ゲーリーの影響が多分に感じられ、今日のロスの住宅には、大小にかかわりなく、彼の影響が顔を出す。

九月二二日（火）
今日はマイケル・ロトンディの住宅「CDLT1・2」を撮影。モーフォシスから離れて、彼一人で事務所を構えることになったが、この住宅は自邸のために、かなり前に設計されて、例の如く手工業的につくられたので、長い時間を要している。機械のようなディテールが各所に顔を出し、宇宙船に乗っているような気持ち。

午後からアルキテクトニカの住宅撮影。少し間延びしたような詰めの足りない空間。家の至る所に現代彫刻が置かれており、住宅なのか美術館なのか分からないような住宅。たぶんクライアントの要求が多過ぎたのだろう。部分的には彼らのセンスのある部分も見られるが、全体としては密度に欠ける。

九月二三日（水）
エリック・オーエン・モスの工事中の住宅「ローソン／ウェステン邸」を見に行く。プロジェクトの時から期待していた作品。お碗をかぶせたような形。住宅とは思えないような高さとヴォリューム。しかし長方形の敷地が思ったより狭く、建築は苦しそう。もっと広い敷地だとこの住宅がのびのびしたと思うのだが。外観も内部のインテリアも壮大。やはりアメリカの住宅だと思う。

一〇月一日（木）
フランクフルト・ブックフェアのために

△▷ジャン・ヌヴェル：ダクス・ホテル、1992年（GA Document 41）

東京からフランクフルトへ。『GA Japan』の発売が一〇月一日なので、二四日にロスを出て一週間東京に帰っていた。今年は例年になく夏が長く、蒸し暑い東京で暮らしていた一週間が、ドイツでは十七℃と、気持ちのよい気温と湿度のない場所にくる。しかし、世界中の不景気がここでも顕著。新しい企画があまり見られないし、会場はしめり気味。堂々とした新刊書は見られず、すぐにまとめあげたようなペーパー・バックのみ。イタリアのエレクタが出店していないのが特に寂しかった。

一〇月四日（日）

フェアも今日限り。会期中やはりどことなく寂しく、一九六三年から来ているが今年は特に不景気が会場を覆っていた。来年に期待しよう。

　午後からバンベック+バンベックの「シュトゥットガルトの住宅」を見に行く。アウトバーンは近年特に工事が多く、スピード無制限の特典はあまりなく、渋滞が各所に起こるため、平均スピードは時速一〇〇キロを切るくらい。その点、フランスの高速道路の方が目的地に着くのはドイツより速い。もちろんドイツとフランスでは自動車の量が違うが、パリなどの大都市周辺では時間によって混雑しても、バカンスの時期でもない限り平均時速一三〇キロ以上で走れる。

　一八〇キロの距離を二時間三〇分かかってシュトゥットガルトに着く。ベンツの大工場の脇を抜けて目的地へ。住宅はアルミとガラスとビニールシートで構成された温室建築。バンベック夫妻は建築家とインテリアデザイナーで、ここは彼らの自宅兼事務所である。地形が特殊で、以前は石切り場だったとかで背後に十五メートルほどの崖がある。話によると建築許可がなかなか下りなかった様子。ドイツの住宅は保守的なデザインが多く、

エンリック・ミラージェス（1992年撮影）

フランク・ゲーリー：ビラ・オリンピカ、1992年（GA Architect 10）

新しい住宅の建設は数多くなされているが民家風が圧倒的に多い。しかしこの住宅もそうだが昨今、やっとモダン住宅が少しずつ設計されるようになってきた。

一〇月七日（水）

ボルドーの南にあるダクスへ、ジャン・ヌヴェルのリゾートホテル「ダクス・ホテル」の撮影に行く。この付近は鉱泉が出てプールに浸かりながら体調を整えるための保養地で、河に面した場所に数軒のホテルが立ち並ぶ。例によってローコストなホテル。ジャン・ヌヴェルはやはりローコストが上手だ。一階はロビーとプール。二階から上が滞在者のための個室。コの字型のプランは屋上からのトップライトで建物全体が明るい。リューマチのために度々療養に来る人達で賑わっている。

△▽エンリック・ミラージェス：オスタレッツ文化センター、1992年（GA Document 38）

▽ミラージェス&ピニョス：アーチェリー競技場施設、1991年（GA Document 32）

△▷スニエ／バディア：バルセロナの住宅、1992年（GA Houses 36）

一〇月九日（金）

昨日ダクスからバルセロナに向かったが思ったより天気が悪い。道中は雨。しかし今日は快晴。バルセロナより北に五〇キロの街、オスタレッツの「文化センター」。エンリック・ミラージェスの作品である。彼はオリンピックの「アーチェリー競技場施設」で登場してきた若いスペインの建築家である。最近では稀にみる大型新人だと思う。バルセロナの大学を経てニューヨークのコロンビア大学大学院に学んだこの三八歳の新人の作品は、コンクリートとスペイン伝統の煉瓦の技術をミックスした豊かな空間構成で、何か新しい造形を生みだす感覚に優れていると思う。この小さな村の文化センターも瑞々しい感覚にあふれた建築である。ほぼ完成しているが、村長が変わったので使用されないままになっていて、埃にまみれっぱなしの現場であるが、建築が持っている力は光り輝いていた。

一〇月一〇日（土）

ここ二、三日、誰に電話してもほとんど連絡がとれない。おかしいと思ったとたん、セマナ・サンタ（聖週間）で連休らしいことに気がついた。

フランク・ゲーリーの魚のモニュメントがある「ビラ・オリンピカ」の広場に行く。オリンピック選手村の近く。オリンピックが終わったというのにどういうわけか誰も入居していない。大団地が人影もなく、不気味。スペインらしい。先述したミラージェスのオリンピック村にある歩道彫刻を撮影。ゲーリーの魚の広場周辺のビルもいまだ未完成。しかし海岸通りの周辺はオリンピックのために大変革。確かにバルセロナは新しい都市に生まれ変わった。

一〇月十一日（日）

この頃のバルセロナは、暖かい南の風と北から吹いてくる風が衝突して、スコー

△▷磯崎新：パラフォルス体育館（左は完成後撮影）、1996年

ルのような雨が降ったかと思うと青空がとたんにやってくるといったふうに激しく天気が変わる。

スニエ／バディアの山の手にある「バルセロナの住宅」を撮影。コンクリート、煉瓦、木といったスペインの伝統的な材料を使用し、少し近代の匂いがする住宅。しかし隅々までよく考えられた住みよさそうな空間。特に内装の技術が素晴らしい。やはりスペインには職人がいまだ存在するのを見た思いがする。

午後より磯崎新さんの小さな体育館（「パラフォルス体育館」）の屋根があがったという情報を得てバルセロナの北東五〇キロの村、パラフォルスへ行く。思ったより大きくて、屋根も大きくうねりをみせ、スケール感があり、ローコストの建築と聞いていたがそのような感はなく堂々としている。完成が待たれる。

ジャン・ヌヴェル：カプ・ダーユの休暇用ハウジング、1991年
(GA Houses 43)

同上、海を見渡せるプール

クリスチャン・ド・ポルザンパルク：ブールデル美術館（増改築）、1992年（GA Document 37）

アルド・ロッシ：ヴァシヴィエール現代美術館、1991年

一〇月十四日（水）

昨日のうちに一路フランスのニースへ。道中雨と曇りで、感覚ではニースはいつも晴れていると思っていたが、結局、昨日は昼からゆっくりと骨休め。

　今日は朝から快晴。地中海を一望に見渡せる丘の上にある、ジャン・ヌヴェルのリゾートホテル・アパート「カプ・ダーユの休暇用ハウジング」。団地を想わせるようなローコストの建物であるが、それを感じさせない構成。やはり彼は工業製品を使わせると第一人者であると思う。特に回廊は木造でつながれている。これがまたなかなか感じを出している。ガラスとアルミの建築に対して木造の組合せが成功しているように思う。

一〇月十五日（木）

前々から気になっていたアルド・ロッシのフランス中部にある「ヴァシヴィエール現代美術館」を見に行く。クレルモン・フェランから五〇キロほどの湖に浮かぶ島にある美術館。ロッシにしてはよくできた施工。煉瓦、コンクリート、スティールがデザインの中で生き生きと表現されている。

一〇月十七日（土）

クリスチャン・ド・ポルザンパルクの最新作、パリの「ブールデル美術館」の増改築を見に行く。完成したと聞いていたが、例によって工事は遅れ気味。ブールデルの力強い彫刻からおそらくインテリアのデザインがなされたのだろうと思うくらい、壁も力強さを持っている。所々に外部からのトップライトが入り、彫刻をより一層力強いものにみせている。上階にはデッサン展示室、会議室、資料室などがある。

一〇月二四日（土）

パリ発東京へ。

GA日記

1992年 11月

十一月七日(土)
東京を出発、一路ニューヨークへ。この季節は、秋から冬に突入する頃。年によっては寒波がやってくるので、例年だと一〇月末からはカリフォルニアに移動する時期。しかし一〇℃前後でひと安心。クリスマスが近づいているのに、ここ数年この街は元気がない。寒い冬がやって来るというのに、人ごとながら心配である。

十一月十二日(木)
朝からソーホーの「グッゲンハイム美術館別館」を磯崎さんが改築したので見学に行く。ちょうどブロードウェイとプリンス・ストリートの角にあるレンガ造の建物の改築である。我々のニューヨークのオフィスがちょうど向かい側にあるので、工事をしていることは知っていたが初めての見参。おそらく予算がなかったのだろう。磯崎さんらしいデザインは見ることができなかった。

同じく磯崎さんの設計で「ブルックリン美術館」の増築もできていたので午後から見学に行く。オーディトリアムが既に完成していたので、今度の増築は二次工事の完成である。三階分の展示室はできていたが、オープンにはまだ日があるので、室内は散らかっていて撮影は完全にはできなかった。図体の馬鹿でかいこの美術館を増築してゆくにはおそらく気の遠くなるような時間が必要だと思われるが、磯崎デザインには、この美術館を今後、気持ちの良い現代的な美術館に変貌させてゆくだろうと思わせる空間が存在していた。

十一月十三日(金)
午後四時にニューヨークを出発。シカゴに六時着。いつもは自家用車の旅だが、中西部は冬が迫っているのでレンタカーの旅にした。思った通りシカゴは〇℃、小雪が舞っていていかにも寒そう。中西

磯崎新：ブルックリン美術館増改築

磯崎新／ジェームス・ポルシェック：アイリス&B・ジェラルド・キャンター・オーディトリアム／ブルックリン美術館、1991年（GA Document 30）

部の冬の厳しさを感じる。七時にハーツ・レンタカーのオフィスを出発。できるだけアイオワシティに近づくために夜一〇時三〇分まで走る。アイオワシティまで約一七〇キロ。暗闇の中に雪が舞っていて、明日の撮影が思いやられる。八〇キロ手前のモーテルに宿をとる。

十一月十四日（土）

朝、三三°F（華氏）だから〇℃。出発に際して自動車の窓ガラスをふくと、凍りついているので昨日の泥がとれない。おそらく夜中はマイナス一〇℃くらいだったのだろう。

フランク・ゲーリー設計の「アイオワ大学先端技術研究所」に九時に辿り着く。空は快晴。やれやれ。外観の撮影にとりかかる。東面の撮影が終わった頃、ものの一時間も経たないのに、暗い雲が湧きだし小雪が降りだした。建物は大学のキャンパスの真ん中を流れている河に面して建っている。いつものゲーリー・スタイルで、鰹節を伏せたようになっていて興味があったのだが、内部はばったり裏切られて普通の部屋が区割りされているばかり。ユニークな形は外観だけでがっかりした。教室棟の内部は、中央が吹抜けで、ゲーリーらしい空間が満ちあふれているのに、どうしたのだろうと再度研究棟をうろうろしてみたが、やはりそれらしい空間は発見できなかった。

三時に出発。シカゴを通って一路オハイオ州トレドへ。長い旅である。途中、夜中にシカゴを通過して、フランク・ロイド・ライトの「モスバーグ邸」のあるサウスベンドで泊まろうとしたが、明日、日曜日は地元でノートルダム大学とペンシルヴァニア州立大の天下分け目のフットボールの試合で、街は前夜祭で沸きかえっていた。宿などあろうはずはなく、暗い道中に放り出されて一路東へ。

△▷フランク・ゲーリー：アイオワ大学先端技術研究所、1992年（GA Document 38）

十一月十五日（日）

ミシガン湖畔のルート80は大雪。時々、一寸先が見えないくらいの雪。おそらく日本の中央道や、関越道ならば通行禁止になることだろうが、そこはよくしたもので二〇トンもあろうかと思われるラッセル自動車が除雪を丹念にやってくれる。その手際の良いことには目を見張るばかりで、我々運転手は、スピードは少しばかり落ちるが、難なく目的地に向かって走るだけ。途中、レストランで昼食をとっている時にテレビを見たら、フットボールの試合は大雪の中、ボールが見えないくらいの条件で天下分け目の闘いが行なわれていた。

十一月十六日（月）

トレドは今日は快晴、マイナス五℃くらい。昨日の雪が道路一面を覆い、フランク・ゲーリーの「トレド大学芸術学部」の建物をよりいっそう美しいものにしている。亜鉛板に囲まれたグレーの外観が雪に照り返され、異様な外観をよりいっそう迫力あるものにしている。内部は最後の工事中で、外観のみの撮影だが、一〇分も立っていると寒さで凍えそう。自動車の中に入って体を暖め、外に出たり入ったり、三脚は素手で触ると凍傷をおこしそう。しかし良い建築は我慢のしがいがあるもの。外観だけのデザインでいえば、フランク・ゲーリーの中でも出色のものである。撮影が三時に終わり、シカゴに帰って夜行便でテキサス州ダラスへ向かう。

十一月十七日（火）

昨夜遅くダラスに到着。フィルムを詰め替えて寝たのが午前二時。ここは暖かい。十五℃ぐらいあるから二〇度の差。やはりアメリカは広い。

スティーヴン・ホールの住宅「ストレット・ハウス」の撮影。オーナーはフラ

△▷フランク・ゲーリー：トレド大学芸術学部、1992年（GA Document 38）

ンク・ロイド・ライトの「プライス邸」のオーナーの親類とかで、気持ち良い応対をされる。場所はダラスの街はずれの高級住宅街の一画。昔撮影したエドワード・バーンズ設計の住宅も近くにある。例によってホールのきめの細かいディテールが随所に見える。全体計画も敷地に合わせた見事な住宅である。以前紹介したコールハース設計の、屋上にプールがある住宅「ヴィラ・ダラヴァ」（p.10）と同じように、クライアントが建築に対する大変な愛情の持ち主。東西、条件は違ってもクライアントの質の高さが良質の住宅をつくることを証明している。特にプライスさん自身ゼネラル・コントラクターなのに、この住宅をルイス・カーンの「キンベル美術館」を施工した業者に造らせたとか。見事なものである。

　特に南部には、お金のかかった大味な住宅が多い。この住宅も決して小さな住

スティーヴン・ホール：ストレット・ハウス、1992年（GA Houses 38）

同上、居間

フランク・ゲーリーのオフィス：ディズニー・コンサートホールのスタディ模型が置かれている

フランク・ゲーリー（1992年撮影）

フランク・ゲーリーのオフィス

宅ではないが、空間はヒューマン・スケールで、放物線で形づくられた屋根が家全体の柔らかな軽さにつながっている。別棟のゲストハウスは以前の古屋の改造である。敷物、家具、すべてがホールのデザインで、これまで作品の数は少ないが、今後大きく飛躍するであろうこの建築家の前期のモニュメントと見た。早撮りの自分としては珍しく、二日間この住宅の撮影に費やした。また後日、夏の季節に再度撮影したいと思っている。

十一月十九日（木）

昨夜遅くロサンゼルスに到着。気候はほとんどダラスと同じ。風がさわやかなのが一段と素晴らしい。東部の人たちがカリフォルニアに憧れるのが分かる。東部では今ごろ寒さと雪に囲まれているのだから。

『GA Architect』の手直しの撮影のためにフランク・ゲーリーの「ロヨラ・マリーマウント大学、ロヨラ法学部棟」を訪れる。最初の撮影から一〇年は経つと思うが、その間、メインの教室に始まって、講堂、教会と建ち、新しい校舎が最近完成して、昔駐車場であった所が現在工事中で、敷地から考えるとこれが最終工事だと思う。ゲーリーのデザインの変化が見られて楽しい。午後から「カリフォルニア大学アーヴァイン校技術棟コンプレックス」の増築の現場に行く。ロサ

フランク・ゲーリー：カリフォルニア大学アーヴァイン校技術棟コンプレックス、1989年（GA Architect 10、写真は工事中）

フランク・ゲーリー：ロヨラ・マリーマウント大学、ロヨラ法学部棟、1991年（GA Document 12）

ンゼルスから約一時間、南へと降りて行く。

　話は余談になるが、一〇年くらい前までこの辺りは原野で見るべきものは何もなかった。しかし、今日ではロスの衛星都市化して、405号線はメキシコの国境サンディエゴまで、人家のベルト地帯としてつながってしまっている。いかに東部から人々がカリフォルニアに来たかを感じさせる光景である。この大学も増築に次ぐ増築で、多くの建築家が技を競っていて、次々と新しい建築がキャンパスに完成している。

十一月二一日（土）

朝から住宅の下見。今日は二〇℃、カリフォルニア晴れで、湿度が低く、天国である。

　若い人たちの住宅を見て歩くが、ほとんどがゲーリーの影響を受けていて、デザインがばらばら。夫妻共建築家だという自邸を見る。かなり大きな住宅なのだが、いろいろな人の影響を受けていて、デザインの見本市のような住宅。疲れる。

　リカルド・レゴレッタの住宅に行く。壁と色彩だけの住宅だが自分の形を持っているので安心。今日はどうも見るべきものがなかった。

　夕方、ゲーリーの大きくなった事務所を訪ねる。三層分もある吹抜けの空間に四畳半くらいの「ディズニー・コンサートホール」のスタディ模型が居座り、その周囲に模型の手直しをする連中がとりまいている。初期の段階から見ているが、これが完成すれば、おそらくロスのモニュメントになるだろうという予感がする。

　ゲーリーは、今やのっている。

　十一月二二日、東京へ。

GA日記

1993年　4 — 5月

Japan's Fumihiko Maki Wins Coveted Pritzker Prize

■ Design: He is cited for 'building works that . . . are destined to survive mere fashion.' The $100,000 prize will be awarded June 10 in Prague.

By SUZANNE MUCHNIC

Fumihiko Maki

Nippon Convention Center. Architect Frank Gehry says it's "humane and accessible."

ロサンゼルス・タイムズ：槇氏プリツカー賞受賞の記事

四月二四日（土）

東京発、ロサンゼルスへ。例の如くカリフォルニア・ブルーの空の下、街は土曜日のため静か。強い太陽のせいか日向は暑いが、日陰に入ると乾燥した空気が少し寒いくらいに感じる。マリブの海、ダウンタウンから見るパサデナの山々もくっきりと浮かび上がり、スモッグの濃い日頃のこの街が嘘のように清潔感にあふれている。ホテルに入るとその日の朝刊のロサンゼルス・タイムズは槇さんのプリッカー賞の受賞を報じていた。日本人としては丹下さんに続いての受賞。

槇さん、おめでとう。

四月二五日（日）

サンタモニカの丘の上に計画されたリチャード・マイヤーの美術館「ゲティ・センター」がいよいよ本格的に工事に入った。サンタモニカの海を見下ろす丘の上に、小さな都市が出現するような大工事である。去年の暮れまでは丘の麓の駐車場の建設や、丘に登って行くトランスポーテーションの工事で、あまり目立った動きはなかったが、ハイウェイから見ると十数本のトンボが乱立し、いよいよ本格化しているのを感じさせる。向かい側の丘の上に登って見ると、基礎のコンクリートは打ち上がり工事は急ピッチ。完成が待たれる。

スティーヴン・アーリック：ヘムステッド邸、1992年
（GA Houses 39）

リチャード・マイヤー：ゲティ・センター、1997年
（GA Document 55、写真は工事中）

四月二六日（月）

フランク・ゲーリーの作品集『GA Architect』の撮影のために「ベンソン邸」に行く。朝七時、ベンチューラ・ハイウエイを北に向かう。ベンソン氏はゲーリーが設計した法科大学（「ロヨラ法学部棟」、p.33）の教授。基本設計をゲーリーに依頼し自分でこつこつと工事を続け、数年かかって完成した住宅。以前工事中に訪れたことがあったが、その後を見ていないので、ちょうどベンソン氏も在宅していたこともあり完成後の内部を見せてもらう。もちろんかなりのローコスト住宅であるが、屋根材を外壁に張ったりと、ゲーリー独特の材料づかいが至る所に見受けられる。素人工事のせいでガタピシしているが、何か暖かい雰囲気が住宅全体を覆っている。現代建築が忘れてしまった人間味が感じられる。数年前までは、このあたりは草原であったが、今は、メキシコ風というのかスペイン風というのか、赤い瓦、漆喰の白い壁で囲まれた個人住宅が建ち並んでいた。

午後からスティーヴン・アーリック設計のフィルム・ディレクターの家「ヘムステッド邸」の撮影。どういうわけか彼の作品はハリウッド系の映画人の住宅が多い。今までに三軒ほど完成した住宅を見たが、それぞれスタイルはすべて違う。クライアントに合わせているのか、それとも他の理由があるのか分からない。しかし器用な人であることは間違いない。この家はルイス・バラガン風で、厚い壁に囲まれた色彩感あふれる住宅。ヴェニスに近いせいか（ヴェニスは種々雑多なスタイルの住宅がある）、あまり違和感はない。

夕方、最近改築されたゲーリーの自邸を見せてもらう。玄関まわりに花壇がつくられ、道路側から昔のファサードを隠す役目を果たしている。彼の話ではあまりに多くの見学者が訪れるので家族のプライバシーのためだとか。内部空間は以

フランク・ゲーリー：ゲーリー自邸、1979年（GA Houses 6）

フランク・ゲーリー：ベンソン邸、1984年（GA Architect 10）

前に比べてリッチになっている。以前家の裏側にあった駐車場の所に子供部屋とプールが増築され、この改築には、ゲーリーの以前と今の建築の考え方の違いが素直に表現されていて興味深いものがあった。

四月二七日（火）

連日快晴である。天気の悪い日本からくるとこの快晴続きは撮影のリズム感を良くしてくれ、仕事がはかどる。エリック・オーエン・モスの巨大な住宅（「ローソン／ウェステン邸」p.22）の撮影。リビングルームが四層吹抜けたこの住宅は、ヨーロッパの小さなお城くらいある。ここに家族が三人しか暮らしていないのだから驚きである。最近のアメリカの住宅は巨大である。不景気のせいか住宅建設の数は少なくなっているように感じるが、不景気でも建てるクライアントは皆お金持ちらしく、必要以上の大きさには辟易させられる。

これはクライアントの望みなのか、それとも建築家の趣味なのか、日本と違って土地の安さ、そして建築費の安さがあるのだろうか。それにしても住宅が大きすぎる。午後に見たエドワード・ナイルズのマリブの海岸にある「グッドソン邸」にしても、週一回使用する別荘の、鉄骨とガラスブロックに囲まれた四層分の階高を持つリビングルームの巨大さは、もう地方都市に建つ美術館の展示室のようなものだ。

アメリカ人の食事や酒の飲み方の過食スタイルが住宅にも影響しているのかもしれない。本国から上陸したフランス料理屋のメニューも、開店した頃は適度の量であるが、ものの三ヵ月も経つと巨大な量に変化する。やはりアメリカは質より量の文化かもしれない。

五月一日（土）

エドワード・ナイルズ：グッドソン邸、1993年
(GA Houses 38)

エリック・オーエン・モス：ローソン／ウェステン邸、1993年
(GA Houses 38)

リカルド・レゴレッタ：シャピロ邸、1992年
(GA Houses 39)

毎日快晴のため朝から夕方、そして夜景と連日の撮影、少しバテ気味。今日はリカルド・レゴレッタの住宅「シャピロ邸」。これも巨大である。彼独特の例の壁に囲まれた家にリビングルームらしき空間が三つもあるのには呆れる。ここも夫婦と子供三人の家族構成。庭にはバラやブーゲンビリアの花が咲き乱れ、細長いプール、庭で食事ができるパティオ、いたれりつくせりの空間が存在する。一度でもよいからこんな空間に暮らしてみたいと思うが、撮影が終わるころになると、何だか空間のラフさが気になるのは貧乏人の性かもしれない。台所だけでも二〇畳はあろうかと思う大きさ。ともかく、すべてがやはり大き過ぎる。アメリカ住宅はルネサンスの貴族の家の空間に迫りつつある。

五月二日（日）

やっとロスの巨大住宅の撮影が終わり、十二時五〇分発のアメリカン航空でテキサスのダラスへ。スティーヴン・ホールの「ストレット・ハウス」(p.31)の再度の撮影と、建築中のアントワン・プレドックの「タートルクリークの家」を見学するため。

スティーヴンの住宅は日本のスケールからみると大きいことは大きいが、やはり彼の腕の良さを見る。細部までつきつめたデザインは緊張感があり、アメリカ住宅の歴史におそらく残るであろうと思

△▷アントワン・プレドック：タートルクリークの家、1993年（GA Houses 42、左は完成後撮影）

われる傑作。彼にはもっと実際に建てさせたいと思うが、あまり仕事に恵まれない。夕方、プレドックの住宅を見る。九〇％完成している。この住宅はもう美術館といっても過言でなく、一階と二階に展開するリビングルームは、すぐさま美術館に転用できそうなくらいの空間である。プランを見るとおそらく家族は夫婦と子供三人くらい。少なく見積もって二〇〇坪ぐらいある建物。なんとかならんかな！！

アトランタにあるスコーギン、エラム＆ブレイの住宅を明日見ようと思ったが、電話で聞くと修理中とか。低気圧も迫っているのでニューヨークに直行。飛行機の窓から見下ろす雲海はニューヨークに到着するまで続く。南北に延びる不連続線はかなり強力とみる。

五月四日（火）

昨夜遅くニューヨークに着く。午後三時頃までフィルムの整理。ニューヨークを三時に出発。自動車で一路一三〇〇キロかなたの中西部の街、アイオワシティへ。途中、ちょうど春がやってきたような気候。道路の西側は木立が芽をふき、美しい緑の世界。こぶしの花が咲き、早春の気がみなぎっている。ペンシルヴェニア・ターンパイクで降りた時の高速料金が十六ドル。三五〇マイル、約五六〇キロの距離。ちょうど日本の四分の一の料金である。ガソリン代も約四分の一。現在のドルと円を比較すると、アメリカの物価は何から何まで安い。タバコだけがおそらく日本より高い料金だと思う。

モーテルにしても、このあたりの最低料金は二五ドルくらい。最低料金といっても、すべての必要機能は満たしているし、清潔なベッド、部屋の大きさはほとんどが二〇畳はあると思われる。コンピュータにしても、日本の売価の半額。カメラ機材もヨドバシ価格より安いのだか

△▷ルイス・カーン：ペンシルヴァニア大学、リチャーズ医学研究所、1962年

ら、いったい日本の物価はどうなっているのだろうか。大都会であるニューヨークやシカゴ、ロスなどを除けば食事やホテル代はびっくりするほど安い。三六〇円時代から旅行しているので円の力の強さはありがたいが、日本のことを考えると気持ちは暗い。

五月五日（水）

昨日とは一転して快晴。ピーター・アイゼンマンの「コロンバス・コンベンションセンター」が竣工した。街の中央近くに建設された建物は、例によって斜めの柱や不定形の窓で構成された巨大な建築。淡い色が各棟に塗られ、アイゼンマン調が強力に発信されている。しかし少し気になることを感じた。以前の建築に比べて装飾的過ぎないだろうか。二年前に完成した、近くにある「オハイオ州立大学美術館」に比べて、彼特有の明確なコンセプトが少し後退しているように思う。

ニューヨークに帰ったら彼に会ってみよう。

五月八日（土）

三日間中西部の旅行を楽しむ。建築から建築へと渡り歩く距離が長く、中西部特有の草原が続く。ふと、ニューヨークに帰りつく前にルイス・カーンのペンシルヴァニア大学の「リチャーズ医学研究所」を数年ぶりで見ようという気になる。確か、北側が正面だと思いだしたので昨日はペン大近くのモーテルに宿をとった。早朝、「リチャーズ医学研究所」を訪ねる。ちょうど大学が夏休みに入るので学生さんの引っ越しの最中。完成されたときに比べると周囲に増築された建物が建ち並び、以前のようなゆったりした空間はなくなっているが、やはりこの建築は二〇世紀の傑作の一つであると改めて確信。中世と現代が見事に調和し、もしカーンが生きていたら、八〇年代に狂ったポス

フランク・ゲーリー：イエール大学精神医学研究所、1989年
(GA Architect 10)

ルイス・カーン：イエール大学イギリス美術研究センター、1974年

トモダンはもっと成熟したものになっていただろうと思った。

五月一〇日（月）

ニューヘヴンのイエール大学へ。ゲーリーの作品集のための撮影。「精神医学研究所」の建物である。異形の建物の集合体。この建物は用途からの制限で撮影禁止なのだが、所長さんのはからいで許可され、人物を外しながらの撮影。帰りに二日前のカーンの作品の感動を思い出して、「イエール大学イギリス美術研究センター」の美術館を再訪。ここでもカーンの手堅さを感じる。コンクリートと木の調和が素晴らしく、後期の作品であるが、長生きしていたら、これからますます作品が完成されていっただろうことを感じさせる。見事である。

五月十二日（水）

アイゼンマンの事務所を訪れる。以前に比べて大きな事務所。そして多くのスタッフ。彼は元気である。それもそのはず、かかえているプロジェクトは一〇に及ぶ。

同上、光庭

すべてが巨大である。しかしよく見ると
ほとんどがドイツに建つプロジェクト。
六〇年代、七〇年代の黄金のアメリカは
どこに行ったのだろうか。リチャード・
マイヤーにしても最近の作品のほとんど
がドイツである。ニューヨークの事務所
はすべて沈黙している。

がんばれアメリカ。

五月十三日（木）

三週間の短い旅を終えて一路日本へ。

ピーター・アイゼンマン：コロンバス・コンベンションセンター、1993年
(GA Document 37)

同上、コンコース

GA日記

1993年　6月

六月九日（水）

昨夜パリに到着。夕方七時の気温は二九℃。夏至に近いヨーロッパの陽は長い。つい油断して夜更かしをしたので、今朝は辛い。頭もぼーっとしているが、天気のほうも、晴れているのか曇っているのか判断がつかないような空模様で、パリにしては珍しく三一℃もあり、日本よりしのぎやすいと思っていたが肩透かしにあった。まずはこの前工事を見ており、もう完成したころと思われるアンリ・ゴーダンの「サン・ドニ市庁舎新館」に行く。工事中から施工がかなり悪いと思っていたが、やはり改善されなかったとみえて、彼独特の外観のゆるやかなカーブがうまく表現されていない。ディテールが複雑なせいもあるが、広場を隔てて建つゴシックの教会の端正な姿には遠く及ばない。最近の彼の好調さとは打って変わった外観で、少なからずがっかりした。内部はほとんどがオフィス・スペースで、見るべきデザインは無いが、玄関ロビー廻りだけには彼の建築を感じさせる空間がある。しかし平均点としては良い出来とは思われないので撮影は中止することにした。期待していたのにがっかり！

夜はランブロワジーで久々にベルナール・パコの料理をいただく。今や世界の一流中の一流になった彼の料理は芸術そのもの。最近のヌーベル・キュイジーヌに比べて華やかさをぐっと抑えた飾り付けも好みだが、ラングスティーヌのサフランソースも、暑いパリではさっぱりした味。ブレスの鶏の煮込みの火の入れ方はいつもながら完璧そのもの。奥さんのダニエルも元気そう。建築に裏切られた日中の嫌な気分も帳消しになって元気がよみがえる。

六月一〇日（木）

今日も暑い。天気予報では嵐がやって来ると言っていたが、一日中晴れたり曇っ

△▷ノーマン・フォスター：カレ・ダール、1993年
(GA Document 37)

左のメゾン・カレに面して建つカレ・ダール

たり。クリスチャン・ド・ポルザンパルクの「ブールデル美術館」(p.27)に急遽撮影に行く。トップライトが必要なので、一〇時頃から三時まで撮影。厚い壁に囲まれた美術館内部は、ブールデルの重厚な彫刻を陳列する場所としては最高。彼の設計にしては重々しいが、彫刻を考えるとその配慮から生まれた空間だと思う。伝統あるパリの美術館の中、最近作としては高い点数をあげられるのではないだろうか。

六月十一日(金)

ノーマン・フォスターの図書館「カレ・ダール」の撮影のために一路ニームへ。途中、リヨンを通りコルビュジエの「ラ・トゥーレット」に寄る。六三年に磯崎新さんと初めて訪れて以来、二十数回もこの建物を見ている。現代建築で一番よく見た建築のひとつ。理由は、この建築の意味がなかなか理解できなかったから。今日見てもやはり、これは現代建築の最高峰だと思う。過去と現代がよくマッチして、現代建築が進むべき未来の方向を語っている。要素の多い、数少ない建築である。やはり現代建築を理解するためにも建築家はもっともっと見なければならない作品のひとつ。恐ろしさを感じさせるくらい緊張感がある。手入れもよく行き届いていて気持ちが良い。三時にニームに向かって出発。

六月十二日(土)

快晴。メゾン・カレの隣にある「カレ・ダール」は、一〇年ほど前にコンペがあったが、出来上がってみるとこの案が適当だったと納得。環境から考えればガラスと鉄骨の現代建築は場違いと思われるだろうが、何ということなくすっきりと、古典と現代が相接している。南フランスのまばゆい太陽の下でこの白亜の殿堂にはメゾン・カレに負けない存在感がある。

伊東豊雄：フランクフルト市立エッケンハイム幼稚園、1993年
（GA Document 39）

ヨー・クーネン：オランダ建築会館、1993年
（GA Document 40、写真は工事中）

図書館としての機能も上手くいっているように感じられる。最上階にあるレストランから街を見渡す遠景は素晴らしく、一日の撮影が大変楽しかった。

六月十四日（月）

昨日パリに帰ってきたが、急に温度が下がって十一℃。ヨーロッパの夏は油断ならない。昨日まで三〇℃だったのだが。雨の中をオランダへ。午後、ロッテルダムに着いてヨー・クーネンの「オランダ建築会館」を見る。九〇％くらい出来上がっている。回廊も含めて、かなり大きな建物。まず大きさに感心。どのような使われ方をするのか完成後に興味がある。ＯＭＡのできたばかりの美術館「クンストハル」に行くが、コールハースより「展示が良くないので次の機会に撮影してほしい」とのこと。現場に行くが確かに展示があまり良くなさそうなので次回にする。雨の中をフランクフルトへ。

六月十五日（火）

フランクフルト市内の伊東豊雄さんの「エッケンハイム幼稚園」を見に行く。ほとんど完成していた。以前撮影したボレス＋ウィルソンの幼稚園（「フランクフルト市立幼稚園」p.14）と同じ企画。数人の建築家がフランクフルトを取り巻くアウトバーンの出入口付近に幼稚園を建てている。かなりローコストな建築だが伊東さんの考えがよく出ている。撮影は次回にして、ボレス＋ウィルソンの「ミュンスター市立図書館」を見に行く。八〇％出来ており内装の真っ最中。外観はプロジェクト段階で見た通り。しかし全体の印象は少しデザイン過剰。彼も初めての大建築のために、頑張りすぎたのかも。しかし内部はなかなかの力作。エントランス・ロビーや閲覧室のつながりは完成が楽しみ。

　夕方一路ベルリンへ。陽が高いので昔の東独を通って行く。東独時代には沿線に人を見かけることが少なかったので何

△▷ワルター・グロピウス：バウハウス校舎、1926年

だか薄気味悪い感じがしたものだが、森や畑も前より人の手が入って美しくなっているように感じられた。ベルリンに入る際、長い時間待たされた検問所にも人影が無く、すいすいと市街に入って行ける気持ちの良さは格別である。

六月十六日（水）

『GA』のために、「バウハウス校舎」（ワルター・グロピウス設計）のあるデッサウへ。

十五年前に初めて来たデッサウは暗く、地図も標識もない所で、アウトバーンから街へ入るとすかさず自動小銃を持った兵隊さんの検問にあった。当時に比べ、灰色の街の壁が色鮮やかに塗り変えられている風景に出くわす。至る所に自動車のショールームが出来ていて、資本主義に変わったのだということを街全体が教えてくれる。「バウハウス」へは今度で三回目だが、建物自体の管理は東独時代の

ボレス＋ウィルソン：ミュンスター市立図書館、1993年
(GA Document 40、写真は工事中)

同上、エントランス・ロビー

安藤忠雄：ヴィトラ・セミナーハウス、1993年
(GA Architect 16)

フランク・ゲーリー：ヴィトラ社新本社屋、1994年
(GA Document 40、写真は工事中)

方が良かったのではないかと思う。ただ、撮影も以前は官僚的で「許可をもらってこい」などと言われ、なかなか上手く行かなかったことを思い出す。今回は、「撮影料○○マルクですから」と、大変ドライで、最近の京都のお寺の撮影とあまり変わらない。自動車といえば、あのよちよちと走っていた東独製のトラバントはどこに行ったのだろうか。たまに見かけただけで懐かしい。西独製のワーゲン、オペル、ベンツが走り回っているし、アウトバーンは拡張工事で、至る所で渋滞。やはりドイツの文化は自動車道路から始まるのだと再認識する。

六月十七日（木）

ベルリンを後にしてドイツとスイスとの国境の街ヴァイル・アム・ラインへ。「ヴィトラ社美術館」（フランク・ゲーリー設計）の本を出版するので館長のアレクサンダー・フォン・フェーゲザックに会う。

「ヴィトラ社消防署」をザハ・ハディド、「ヴィトラ・セミナーハウス」を安藤忠雄さんにと、次々に建築家を招待して設計させている。ポルトガルのアルヴァロ・シザも工場の増築をやっていたので、将来この家具屋さんはここを現代建築家村とすることを目論んでいるのかも。安藤さんの建物はあと数日で完成とか。職人が手直しの真っ最中である。また、国境を渡った所、スイス側にはゲーリーが

フランク・ゲーリー：ヴィトラ社美術館、1989年
(GA Document 27)

ジュゼッペ・テラーニ：アントニオ・サンテリア幼稚園、1937年

マリオ・ボッタ：ノヴァッツァーノの集合住宅、1992年
(GA Houses 39)

ジュゼッペ・テラーニ：ルスティーチ集合住宅、1935年

「ヴィトラ社新本社屋」を建設中。六〇％くらい完成している。

六月十八日（金）

昨夜遅く、ルガーノに行き、マリオ・ボッタの新しいハウジング「ノヴァッツァーノの集合住宅」の打ち合わせをして、今日は快晴の中で朝から撮影。例のごとく至る所にルイス・カーンの造型が顔を見せている。スイスは土地が非常に貴重な所であるが、このハウジングが持っている共同の広場は見事に大きく気持ちが良い。日本とはやはり考え方が大分違うようだ。土地がなくても、住む人のことを考えての政府の見識は見事。日本でいえば公団住宅なのだが、ゆったりとした環境はリゾートにいるようである。

撮影が早く終わったので、イタリアのコモへ、ジュゼッペ・テラーニの「アントニオ・サンテリア幼稚園」を見に行く。鉄骨とガラスで構成された建物はなかなか気持ちが良い。今日でもそのディテールには学ぶことが多い。コモを中心としたテラーニの作品はもっと評価されてもよいのではないかと思うし、ミラノにある「ルスティーチ集合住宅」などは時代の古さを感じさせない。一度ゆっくりテラーニをやってみたい。

六月十九日（土）

天気が続く。取って返してザハの「ヴィ

ミシェル・カガン：芸術家のための集合住宅、1992年
(GA Houses 39)

ザハ・ハディド：ヴィトラ社消防署、1993年
(GA Document 37)

ル・コルビュジエ：ブラジル学生会館、1953年

ル・コルビュジエ：スイス学生会館、1932年

トラ社消防署」の撮影。ニューヨークの写真家が『Progressive Architecture』誌のために来ていたので、彼らと撮影を始める。ザハにしては色彩を抑えたコンクリート打放しの造型。この人は女性でありながら手法は大胆。新築の建築は初めてだと思うが、その造形力には非凡なものがある。遠くにアルプスの山並みが見える平野の中に、鳥がはばたくような、のびのびした形は、隣接するゲーリーの美術館と共に、この小さな街の名物となり得る建築である。

六月二〇日（日）

昨夜、夜景を撮影した。日没が遅いためヨーロッパの夏の夜景が撮れるのは一〇時三〇分以降なので、仕事が終わったのは十一時過ぎ。昨日までの快晴が嘘のように、今日は宿で目を覚ますと曇り空に雨がぱらぱら。パリに帰る道中、コルビ

アンドレ・アルフヴィッドソン：パリの芸術家のアトリエ、1912年

セーヌ川の観光船

ユジエの「ロンシャンの教会」を久しぶりに訪ねようと思ったが、雨が降り出したので一路パリへ。

　パリは快晴。二時頃着いた。サン・ミッシェル通りは北欧の人たちのバカンスで満員。北欧は六月がバカンスの時期なので金髪美人が多い。セーヌ川の観光船も満員。いかにもヨーロッパのバカンスらしい雰囲気。昨日ドイツで、C型ベンツの発表が今日だという宣伝用の看板を見ていたので、パリのベンツのショールームに行ったところ、やはり新しいC型ベンツがその美しい姿を披露していた。たぶんこのベンツは、ＢＭＷに追い越されていたのを一気に盛り返すだろう。

六月二一日（月）

今日は朝からミシェル・カガンのハウジング（「芸術家のための集合住宅」）の撮影。芸術家のためのアトリエ付き集合住宅。リチャード・マイヤーの放送局（「カナル＋テレヴィジョン本社」）の裏側にあたる場所で、昔のシトロエンの工場跡。広大な敷地に公園を配した環境抜群の土地。フランスでは昔から芸術家のためのアトリエ付きハウジングには伝統があり、近代にもいくつか良質な例証がある。カガンの建築もなかなかの力作で、コルビュジエの言語を借りた建築であるが、よく考えられた楽しい空間。フランス人のみでなく世界各国から来ている芸術家のためのもの。もちろん日本人も住んでいる。日本も、そろそろこういう空間をつくらなくてはならない時代にきていると思うのだが。

六月二四日（木）

午後の便で東京に帰るので、大学都市の「ブラジル学生会館」と「スイス学生会館」を見に行く。久しぶりの「スイス学生会館」は、リフォームされて外観も内部も美しく整備され、名建築がまた蘇ったようで嬉しかった。

GA日記

1993年　9 ― 11月

九月二六日（日）

ＪＡＬ６便でニューヨークへ。この度の旅行は一度ニューヨークに行き、仕事を済ませてヨーロッパへ。そしてまたニューヨークに帰り、それからアメリカ大陸を自動車で往復する予定である。そのため、日記は一〇月十四日のニューヨーク発からの記録とする。

一〇月十四日（木）

朝六時に五番街のアパートより出発する。太陽はまだ顔を出さない。ホーランド・トンネルの入口に来るともうニュージャージーに行く車の列が続いている。トンネルを越えてニューヨークのスカイラインを朝焼けの中に見る。見慣れたスカイスクレーパーを見ながら、ふとニューヨークにある超高層のデザインを考えて見たが、あまり良い作品が無いことに気がついた。たしかに世界一数多い超高層が乱立しているが、塊りとしての迫力はあるとしても、一つ一つを検討してみると、優れた作品が数多くあるわけではなく、象徴としていつまでも聳えているのは、やはり「エンパイアステート・ビル」と「クライスラー・ビル」で、品格があってニューヨークを代表するように思われる。ミノル・ヤマサキの「ワールド・トレード・センター」も、白亜のタワーとして聳えてはいるが、窓割りがあまりにも繊細すぎて、遠くから見ると白い二本の柱としか写らない。「シーグラム・ビル」も近くから見るとそのディテールの素晴らしさは理解できるが、街の象徴としては力強さに欠ける。「レバーハウス」にしても同様のことが言えるのではないだろうか。超高層の持つシンボルとしての役目は、先述した二本のビルにはどうもかなわないような気がする。

昨今のアメリカの不景気は目を覆うばかりで、ヨーロッパから帰って来て二週間街をさまよったが、これといった建築

クルエック＆セクストン：ステンレス・スティール・アパートメント（レイクショア・ドライブのアパート内改築）、1992年（GA Houses 40）

上空より見るニューヨーク

ミース・ファン・デル・ローエ：レイクショア・ドライブのアパートメント、ロビー、1951年

はどこにもなく、ドイツにいた数日と同じく、世界中の不景気が、気持ち悪くなるような雰囲気を漂わせている。考えてみてもここ数年ニューヨークでは仕事という仕事がなく、いったい今のアメリカには何か世界に誇れるものがあるのかと思ってみたが、何も無い。

いや一つだけあった。オートバイのハーレーダビッドソンである。このアールデコ風のデザインで固められた巨大なオートバイは、ヨーロッパでも日本でも大ブームで、数年前は会社が倒れそうで、日本製のホンダ、ヤマハ、スズキに追いまくられていたのだが、ここに来てどのような風の吹き回しか、売れに売れ、どこのショールームにも物が無い。燃費が悪く、スピードも出ないといった古物同然のオートバイが一気に売れ出したのだから驚きである。確かにクロムメッキに覆われた巨大な機械は、今のアメリカ人にとっては憧れと存在価値のあるものに見えるのだろうが。ニューヨークの中で男性的な「エンパイア」と女性的な「クライスラー」の二本が確かな手ごたえのあるビルに見えるのと似ているのかもしれない。

もうそこに冬がやって来たかのように、日没も早く、七時に着くとシカゴは夜景の真っ只中にある。約一四〇〇キロの距離を一気にシカゴまで走ってきた。

△▷フランク・ゲーリー：ミネソタ大学美術館、1993年（GA Document 38）

一〇月十五日（金）

ミース・ファン・デル・ローエの「レイクショア・ドライブ」のアパートの内部を改築したインテリア（「ステンレス・スティール・アパートメント」）の撮影に行く。このミースの傑作は四〇年近く経っているのに外から見る限り、堂々として見減りがしていない。最上階の部屋を二階分ぶち抜いて新しいデザインをしたロナルド・クルエック氏とロビーで会う。シカゴは街中に新しいアパートが近年続々と出来て、ニューヨークに比べると驚くほど安い。このアパートでも日本円で二五〇〇万円ほど出すと一番小さな部屋が手に入るとか。羨ましい限りである。昔ミースがいた時に一度訪れたことがあるが、ほとんど変化が無く、よく見ると、所々に疲労した影を見つけることが出来るが、全体としては良く保たれている。改造された空間はインダストリアルな雰囲気を持った室内で、ミースが見たら何と言うだろうかと複雑な気持ちになった。

一〇月十六日（土）

昨日の撮影が早く終わったので、ミネアポリスには昨夜中に着いた。フランク・ゲーリーの「ミネソタ大学美術館」の撮影のためである。ミシシッピー川の河岸、ステンレスに覆われた鉄仮面のような顔を持つ、ゲーリー独特の外装である。二〇日がオープンで、飾り付けの最中。女性の館長さんに案内してもらって全館を見る。アメリカでいえば中程度の規模の美術館であるが、現代美術のコレクションはさすがによく集められている。オープンに際して二〇日はリチャード・マイヤーとピーター・アイゼンマンが講演に来るらしく、ポスターが貼られていた。

一〇月十七日（日）

一路中西部へ、ミネアポリスとアイオワにかけては穀倉地帯。大きな農家が平面

吹雪のワイオミング

的な平野の中に点在する。行けども行けどもデンバーまでは平地である。アメリカの背骨といわれるロッキー山脈まで延々と続く。途中から雨になり、ネブラスカのリンカーンの街は雨の中に薄暗いスカイラインを見せている。オマハからリンカーンにかけては木立が豊かで、オクラホマに似た風景が展開する。リンカーンからデンバーまで八〇〇キロ、街らしい街は姿を表さない。アメリカは広い。80号線と76号線の分岐点。76号線はデンバーへ。その頃から道の両側は牧場になり、ロッキー山脈に向かってひた走る。

一〇月十八日（月）

「ワイオミング州立大学付属博物館」を見る。設計者のアントワン・プレドックは最近、仕事が多い。ニューメキシコで数年前までは住宅を多く手がけていた建築家で、個性ある住宅は、数多く『GA Houses』の誌面を飾ったことがある。最近は建築のスケールが大きくなって、大学の美術館や劇場、そしてドミトリーとなかなか売れっ子の建築家である。しかし、期待しながらやってきたのに出来がもう一つ。パスすることにする。残念。一路サンフランシスコへ。朝から雨が落ちていたのが雪になる。温度はちょうど〇℃に近く、高度が上がるにつれて吹雪になる。ラジオではアリゾナ州は三五°Fとか。雪の中をひたすらユタ州に向かう。

ユタからネバダにかけて走るうちに、ふと思い出したことがあった。六〇年代まではネバダはスピード制限が無かった。砂漠の中の一本道を今日では時速六五キロで走る。すべての車が行儀よく制限速度で走っている。これ自体は良いことなのだろうが、誰一人として我々の車を追い越さない。何か砂漠の中の一本道でも、アメリカの元気の無さを感じた。そこには平均化されたアメリカのみが映し出されている。

マリオ・ボッタ：サンフランシスコ近代美術館、1995年

ジェームズ・ポルシェック：イエルバ・ブエナ・アート・シアター、1993年

一〇月十九日（火）

昨日の吹雪が夢のよう。ユタからネバダ、そしてカリフォルニア、サンフランシスコ。午後三時にカリフォルニア晴れの快晴のサンフランシスコの街へ。早速、槇文彦さんの美術館（「イエルバ・ブエナ芸術センター」）に行く。この辺りはマリオ・ボッタの「サンフランシスコ近代美術館」、ジェームズ・ポルシェクの劇場（「イエルバ・ブエナ・アート・シアター」）がほぼ完成近くなっているが、公園や建物の手直しで、工事中なのに一部オープンしていた。ニューヨークからサンフランシスコまで約五六〇〇キロ。

一〇月二〇日（水）

ゴールデンゲート・ブリッジを渡り、サンフランシスコの対岸にある住宅の撮影。この辺りはシスコのスカイラインが真正面に見える高級住宅街。それぞれの敷地は1/4エーカーくらいであるが、各戸から見渡す景色は絶品である。住宅は鉄骨造に木の下見張りで、リビングが二階吹抜け。夫人が料理研究家とかで、台所は普通の台所の四倍もある。二階は寝室のみといった、アメリカでは小じんまりとした住宅であるが、いかにもカリフォルニアらしく風土とよくマッチした気持ちの良い住宅。午後から再度、槇さんの美術館に行く。

一〇月二一日（木）

朝からソノマ（葡萄酒で有名）の住宅を撮影に行く。葡萄畑の中を走る。最近のカリフォルニアワインは世界的に有名であるが品質も向上していて、中にはフランスワインに匹敵するものも数多い。この住宅はワイナリーの丘の頂上にあって、見渡す景色が抜群。クライアントはドイツ人で、フィルム関連の仕事をしているとかで話が合う。彼の話によれば、この住宅は年に一度か二度の使用頻度とかで、

△▷槇文彦：イエルバ・ブエナ芸術センター、1993年（GA Japan 7）

気分転換のために別荘をつくったとか。かなり大きな家である。やはり西欧人のスケールの大きさを感じさせてくれる。

一〇月二二日（金）

サンフランシスコからロサンゼルスへ快晴の中を走る。数日前の天気の変化に比べて安定したしのぎやすさは、さすが。近年、特にカリフォルニアの人口が増えているのは、やはり気候が大きく作用していると思う。ブライアン・マーフィーの住宅を見る。改築らしく、彼の良さが充分に発揮できていないのでパスすることにする。夕方フランク・ゲーリーの事務所で十一月のGAギャラリーでの展覧会の打ち合せ。彼はスペインの「ビルバオ・グッゲンハイム美術館」（p.186）の現場に行っていて留守。スタッフと打ち合せ。

一〇月二三日（土）

カピストラーノビーチにロブ・クイグリーの住宅の撮影。ロサンゼルスから一時間半。サンディエゴ寄りの海岸。ここは高級住宅地で六〇軒くらいの住宅が海岸に面したプライベートの砂浜を持っている地区である。前の旅行で工事中は見ていたが、完成した姿を見るとよく出来た住宅。老夫婦二人だけの住宅であるが、この地の景観を重要視したプランで、内部のどこにいても外景が見えるよう配慮されている。撮影中霧がどこからともなくやってきて、一寸先が見えなくなる。霧が運んでくる冷気で寒さを覚えるほど。これが二、三回繰り返されると後はカリフォルニアブルーの快晴となる。背景にある丘はブーゲンビリアの深紅色で被われ、前方に太平洋の青い海。羨ましい環境である。

一〇月二四日（日）

いよいよ内陸に向かって出発。避寒地であるパームスプリングスへ。実はアルバ

△▷アルバート・フライ：フライ邸 II、1963年（GA Houses 40）

ート・フライ氏に会って、彼の住宅を見に行くことが目的である。九〇歳の彼が、今なお元気であるという情報を得たので電話をしたところ、「どうぞどうぞ」という言葉が返ってきたので喜び勇んで会いに行くと、あまりお元気なのでびっくりした。

パームスプリングスを一望出来る岩山の中腹に一軒だけ建っている、軽量鉄骨の家（「フライ邸II」）。若い時にコルビュジエの事務所で働いていた頃、前川國男さんと会ったとか。九〇歳とは思えない記憶力の良さで、いろいろと話をしてくれる。現在でも昔設計した住宅の増築などの仕事をしているとかで、近所にある増築の現場に行ってみたが、確かな仕事で、再度びっくり。もっと話を聞きたかったが、再会を約束してパームスプリングスを後にする。

アルバート・フライ氏（1993年撮影）

一〇月二六日（火）

サンディエゴに住宅を一軒撮影するため訪れる。ほとんどが住宅の撮影であるが、一九六〇年頃から数年に一度のペースで訪れている。この町ほど人口が増えた場所も珍しい。これから向かうアリゾナ州のフェニックスも人口増加が著しい所である。サンディエゴは元々海軍の基地の町であったが、海岸線から発展し、今や内陸に向かって住宅地がどんどん拡がっている。日本の東海道と同様、ロサンゼ

△▷スコーギン、エラム&ブレイ：アリゾナ大学法学部図書館、1993年（GA Document 38）

ルスとサンディエゴは住宅地で、ほぼつながっている。

　ユマ経由でアリゾナ州のフェニックスにスコーギン、エラム&ブレイ設計の「アリゾナ大学法学部図書館」に行く。メキシコと国境を接して砂漠の中を走る。暑いくらいの気温であるが、乾燥が厳しいのでしのぎやすい。ライトの最後の作品となった「アリゾナ大学グラディ・ガメージ記念音楽堂」の近くに建てられた図書館はなかなかの力作であった。彼らはアトランタに事務所を開いている。今までにも『GA Houses』で数軒の住宅を発表している。そのセンスの良さは素晴らしく、そのうちにスケールの大きな作品をつくるだろうと注目していたが、ここで大きく実を結んだと思う。手法としてはデコンの展開であるが、複雑な空間が噛み合ってスケールの大きさをうかがうことが出来る。

一〇月二八日（木）

昨日、どのルートでニューヨークに帰ろうかと少し迷った。一つは10号線で南部を一巡して帰る方法。もしくはデンバーまで行って二軒の住宅を撮影する方法。今回は時間が無いのでデンバー経由にして、春に南部経由の取材をすることにした。

　アリゾナ、コロラド、ニューメキシコの国境近くを北上したが、思いがけなく一万九六〇フィート、約三〇〇〇メートルの峠越えをすることになる。秋だというのに山頂近くは雪が少し降っており、おっかなびっくりでスミス・ミラー設計の住宅を見に行く。現地はこの辺りの観光地らしく、雪を頂いたロッキーの山並みが迫り、テルライドの街は大開拓時代の家並みが軒を連ねていて、ちょっと、ヨーロッパ、特にスイスの街に来たよう。お目当ての住宅は完成まであと一息のところで、工事中の現場を見せてもらう。

雪のデンバー

テルライドの街並み

一〇月二九日（金）

もう一軒の山荘を見に行く。ロッキーの中腹にあるこの山荘の周辺は、行けども行けども森林地帯で、家など見つからないので多少不安になってくる。教えられた通りの道を進んでいたが、あまりにも長い距離なので、間違ったと思っていたが、やっと説明通りの家を一軒発見した。先日のドイツ人クライアントの家と同じ建築家ファーナウ＆ハートマンの設計。少々ポストモダンの香りがする山荘であるが、ベッドルームがやたらと多い。多分、子供が大勢いるのだろうと思う。こんな山奥まで、約束通りの時間に、管理人が鍵を開けに来てくれたのには感謝いっぱい。

グナー・バーカーツ：コーニング・ガラス博物館（増改築）、1979年（GA Document 2）

一〇月三〇日（土）

雪のデンバーを通過して一路西へ向かう。今年はどうも雪の降り始めが早そうで、寒い冬になるのではないだろうか。朝、駐車場に行くと、車が分からないくらい雪が積もっている。しかし、高速道路や街中の道路は除雪車を通して車が通れるようになっているし、高速道路もチェーンを付けている車は一台もいない。日本の除雪車のようにゆっくり走っているのでなく、大型の除雪車がかなりのスピードで道路を整備している風景は見物である。やはりネブラスカに入ると雪も止み、青空が蘇ってくるが、温度は零下五℃。

スコーギン、エラム＆ブレイ：コーニング児童センター、1993年（GA Document 38）

フランク・ゲーリー：アイオワ大学先端技術研究所、1992年（GA Document 38）

十一月二日（火）

晴れの外観を撮るためにアイオワ大学でフランク・ゲーリー設計の「アイオワ大学先端技術研究所」に行き、一路ニューヨークに向かう。シカゴは通り過ごして、ニューヨーク州コーニング（ガラスの街として有名）に行く。この街は七〇年代にはグナー・バーカーツが消防署や美術館を建てていたのでよく通ったことがある。街中を一巡すると懐かしい建物が次々に顔を出す。日本風の屋根を持った巨大な新しい建物があるので、何だろうかと近づくと、ケヴィン・ローチの「コーニング本社屋」であることを発見した。七〇年代のグナー・バーカーツとローチ、いわゆるサーリネン門下たちの現代建築は一世を風靡したものであるが、この変貌はどうしたものなのだろうか。

ケビン・ローチ：コーニング本社屋、1993年

　続いて、スコーギン、エラム＆ブレイ設計の幼稚園（「コーニング児童センター」）を見る。まだ完成手前の工事中であったが、内部まで見せてもらい、午後ニューヨーク市に向かう。その頃からかなりの雪が降ってきたので、途中、山の中のモーテルに泊まる。どうもこの度の旅行は季節外れの雪に遭い、思わぬ経験を数多くすることになった。三日にニューヨークに到着。足早な大陸横断往復旅行であった。七〇〇〇マイル、約一万一二〇〇キロの走行距離である。

GA日記

1993年 11 — 12月

十一月三〇日（火）

東京を出発してその日のうちにニューヨーク着。今日は「ブルックリン美術館」で、磯崎新展のオープニング・パーティーが六時からあるので出席する。「ブルックリン美術館増改築」（p.29）は数年前にコンペがあり、磯崎さんの案で、着々と内部が新装されており、その会場での展覧会。六時三〇分に到着したが、大変な人数で、三〇〇〇人位の人が来ていた。多くの知人と久しぶりに会うことができて楽しい夜であった。今年は安藤忠雄さんの展覧会がポンピドゥー・センターで開催されたり、昔は日本人建築家の展覧会が、このような大規模な展示で世界中を巡回するなんて考えられなかったことを思うと感無量である。

ブルックリン美術館での磯崎新展のオープニング・パーティー

十二月三日（金）

昨夜の九時五〇分発のエールフランスでパリへ。やはり曇り空で、街に入ると冬の空気が待ちかまえていてくれる。私は冬のパリが好きだ。もっとも仕事の面で言うと少し困るのだが、肌寒いパリの街を目的も無く歩くのが好きだ。冬のパリは住んでいる人たちも何だか活気があって楽しそう。

早速、建設中の建物を見て廻る。やはり思った通りに作業はゆっくりで、進ん

サン・セバスチャンの街並み

ジャン・ヌヴェル：トゥール会議場、1993年（GA Document 41）

でいないものが多い。その中でセーヌ川に面して建設されている、ドミニク・ペローの新しい「フランス国立図書館」だけは大変なスピードで進行している。

十二月五日（日）

珍しく快晴。トゥールにあるジャン・ヌヴェルの「トゥール会議場」の撮影が少し残っていたので途中立ち寄る。

パリから一路ボルドーを目指して南下。数年前まではこのルートに高速道路が無かったので民家などを撮影しながら旅行したものであるが、高速道路ができてからは途中下車しないで走るので少し寂しい気持ちになる。このルートはリヨンに行く道に比べると自動車も数少なく、のんびりした田園風景を楽しむことができる。山もなく平地が続く。フランスが農業国家であることをつくづく思う。冬の日は短く、朝は九時頃から明るくなり、夕方は四時には薄暗くなる冬の旅である。

ボルドーのホテル・レストランに宿をとる。

十二月六日（月）

パリを出発したときは二℃であったが、さすがにスペインの国境近くになるといつの間にか一〇℃となっていた。しかしサン・セバスチャンの街はバルセロナに比べて、北の海に面しているだけあって寒々とした風景であった。この街は昔から好きな街で、至る所にアールヌーヴォーやアールデコの雰囲気のある建物が多い。スペインでも独特な個性のある街で、街の中央に荒々しい北海の波が押し寄せているわりには、静かでリッチである。今日は休日らしく海岸はのんびりした人たちで賑わっていた。

ここから二時間位でサンティジャーナ・デル・マールの村落に着く。昔のスペインがそのまま保存されている村で、村の中には自動車が入れないために広場

サンティジャーナ・デル・マールの石畳

ラ・コルーニャ、港の漁船

は昔通りの石畳。一戸一戸が昔の姿で我々を迎え入れてくれる。ヨーロッパの中でもスペイン各地にある村落は素晴らしく、私が六〇年代に訪れた頃は、このような素晴らしい村が各地にあったのだが、今日では特に地中海沿岸の白亜の村々はほぼ全滅。寂しい限りである。初めて訪れたこの村は、保存のために少し人工的な香りがあるにしても、保存技術の確かさを感じた。

世界各地で今日行われている民家の保存は現実には大変難しいと思う。成功している例は数えるほどしか無く、その中でもこの村の雰囲気はなかなかよろしく、久しぶりに民家のおいしい空気を吸うことができた。

夜はオヴィエドのホテルに泊まる。ここはスペインでも一、二といわれるホテルで、昔、病院であった建物を改築したもの。スペインでは政府が経営しているパラドール・ホテルにこの手のものが多い。明日行く、サンチャゴ・デ・コンポステーラにあるホテルも中世に建てられた病院からの改築である。どのようにしてこの計画がなされたのか知る由もないが、中央に大きなコートヤードがあって、その周りを囲むかつての病室が、今日では客室になっているのだが、この壮大な空間は、現代のホテルでは味わうことができない贅沢なものである。

十二月七日（火）

朝九時に出発したが、まだ暗い。パリから一〇〇〇キロ離れていても時間帯は同じであるから仕方がないのだが、旅行者にとっては太陽が待ち遠しい。

大西洋に面した道を、山の中に入ったり、海に出たり、曲がりくねった道をゆっくりと進む。サン・セバスチャンで高速道路と別れてから対向二車線の道を行く。行く先が巡礼の最終地点だから我々も巡礼者の気持ちになって、降ったり止

△▷ラ・コルーニャのレストランにて

んだりの雨の中をひたすら進む。昔、六〇年代に一度、サンチャゴ・デ・コンポステーラにスペイン音楽の大会を見に行ったことがあるが、その頃は『世界の村と街』シリーズの撮影をして長い日数をかけてスペインを縦断したことを思い出した。その頃から比べると道は舗装されているが、前方に旧型のトラックでも走っていようものなら、延々とそのゆっくりなスピードで走るのだから疲れも倍増だ。しかし田園の景色は昔のままである。便利ではあるが、自動車の道が整備されると同時に昔の風景が壊されることを考えるとゆっくり旅行も仕方ない。コンポステーラの街に入る。イベリア半島は広い。ヨーロッパの西端に来たことを実感する。

十二月八日（水）

朝からラ・コルーニャの海岸の街に行く。ここはスペイン艦隊がその昔イギリスのネルソン提督との大海戦を行った時に出発した港町である。磯崎さんがコンペに勝って、ここに美術館（「DOMUS／ラ・コルーニャ人間科学館」p.124）を設計するので、どのような立地条件かを見るためにやってきたのだが、いかにも昔からのスペインを代表する港町らしい佇まいを持った街並みで、特に港に面した古い一角は、その雰囲気をよく残していると思う。しかし雨が強い。昨日も雨だったので、一日中雨と霧に取り囲まれた街にはうんざりする。しかしもっと驚いたことは、この地方は大げさに言えば一年のうち、約一〇ヵ月は雨が降っているという。巡礼の最終点、サンチャゴ・デ・コンポステーラの教会の黒ずんだ石壁も雨のせいかと思われる。

　しかし夜食事をする頃になって、いくら雨が降っていてもこの街には居なくてはならないことが分かった。それはテーブルに並んだ魚貝類の素晴らしさである。特にタコとじゃがいもの煮付けは最高で、

アルヴァロ・シザ

サンチャゴ・デ・コンポステーラ

この地方特産のあっさりとした白ワインの素晴らしさと共に、我々が忘れてしまっていた新鮮という言葉を、海老や平目が語りかけてくれたのである。おそらくこの地方で採れる魚がマドリッドへ行くのだろう。マドリッドで食べてもかなりのものなのだが、ここで食するものは世界一だと思う。これはいくら雨が降り続いてもこの街に居なければならない。

アルヴァロ・シザ：ガリシア現代芸術センター、1994年
(GA Document 38)

十二月九日（木）

もちろん今日も雨である。ポルトガルの建築家、アルヴァロ・シザが、この街の現代美術館（「ガリシア現代芸術センター」）をちょうど完成させたところで、その撮影を朝から始める。シザの作品は二、三のものは見ていたが最近作は初めて。例によって限られた材料で、石とコンクリートによる白亜の殿堂であるが、様々に変化する内部空間は劇的である。美術館の

同上、レセプション

アルヴァロ・シザ：ポルト大学建築学部、1994年
(GA Document 38／44)

アルヴァロ・シザ：レサの海浜プール、1966年

人の話では、昨日まで彼が滞在していたとか。残念だが数日後にポルトに行くのでそこで会えると思う。

彼の建築を見て不思議に思っていたことが分かったような気がした。どの建築も限られた材料を使用していることである。近代的な建材はまだまだ輸入に頼るものが多いので、地元で生産される材料を使って建築をつくる。良質の大理石とは言えないにしても、この地方には大量の石が生産される。もちろんコンクリートも豊富である。この二つの材料を中心にして空間をつくることが、彼の設計の基本になっているのだと思う。美術館にしても、すべての床は大理石、壁はコンクリート。この材料の特徴を生かせる建築。彼のデザインのこつはここにあるのだろう。ポルトガルで見る建物が楽しみである。

十二月十一日（土）

スペインからポルトガルのポルトへ。シザと会う。初期の作品である一九六〇年代に自然の岩場に囲まれた海岸につくられた「レサの海浜プール」は、想像していたように単純な材料のみを使用していた。彼はポルトガルの技術水準をわきまえて無理のない材料と施工方法でつくっている。最初の作品である海岸に建つ「ボア・ノヴァ・レストラン」では木材が使用されているのだが、空間の大らかさは海に負けてはいない。六〇年代の作品なのに今でも決して古さを感じさせない。

十二月十二日（日）

朝から快晴。長い間完成しているようで完成していない「ポルト大学建築学部」の撮影。これもシザの最近作。二月にもここに下見にきた編集者の話だと、その時からほとんど工事は進行していないという。スタジオ棟はすでに使われているのだが、内部は未完成の所が多い。シザに聞いても、予算が少ないらしく、少し

△▷アルヴァロ・シザ：アヴェイロ大学図書館、1995年（GA Document 50、左は完成後撮影）

ずつ完成に向かっているとか。彼が建築雑誌に今まで発表している写真を見ていても、未完成での発表が多い。おそらくシザの建築発表法かも。建築学部は図書館やギャラリー等も含めてかなり大きな建物である。川辺の高台にある、ポルトでもとびきり良い立地条件に恵まれた環境で、眺めも素晴らしく、各部屋の窓はその環境に接するように配慮されており、小割にしたスタジオが数多く配置され、建築教育に適したプランである。横長に延びる全体計画は地形に順応し、完成されると、教室棟と図書館、ギャラリー棟に囲まれた中庭は、この建築群をより一層見事なものにするだろう。「ガリシア現代芸術センター」と「ポルト大学建築学部」は、世界でもレベルの高い建築として評価できると思う。

ポルト近郊にある「アヴェイロ大学図書館」の現場を見に行く。八〇％完成といったところ。アアルト風のカーブしたレンガの外壁と閲覧室の天井に無数に開けられた円筒形のトップライトが印象的である。

十二月十三日（月）

六時に起床、リスボンへ。九時頃リスボンの全市が見渡せる丘の上に着く。立体的な都市。時間の関係から街の中心を通らず、迂回しながら南へ下るが、やはりラッシュアワーで自動車の洪水である。

アルヴァロ・シザ：セテュバル教師訓練校、1993年

△▷ホアン・ナヴァロ・バルデヴェグ：サラマンカ会議場、1992年

五〇キロ位でセテュバルの街に着く。シザの「セテュバル教師訓練校」を見る。日本で言えば高等師範学校といったところ。コの字型のプランで、列柱が取りまき、ここでも材料はシンプル。いかにもシザの建築である。両側に教室、正面はロビーと食堂。先日見た二つの建物より数年前のデザイン。シザが変わりつつあることをこの建物は物語っている。気温はどんどん上がって今日は十七℃。海が近いことを肌で感じる。

十二月十四日（火）

ホアン・ナヴァロ・バルデヴェグ設計の「サラマンカ会議場」を見に来た。昨夜はポルトガルから七〇〇キロ走って夜遅くに着いた。夜中雨であったが、朝起きると何も見えない霧の中、小雨が降っている。しかし長年の経験できっと今日は晴れるだろうと思っていたら、きっちり一〇時頃から霧が晴れて快晴になる。

大理石で囲まれた古典的な外観。しかし内部は現代調でオーディトリアムの内部は軽さを感じる天井が覆い気持ちの良い空間。ここ二、三年で急に出てきた建築家であるが、全体計画といい、ディテールといい、なかなかの手練を見せている。夕方、マドリッドへ移動。図書館と区役所の建物を見たが、この二つはポストモダン風建築。しかし久々に大型新人を想わせる建築家の出現である。

十二月十五日（水）

朝から快晴。エンリック・ミラージェスの最新作である体育館「アリカンテのスポーツ・センター」に行くため早朝に出発。中部スペインの広漠たる平原を地中海めざして走る。早朝の空気は堅く、冷ややか、体感温度は五℃位。所々に残雪があって、中部は山岳地帯なので、冬はよく雪が降り、想像しているより寒い。

体育館は思ったより大きく、構造は橋

スペインとフランスの国境にあるリカルド・ボフィルによる2本の柱。ピレネー山脈が見える

エンリック・ミラージェス：ガラウ博士とアナ・アグスティ邸、1992年（GA Houses 42）

梁トラスの手法で屋根を吊っている。大小二つの大空間が連結しており、個々のディテールはいかにもミラージェスのセンスをうかがうことができる。しかし全体としてのまとまりは今ひとつ。やはり、彼にはスケールが大きすぎたのだろうか。

十二月十六日（木）

バルセロナに着く。エンリック・ミラージェスの住宅（「ガラウ博士とアナ・アグスティ邸」）を見る。昨日の体育館と違ってこれはよくまとまっている。スペインのこれまでの住宅のなかでもレベルの高い空間。外観は伝統的な色彩そしてテクスチャー。植物や花が住宅の外周を取りまき落ち着いた雰囲気で、環境設計も見事である。窓や玄関の各部に、彼独特の個性あるディテール。内部は高低差のある豊かな空間がより一層この住宅をダイナミックにしている。撮影しながらデザイン

エンリック・ミラージェス：アリカンテのスポーツ・センター、1993年（GA Document 38）

同上、アリーナ

△▷サンティアゴ・カラトラバ：TGVリヨン＝サトラス空港駅、1994年（GA Document 41、写真は工事中）

の多彩さを堪能。久しぶりに力のある住宅を見た。

十二月十七日（金）

朝から快晴。やはりバルセロナだ。今日から再度ガウディの撮影に取り組む。グエル公園は夏に比べて閑散としている。良い季節だと見学者が多すぎて、大げさに言えば人のために建築が見えないくらい。屋上広場のベンチはタイル補修のためにここ数年間はフェンスに囲まれていて撮影不能。しかしその他はゆっくりと一日中かかって撮影できた。明日、再度撮影の予定。

十二月十九日（日）

朝八時にバルセロナを後にパリに向かう。パリを出発してから約五〇〇〇キロ走った。ヨーロッパ大陸のなかでも特にイベリア半島の広さは抜群。フランスとの国境に近づくとリカルド・ボフィル設計の二本の柱が見えてくる。彼もこれを設計していた頃が全盛期だったと思う。象徴的な柱のゲートの背景に、ピレネー山脈の寒々しい雪をかぶった山並みが続く。

途中リヨンの飛行場にあるサンティアゴ・カラトラバの「ＴＧＶリヨン＝サトラス空港駅」を見る。パリからのＴＧＶの駅であるが、線路がここまでまだ開通していないので、建物はほぼ完成した姿をしているが工事はストップの模様。例の構造リブがスケールの大きさと共に美しい。彼の仕事は、イタリアのルイジ・ネルヴィ、メキシコのフェリックス・キャンデラの今日版である。久しく出現しなかった構造美が彼によって生み出されている。

十二月二一日（火）

再度ニューヨークに戻り、二四日のクリスマスイヴに東京に帰着する予定。

GA日記

1994年　2月

二月四日（金）
バンコクからバングラデシュのダッカに行くために十五時発の飛行機に乗る。ダッカには時差の関係で十六時三〇分に着く。ビルマの上空から見る風景は一面が平坦で、その中を大きな河がうねり流れている。ベンガル湾を遠くに望みながら飛行機は高度を下げて行く。ダッカ周辺は入り組んだ入り江が多く、台風で多くの死者が出るニュースを思い出す。水面と同じような湿地帯が続く環境は、おそらくあっと言う間に水浸しになるのだろう。逆光に光る湿原の中にひとかたまりの都市らしいシルエットが浮かぶ。それが初めて見るダッカである。

晩年のルイス・カーンの作品であるダッカの「バングラデシュ議事堂」は、それまで写真でしか見ていなかったのだが、他の作品と何だか印象が違っていて、それほど興味を持てなかった。今度、彼の『形と空間』という本をつくるにあたって是非見ておこうと思ったのが今度の旅行の発端であった。ダッカまで来たのだから、八年ぶりのインドにも一足伸ばして、ル・コルビュジエやカーン、そしてイスラムの古典を駆け足で確認する旅行を思いついたのである。

冬の陽が暮れかかるダッカの街を横断してホテルに向かう。やはりインドと同じ文化圏である。この国もかなり厳しい環境であることを感じる。知らず知らず身が引き締まる思いがする。日本の大使館で撮影許可はもらっているが、なんだか嫌な予感がする。西欧スタイルのホテルは街と一線を画した別天地で、あまりにも違う雰囲気に戸惑う。

二月五日（土）
さて朝から「議事堂」に出かけたが、許可が下りない。外観の撮影も駄目だというのでこれにはまいってしまった。理由は国会が開かれているので建物全体を兵

◁△ルイス・カーン：バングラデシュ議事堂、1974年
全景（右）と祈りのホール（左）

隊が警備していて、一歩も近づけないとかで、目の前が真っ暗である。ニューヨークに居る娘の店で働いていたバングラデシュの留学生の紹介で、地元建築家のハック氏に相談に行く。彼は初対面の私に大変好意的で、午後から精力的に動いてくれることになった。まあ、考えてみると日本だって国会議事堂を撮影するのは大変面倒なことであろう。そう思うと少しは気が休まり、明日に期待する。

遠くから見る「議事堂」は考えていたより迫力があり、自然の中に忽然と立ち上がっている姿は、これは現代建築などではなくて、まさに古典そのものの姿であった。人工池に取り囲まれている建物は、ちょうどイスラムの建築がそこにあるごとく、生前カーンがよく私に言っていた「古典のような建築が創りたい」という言葉を想い出させた。夜になって、明日は内部まで撮影できるという許可があった由。興奮してよく眠ることができないぐらいに神経の高ぶりを覚える。現代建築に直面してこの気持ちは久々のことである。

二月六日（日）

朝から死にもの狂いに撮影する。見れば見るほど、接すれば接するほどたくましい建築である。昼まで外観を一巡する。ハック氏の事務所の若い建築家がアシスタントをつとめてくれるので助かる。

コンクリートと煉瓦で構成された外観。そして内部でも同じ材料が主要構造体であり、仕上げも兼ねている。施工の良し悪しなんか糞食らえである。人工池の水も建築と一体となって、そのスケールの大きさを一段と大きなものにする役目を果たしている。同じくカーンのアーメダーバードの「インド経営大学」と手順は同じであるが、この壮大な現代建築の古典は、この地の人たちに建築を通り越して文明とも言うべきものを、カーンが遺

ルイス・カーン：ダッカ国立病院、1974年

ルイス・カーン：バングラデシュ議事堂、議事堂内部、1974年

したのだということを教えてくれた。建築のデザインもここまでくると、それはまさしく彼の言った文明そのものである。

内部に一歩足を踏み入れると、外観と同じ材料がインテリアを構成し、議場をとりまく回廊は天に届くようなスケール感で我々を圧倒する。巧みに取り入れられた自然光が、その陰影をより一層見事な空間に仕上げており、ひやりとする空気がまた見事である。材料のグレーの色彩が光の強弱に従っていくつかの階調に分かれ、空間の重厚さを感じさせる。

幾重にも囲まれた中央に議場がある。チャンディガールのコルビュジエの「議事堂」(p.243)も素晴らしかったが、カーンのこの空間も素晴らしく、もっと宗教的である。限られた予算、施工の拙さ、それらはカーンの創造力の足下に消え去り、偉大な建築家の創造の美のみが、形と空間の世界を創りあげていた。国会議場をとりまく議員宿舎は煉瓦造で、議場のコンクリートの壁と対峙している。

光の強さや、気温の高さ、湿度の高さといった強烈な自然環境から守るために、大きく開かれた窓や、二重三重の壁が人間の生活を守る役目を果たしている。

現代建築の空調による底の浅いデザインを見て暮らしている我々にとって、この重厚な建築は、自然と人間の対立の凄さを嫌と言うほど教えてくれた。

二月七日（月）

夕方四時の飛行機でバンコクに帰りインドに行くので、早朝から仕事にかかる。天気は春が近づいてきているのか少し靄がかかっているが、それも九時頃にはとれ、快晴となった。東側から人工池を望むアングルで撮り始める。一昨日から三日間の撮影は夢を見ているようで、撮れば撮るだけ深い井戸の中に向かっているような錯覚すら起こる。撮影が一応終わった時、また来年も、その次の年も、こ

△▷ルイス・カーン：インド経営大学、1974年

の建築を見に来なくてはならないだろうと思った。

バングラデシュは確かに今は貧しい環境に置かれているが、人々はどことなく活気があって明るい。日本とは違ったシステムが生活を支配しているように思う。しかし、見せかけの繁栄とは違った、人間の生のままの生活に接していると、いろいろなことを考えさせられるに充分な時間がそこにはあるように思われた。バンコクで乗り継ぎ、真夜中にインドのニューデリーに着く。

二月八日（火）

朝、目が覚めるとニューデリーは曇り。昨日までの興奮がこの曇りで少し癒される。夜中であったが、飛行場に着いたとき、何だか変わっているように思えた。以前だと飛行場の内部でも人、人の波であったが、静まりかえっているのには驚いた。街中がきれいになっており、たっぷりと幅がとられている道路は、バンコクのような激しいラッシュもなく快適である。夕方六時の飛行機でアーメダーバードに行く。しかし遅れが二時間出たために、一〇時頃着く。ここでも以前のインドとは違った雰囲気があり、飛行場は静か。おそらくテロ対策で関係の無い人たちを飛行場に入れなくなったことが理由だと思う。建築家バルクリシュナ・ドーシの事務所スタッフが迎えに来てくれていた。

二月九日（水）

今日は朝からカーンの「インド経営大学」の撮影。以前来た頃はまだ少し工事中の箇所があったことを思い出す。周囲の木立が伸びて建物を取り囲むようになっているので、少し感じが違う。ダッカを見てきたせいか、建物がこぢんまりとしているが、よく練られた配置の妙を感じる。

煉瓦で構築された建物には、ダッカ同

ル・コルビュジエ：サラバイ邸、1955年

ル・コルビュジエ：ショーダン邸、1956年

様、インダストリアルな姿は無い。現地で調達されたコンクリートと煉瓦を用いたティピカルな建築である。大学の教室と寮とが一体になっているプランで、建物と建物をつなぐ空間に小さな庭があり、それが実際によく利用されており、学生たちはのんびりと授業の合間にそこでお茶を飲み、語り合っている。光は朝と夕方が撮影に適しているのでひとまず終わりにして、昼頃コルビュジエの「サラバイ邸」を訪れる。息子さんと久しぶりに再会する。建物が少し荒れていて残念だと思っていたところ、昨年サラバイ夫人が亡くなられたことを知らされる。

サラバイ夫人はインドの現代芸術のスポンサーとして活躍された方で、そのおおらかで立派な人格を思い出す。今度で四回目のインド旅行であったが、六〇年代に初めて来たときからお世話になっていた。『GA』を出版したときも心から喜んで下さったことが頭に浮かぶ。

次に訪れたコルビュジエの「ショーダン邸」は以前と変わらない姿で、コンクリートの彫刻といった佇まいを見せていた。家具も照明も完成した頃と同じものが同じ場所にあるのには驚いた。このクライアントがいかにコルビュジエを敬愛しているかを感じさせられる。また、建築の名作に住んでいる人の心構えのようなものを目にすることができ、尊敬の念を一段と深くした。

夕方、再度「大学」に行き、カーンの空間に接する。

二月一〇日（木）

朝、「ショーダン邸」の玄関側を撮影。コンクリートの美しさにみとれる。街に帰って「繊維業者協会会館」（コルビュジエ設計、p.246）に行く。ここはかなり痛んでおり、管理状態の悪さが見える。もちろん建築の骨格は少しも痛んでいないのだが、三階の楕円形の会議場も物置になっている

ジャイプールの街並み

砂岩でつくられたハワ・マハル「風の宮殿」（ジャイプール）

ような状態は悲しいことである。

その後、ドーシと久しぶりに話し合う。ボンベイやニューデリーでかなり大きな建築を設計しているとかで、そのプロジェクトを見る。事務所も大きくなり、スタッフ数も多い。しかし彼の姿は昔のままで少しも変わっていないのには驚きである。菜食主義のせいかも。夜、菜食専門のレストランに案内してもらう。街から離れた所にある屋外レストランは照明も蝋燭で、電気は一切無く、土を盛り上げた座敷のような所で、少し寒さを感じるがインドらしい簡素な佇まいである。何種類もの野菜と穀物の料理が出てくるのだが、ちょっと考えられないような美味で、インド料理の伝統の深さを知る。

二月十二日（土）

いったんニューデリーに帰り、自動車をチャーターしてジャイプールとアーグラに行く。のべ七〇〇キロの道中であるが、道の悪さと車の古さには少々まいった。

ニューデリーを出ると、やはりインドはインドの姿を残していた。小さな町では人の波が道路を覆い、騒然とした厳しい環境は、人間がまき散らすゴミの山で、我々を圧倒する。人工的な都市生活に慣らされている人間にとっては、ただうろうろするばかりである。早朝より出発したので、ジャイプールの街には昼頃着く。もうこの街の人間の多さ、騒然とした街中。しかし昔からある旧市街の砂岩でつくられたパラペット風の街並みの美しさは以前と何ら変わっていない。

ここでは建築の美学が自然に生きており、汚そうが、蹴ちらかされようが、素晴らしい建築は、少しもそのような環境に支配される様子が無い。もし日本の現代建築がこのような状態にさらされるならば、はたして何軒の建築が耐えることができるだろうかと、ふと考えてみた。インドの都市は、現代文明のはかなさを

タージ・マハル（アーグラ）

ファテプール・シークリー（アーグラ近郊）

教えてくれている。

　いつかゆっくりとこの街を記録してみたいと思いつつ後にする。

二月十三日（日）

昨夜遅く、アーグラの街に辿り着く。アーグラの街も「タージ・マハル」の整然とした美しさとは裏腹の、混乱の極みを感じさせる街中である。

　「ファテプール・シークリー」を訪れる。アーグラから四〇キロ離れたこの宮殿は何度見ても感激がある。日曜なのでインドの人たちの見学者が多いが、六〇年代には、ここを訪れる人はほとんどまれで、時間の流れを感じる。この建築の持っている配置の妙は最高で、建築のプロポーションの美しさと共に、私にとっては古典の中でも特に気に入っている建築の一つである。カーンもこの建築からはいろいろなことを学んだことだろうと思うし、ここでは完全に古典が現代に生きている。

　大概、インドのイスラム建築は重さを持っているが、ここでは軽さを感じさせる。砂岩に覆われた建築群は、石の中でも軽いその材料の特質を見事に表現している。そして建築と建築をつなぐ動線の良さは、ちょうど日本で言えば、「桂離宮」や「修学院離宮」の佇まいと同一のものであると考えられる。もちろん、理論的にも時代からいっても、それらは何の関係も無いだろうが、建築の質として見事な点では通じるものがある。

　「タージ・マハル」は壮大な白亜の殿堂にふさわしいスケール感と同時に、水を利用した空間の深さ、ロマンチックな風を感じさせる。このような建築は世界のどこにも無い。やはりインドは不思議な国であり、古典と現代の対比がこのような姿で各地に残っていることには当惑するばかりである。

ラジ・レヴァル：ニューデリー教育メディア研究センター、1991年（GA Document 40）

ル・コルビュジエ：チャンディガールの議事堂、1962年

二月十五日（火）

チャンディガールに来る。建物の使い方の悪さは目を覆うばかりである。政治的なテロの問題も大いにあると思うが、金網を張り巡らした環境は腹が立つ。特にここを治めている政府首脳陣の頭を疑う。現代建築の中で飛び抜けて素晴らしい建築を誰も理解していないのではないだろうか。しかし、何のメンテナンスも施されていない建築は痛々しい姿ではあるが、その骨格はやはり厳然とした輝きを持っている。骨太な全体像は少しの痩せも感じられない。ダッカでもそうであったように、建築は予算や材料の良し悪しでなく、建築家の力であることを再認識させてくれる。街自体は、以前に較べて落ち着きがあり、チャンディガールが新しい都市として定着していることを確認した。

二月十六日（水）

ニューデリーに帰る。チャンディガールのあまりのひどさに、朝、目が覚めても腹が立つ。今日はインドで活躍している建築家、ラジ・レヴァルの「ニューデリー教育メディア研究センター」を撮影。「ファテプール・シークリー」やインド古典の影響が建築に見えるが、材料の使い方、プランニングの方法、見るべきものがある。

ここでこの度の旅行は終わったが、この国を旅するのは、やはり疲れる。おそらく我々が住んでいる社会とあまりにも違うシステムのせいだと思うが、この違った世界に接することによって、今まで気づかなかったいろいろなことが、自分の中での反省材料になっていることに気づく。やはり二年に一度はインドに来なくてはならないと思う。バングラデシュ同様、この国は人間本来の姿を見ることができる、数少ない国の一つなのだから。

十八日に東京着。

GA日記

1994年　5月

「GA日記」も九回目になり、読者の評判も良いようであるが、それはおそらく私の海外取材の裏話が初めて公開されたからだろうと思う。人々に会う度に色々と質問されるが、なかでも一番多い質問は「あのようなハードスケジュールは本当ですか」といったものである。今回の三週間のヨーロッパ旅行も一三〇〇〇キロ走ったから、一日平均すると六〇〇キロ強である。特に、天気が悪いと走る距離が長くなる。高気圧を追いかけるからである。また夏の間は陽が高いので、朝六時頃から九時まで走って仕事をして、夕方から夜の九時頃までかけて次の目的地に行けるためである。私にとっては少しもハードでなくいたって普通のことをこなしているにすぎない。まあひと口に言えば、慣れである。

旅行というものには、一つのシステムが存在するので、そのシステムをマスターするまでは気疲れが多いのではないだろうか。例えば、飛行機の乗り方やホテルやレストランの探し方といったことが、案外慣れるまで大変で、しかし一旦自分のシステムを持つと、それは気楽なものである。私の場合は四〇年も旅行しているので、世界各国に行きつけのホテルやレストランを決めてあり、自分の家に帰るような気楽さがある。このようなシステムは私にとって重要な財産の一つである。四〇年前、『日本の民家』の取材から始まった旅行歴で培った術は、最近ではいよいよ完成の域に達した感がある。

自動車の運転の仕方にしても、ラテン系の国とゲルマン系の国では手法がおのずと違っているので、それをマスターするまでは大変である。事故は命にかかわるから一瞬の油断もできない。

ドイツ人は車線をあくまでも信じて運転しているから、車線変更には特に気をつけなければならない。それとスピードが中途半端でないからなおさらである。

ルイス・カーン：フィッシャー邸、1967年

ルイス・カーン：エシュリック邸、1961年

規則に従うことを信条とするドイツ人気質はここでも生きている。

一方、フランスやイタリアは、悪くいえばいいかげん、良くいえば機転が利くといった運転で、信号などあまり信用していると、とんでもないことになるから要注意である。イギリスはさすがにジェントルマンの国らしく、一般にゆっくりした運転をするし、日本と同じ左側通行だから少しは安心である。

このようにヨーロッパといっても、国によってかなり違うので、これをマスターするのが疲れないコツにも通じると思う。それにしても、日本の道路は最悪で、同じ五〇〇キロでも、東京から大阪に行く行程とパリからリヨンに行く行程とでは、二倍も三倍も疲れに違いが出る。特に最近のフランスの道路性能は良く、おそらくヨーロッパで一番スムーズに走れる道の一つだろう。やはりヨーロッパの自動車の歴史の長さは、歩行者にも運転する人にも、日本などと比べて、数段の違いを感じさせられる。

この三月は、二三日から四月一〇日までサンフランシスコを振り出しに全米を横断し、ロサンゼルス、アリゾナのフェニックス、テキサス、ダラス、ヒューストン、そしてニューヨークと、前半は『GA Houses』の仕事、後半はルイス・カーンの作品を撮影してきた。その頃のアメリカは一年のうちでも一番すがすがしいときで、木々の芽が出そろい、冬の長い所では一斉に花が咲くといった素晴らしい季節である。昨年から今年の始めにかけて雪が多い年であったので、例年に比べて少し遅い春のような感じがした。

五月四日、連休のさなかに東京を発ちニューヨークに向かう。一〇日までフィラデルフィア付近のカーンの作品を撮影。彼の住宅をすべて見たが、初期の作品に、後年を予見することができないくらい幼い要素を見たことが一番興味深かった。

△▷フレデリック・ボレル：オーベルカンフ通りの郵便局／アパートメント、1994年
(GA Houses 42)

一九四〇年代や五〇年代の彼の作品は、マルセル・ブロイヤーはじめ色々な建築家の影響を受け、もちろん部分的に六〇年代以降のカーン様式は見えるが、定まらない普通の住宅作品である。そのなかで、一九六一年の「エシュリック邸」と一九六七年の「フィッシャー邸」は、住宅史に遺る特に素晴らしい住宅の一つであると思う。共に木造のディテールは、彼のコンクリートと同じような、繊細で密度の高さを持った傑作である。

五月十二日（木）
ニューヨークからエールフランスでパリへ。午前八時三〇分に到着。雨が降っていたらしく滑走路は濡れていた。一〇℃。少し肌寒い。しかし雲は切れかかっていたので、多分晴れるだろうと思い、直接現場に行く。パリ十一区。下町のごった返した商店街の中ほどに建つ「オーベルカンフ通りの郵便局／アパートメント」。建築家は以前ポルザンパルクの事務所にいたフレデリック・ボレル。至る所にポルザンパルクの影響がある。中庭をはさんで、道路側から内部まで見通せる空間が気持ち良い。少し凝りすぎの感があるデザインだが、よく考えられたプランには感心する。フランス・テレコムとPTT職員のためのアパートとか。やはり伝統があるパリのアパートの水準は高い。どうして日本にはこのような楽しい空間を持った集合住宅ができないのだろうか。クライアントの力か、建築家の力の差なのだろうか、考えさせられる。十三日もこのアパートにかかりきりの撮影。

五月十五日（日）
ロッテルダムの「オランダ建築会館」の撮影。ヨー・クーネンの設計。工事中から数度見ているので撮影ははかどる。まずこの大きさに感心する。建築関係の細長い資料庫と展覧会場、そしてレクチャ

リチャード・マイヤー：ウルム市観光センター、1993年（GA Document 40）

ヨー・クーネン：オランダ建築会館、1993年（GA Document 40）

ールーム、図書館からなる鉄とガラスの現代建築である。ロッテルダムは一九二〇年代頃の近代建築の宝庫であるし、現在ではOMAを中心に新しい波が興りつつある建築都市である。

五月十六日（月）

ピーター・ウィルソンとミュンスターで会う。彼の最新作の「ミュンスター市立図書館」（p.45）撮影のため。しかし天気は良くなく曇り空。撮影を中止して八〇〇キロ先のドイツ南部の街、ウルムに向かう。カッセルからヴュルツブルク、そしてウルムと丘陵地帯の春の景色は絶品である。夕方、リチャード・マイヤーの二つの作品、「ウルム市観光センター」と「ダイムラー・ベンツ研究センター」を見る。

五月十七日（火）

朝から雷と雨の大荒れ。急にウィーンに行く決心をする。『光の空間』の一枚、手直しの撮影のためだが、八〇〇キロの道をひと走り。ウィーンに向かうにつれて天気が良くなる。二時頃到着。オットー・ワーグナーの「ウィーン郵便局」の地下に入る交渉をするが、なかなか許可が下りない。ハンス・ホラインに電話する。やはりとたんに許可が下りてひと安心。しかし、自分が思っていたのと違う空間。少しがっかりする。しかし見て納得するのも撮影の一つの方法である。五時頃、ウィーンを後にしてウルムに帰る。しかし十八日はまたもや雨。

五月十九日（木）

昨夜遅くルガーノに到着。マリオ・ボッタの事務所のある街である。今日は少し南下して、コモのテラーニの設計であるファシストの家（「カサ・デル・ファッショ」、p.88）の撮影。現在、警察署のために、なかなか全体、特に内部の撮影ができなかったのだが、以前レンゾ・ピアノの事務

フィリップ・ジョンソン（「アメリカン・センター」にて）

ヴィクトール・オルタ：タッセル邸、1893年

ヴィクトール・オルタ：オルタ自邸とアトリエ、1900年

所で働いていた建築家がコモの人で、彼の取り計らいで許可を得たので撮影することができた。天気は快晴。ブロックの天窓から光が漏れる。この光景を長い間想像していたので大変嬉しかった。この建物は今日見ても新しく、まったく時間を感じさせない近代建築の傑作である。

五月二二日（日）

やっとウルムが快晴になったので、教会の前にあるマイヤーの「観光センター」と郊外の「ベンツ研究センター」の撮影をする。「観光センター」は広場の一角にある建物で、古色蒼然としたゴシック教会と白い殿堂の対比は面白い。「ベンツ」は丘陵に位置して、一期工事が完成し、現在完成されたのと同じヴォリュームの建築が二期工事として予定されている。

五月二五日（水）

二〇日から今日まで天気がぐずついていたので、ルクセンブルクのマイヤーの「ハイポルクス銀行」やバーゼルのフランク・ゲーリーの「ヴィトラ社新本社屋」を見に行っていた。予定では今日東京に帰るはずだったが、一週間は遅れる。やはり春から夏に変わろうとする天候なのだろう。久しぶりに天気に見放された。

今日はブリュッセルにアールヌーヴォーの撮影に行く。ヴィクトール・オルタの「オルタ自邸」、「タッセル邸」、「ファン・エートフェルデ邸」、そして現在は漫画の博物館になっている「ヴォーケーズ商会」。最近どの建物も補修されて昔の面影を取り戻している。これらの建物は十数年前に撮影していたが、その当時はどれもかなり痛んでおり、アールヌーヴォーの艶やかな雰囲気は欠乏していた。今回は嬉しい限りである。

五月二六日（木）

再度ドイツのミュンスターにボレス＋ウ

フランク・ゲーリー：ヴィトラ社新本社屋、1994年
(GA Document 40)

フランク・ゲーリー：アメリカン・センター、1994年
(GA Document 40)

イルソンの「市立図書館」を撮影に行く。先回、工事中の印象として、デザイン過剰ではないだろうかと書いたが、今日の印象とは少し違っていた。その点を彼に尋ねてみて分かったのだが、これは彼の作品の中でも古い方に属し、設計から完成までにほぼ五年かかっているとか。内部の空間にはなかなか見るべきものがある。おそらく内部構成のために外観が少しデザイン過剰に陥ったのかもしれない。

五月二八日（土）

バーゼルで「ヴィトラ社新本社屋」の撮影。やっと快晴。工事中見ていたより大きな建築である。同社のゲーリーの美術館やザハの作品があるのはドイツ領。この本社はスイス側にある。

五月三〇日（月）

パリの、ゲーリーの「アメリカン・センター」の撮影。二時頃、ロビーで撮影していると、偶然にも広場にフィリップ・ジョンソンがいるではないか。久々に会う。九〇歳に近い彼は、ロシアへ行く途中とかで元気なものである。来月の八日に「センター」の開館式があるので、そのために来たのかと聞いたが、この建物を見てすぐモスクワに向かうとか。熱心に見ている姿には打たれた。やはりこの人も建築気違いの一人である。

五月三一日（火）

ルクセンブルクでマイヤーの「ハイポルクス銀行」を撮影。この辺りは不思議な地帯で銀行団地である。飛行場に接している敷地に世界各国から銀行が店開きしている。隣に異様な銀行が建っていたのでのぞいて見ると、ゴットフリード・ベームの作品であった。マイヤーの作品は珍しく一方のファサードが石で覆われており、何か少し変わりつつある姿を見た。

六月一日、東京へ。二日着。

GA日記

1994年　6 ― 7月

六月二九日（水）
昨夜東京からロンドンに着く。珍しく快晴。冬とは違って別の街に来たようで、何だか勝手が違う。今日も朝から晴れていたが、この街ではいつも天気が気になるので、晴れていても落ち着かない。
さっそくニコラス・グリムショウの新しい駅「ウォータールー国際ターミナル」に行く。ドーバー海峡が開通したのでその起点になる駅である。鉄骨で組み合わせたトラスが大きく延び、駅の半分くらいの広さを使っての増築である。プラットフォームの下は、大陸から来る人のためのイミグレーションや税関のスペース。そしてイギリスの駅が伝統的に備えている自動車、特にタクシーのためのアプローチが長く延びていてなかなかダイナミックな駅舎である。ここからパリまでは三時間、ブリュッセルまでは三時間二〇分と早い。飛行機だと、街から空港に行って、さらに待ち時間などを考えると、ロンドン―パリで五時間はみておかなくてはならないので、都市の中心から中心に乗り込む列車の方が早くて便利だと思う。駅舎のシステムは飛行場と似ており、新しい交通機関の誕生を思わせる。しかしまだ運賃も決まっておらず、がらんとした駅のプラットフォームには新しい車両が試運転のために出たり入ったりしていた。大陸と結ぶという長年の念願がかなったこの交通網は、新しいEUの大きな力になるだろうと思う。

六月三〇日（木）
久しぶりにキューガーデンに行く。朝の庭園は人も少なく、心ゆくまで撮影を楽しむ。新しい待合室が完成していて、昼頃には外国人旅行者がぼつぼつ入場してきた。午後からリチャード・ロジャース設計の「チャンネル4テレビ局本社」（p.99）を見に行く。ほとんど完成していて局の人たちはもう業務を始めていたが、周囲

ニコラス・グリムショウ：ウォータールー国際ターミナル、1993年（GA Document 41）

キュー・ガーデン、パーム・ハウス、1848年

の道路や内部の手直しで、撮影は一ヶ月ほど後になるだろうと思う。こじんまりした建物で、例のロジャース流のガラスを多用したインダストリアルな建物。TV局らしいすっきりとしたデザイン。彼のなかでも成功した建築だと思う。

七月一日（金）

フォスターの事務所に行く。もうここは大事務所の風格があって、大勢のスタッフが二層吹抜けの空間にびっしり。広報のケイティー・ハリスさんに会って、最近のプロジェクトや完成されたものをスライドで紹介してもらう。リストだけでもタイプ用紙に数枚もあるのだから驚きである。世界中に仕事が散らばっているのもフォスターらしい。夕方パリへ。

ノーマン・フォスターのオフィス

七月二日（土）

ロンドンからパリに戻ってきた。今日も快晴。午前中にゲーリーの「アメリカン・センター」（p.83）を手直しのため撮影。

午後からル・ランシーにあるオーギュスト・ペレの「ノートルダム教会」を撮影する。二〇年前に来た時とは街中が変わっていて戸惑う。昔はパリ郊外の静かな村という感じだったが、今はパリと同じ。今日は土曜日で結婚式が三組もあるとかで神父さんは忙しそう。しかし内部の正面に向かって左側のステンドグラスは工事中とかで覆いがかかっていて、イ

◁△オーギュスト・ペレ：ル・ランシーのノートルダム教会、1923年（1970年代撮影）

ンテリア全体の撮影ができない。予算が足りなくなったので工事が中止されており、完成の予定はたたないとか。ペレのなかでも一番優れた建築であると思うし、近代建築のなかでも重要な作品であるから何とかしなければと思うが、やはり時間的に近代建築が傷みだしている状況を各地で目にする。

七月三日（日）

今日は朝からニースに行く。友人のエンリコ・ナバラが世界中から彫刻家を集めて彫刻展をするので見てほしいとかで、日帰りで行く。宮脇愛子さんの「うつろひ」の彫刻が彼の別荘の庭に鎮座していた。素晴らしい環境のなかで「うつろひ」は気持ち良さそう。サントロペ近くの海岸で昼食をとるが、ここはもうバカンスの真最中。映画に出てくるような風景がいっぱい。そういえばこの近くにコルビユジエの別荘があったことを想い出す。

夕方、パリの飛行場の税関で、帰国途中の磯崎新さんに会う。二、三日前にロンドンで、日本人としては初めてと思うがロイヤル・アカデミー・オブ・アーツの名誉会員となり、にこにこ顔の彼と立ち話をして別れる。

七月四日（月）

朝五時にパリを出発。オランダへ。毎日三〇℃を上回る熱気が大陸を覆っていて、珍しい暑さ。一〇年くらい前になると思うが、やはりすごい暑さだったヨーロッパを思い出す。ミネラルウォーターのエビアンも売切れで医療用の水を飲んだものだ。リールを過ぎた頃から夕立のような大雨。アントワープの街を過ぎるまで一寸先も見えないような雨の中を走り抜ける。OMAのコールハースが設計した「オランダの家」の撮影のため。道中少し晴れたが、現場に雨が追っかけてきて大雨。外観は大味な住宅。ディベロッパー

△▷OMA：オランダの家、1993年（GA Houses 43）

の住宅とか。内部にはコールハースらしい仕掛けが至る所にあって楽しそう。撮影は来週に延ばしていったん引き上げる。

七月六日（水）

夕方、シャルロット・ペリアンに会う。久々にお目にかかったが大変お元気で、娘さんの話では、仕事で昨日まで旅行していたとか。日本通の彼女は、最近の日本はどうかとか、日本の古いものがどんどん無くなるのを残念がり、私などよりはるかに古い日本のことを知っておられるので恐縮の連続である。彼女とは、もう三〇年も昔にエールフランス東京本社のインテリアを設計された時に、坂倉準三先生の紹介で撮影することになってからの交際である。今もパリ七区のペントハウスの住宅の増築（「パリのステュディオ」）をしていて楽しそう。あと数ヶ月で完成とかで現場を案内してもらう。ペリアン

シャルロット・ペリアン、自宅にて（1994年撮影）

シャルロット・ペリアン：パリのステュディオ（改装）、1970/94年（GA Houses 57）

ジュゼッペ・テラーニ： アントニオ・サンテリア幼稚園、1937年

サンティアゴ・カラトラバ：TGVリヨン＝サトラス空港駅、1994年（GA Document 41）

さんももうお歳だから、とかこちら側で勝手に考えていたが、どうしてどうして、我々より元気で活躍される姿にすっかり感心しつつ、三六〇度パリの風景を見渡せるアパートを後にした。

七月八日（金）

朝六時発でリヨンに向かう。リヨン空港に接続する、カラトラバ設計のロンドンから来る「TGVリヨン＝サトラス空港駅」が完成したので、その撮影のためである。三度ばかり工事中に行っていたが、いよいよ完成。ちょうど怪鳥が羽ばたいているような建築。フェリックス・キャンデラやルイジ・ネルヴィら、構造家のデザインが消えて久しいが、彼がバルセロナやチューリッヒで示してきた構造美が、もっと大きなスケールで、端正な姿を以ってリヨンに完成した。「関西国際空港」で示されたレンゾ・ピアノの造形と

ジュゼッペ・テラーニ：カサ・デル・ファッショ、1936年

同上、ホール

シスコヴィッツ／コワルスキー：グラーツの集合住宅、1992年(GA Houses 43)

フォルカー・ギーンケ：トライバー邸、1994年 (GA Houses 43)

はまた違った美しさである。

七月九日（土）

昨夜遅くミラノに到着。テラーニの「アントニオ・サンテリア幼稚園」の撮影である。今まで数回きているが今日は内部のものをすべて動かしてもよろしいと許可が出たので、初めて完璧に撮影できると意気込んだ。この建物はあまり紹介されていないがディテールがなかなか良く、一九三〇年代のガラスの建物としては今日でも驚くほどの完成度をもっていると思う。特に最近、テラーニの建築には非常に興味をもっているので楽しい一日であった。

十一日は、やはりテラーニのファシストの家（「カサ・デル・ファッショ」）の撮影許可が出ていたのでコモに行く。特に屋上の撮影を長い間待ち望んでいたのがやっと実現できた。この建築は一九三六年の完成だが、当時としては近代建築のなかでもディテールがすばらしく、ガラスブロックの使用の的確さには驚くべきものがあると思う。大理石やスティール、そしてガラスの使い方の見事さは別格である。古さを感じさせない数少ない建築である。

七月十三日（水）

オーストリアのグラーツに来る。ウィーンとは対照的なこの街には、独特の雰囲気があって、建築家もウィーンとは一線を画している。フォルカー・ギーンケの増築の住宅（「トライバー邸」）を撮影。古い住宅の一角に建築された新住宅はガラスとアクリル、内部はベニヤ板で囲まれた軽い建築。他にハウジングを二軒撮影。シスコヴィッツ／コワルスキーの「グラーツの集合住宅」は山本理顕調の屋根を持ったコンクリートの建物。一方ギーンケの「集合住宅」は北面の廊下側に合板を使用した外壁。南側はコンクリートの

OMA：リール・グラン·パレ、1994年（GA Document 41）

ベランダを配した建物。集合住宅はどちらもローコストに準ずるものであるが、デザインの程度は高く、日本の集合住宅のレベルと比べると、かなり差があるように思う。やはりヨーロッパの各地にある集合住宅は、歴史もあるだろうがいつも感心させられる。

七月十四日（木）

チェコのブルノに行く。ミース・ファン・デル・ローエの「トゥーゲントハート邸」撮影のためである。数年前、共産政権の頃に、三宅理一氏と初めて訪れた当時、リフォームされていたが共産党のゲストルームになっていたので、すべてを撮影することができなかった。この度は許可が出たのでやってきた次第。国境を越えるときも、以前は半日費やしたが、現在では数分で通過できる。

しかし西欧の田園風景と比べるとまだ

ミース・ファン・デル・ローエ：トゥーゲントハート邸、1930年

同上、居間

△▷OMA：リール・グラン・パレ、ホール（左）とホワイエ（右）

まだ野原は荒れており、農家が集団農場から個人農場になっていないためか遅れを感じさせる。しかしブルノの街は西欧的な商業主義が氾濫していて、人々も一見は明るそう。有名な見本市会場の近くに宿を取ったが、そこから見る限り見本市会場も以前より整備され、数日後に開催されるオートバイの欧州選手権の垂れ幕が大きくはばたいていた。

「トゥーゲントハート邸」は美術館の所有になり、案内人や管理者もそろい、毎日見学できることになっている。ただオリジナル家具のブルノ・チェアが揃ってないとか、テーブルが無いとかで全体の雰囲気が今一つである。しかし長い間、近代建築の名作が埋もれていたことを考えると、嬉しいかぎりである。

七月二一日（木）

昨夜からフランスの北の街、リールに泊まる。ロンドンからやってくるＴＧＶの最初のキー・ステーションとなるリールの全体計画をＯＭＡが、クリスチャン・ド・ポルザンパルク他、数人の建築家が古い駅に隣接する場所に大開発を行っており、八〇％の仕上がり。フランス国鉄（ＳＮＣＦ）が設計したＴＧＶ駅舎は完成し、パリやリヨンに向けて列車は発着しているが、全体の完成には今年いっぱいは十分にかかりそう。

駅舎に隣接して、ＯＭＡ設計の見本市会場「リール・グラン・パレ」が新しいかたちをほぼ完成させている。この建物は工事中に見ていたよりもかなり大規模で、材料はローコストであるが、コールハースの建築の力を十分に窺うことができる。世界各地で最近多く建てられている見本市会場の中でも優れた建築の一つに数えられるだろう。

七月二二日（金）

夜パリを出発、東京へ。

GA日記

1994年　9月

今年の夏は、暑さが記録破りで、うんざりしたものである。この暑さは地球規模のものとかで、六月頃から、ヨーロッパにいても例年に無い暑さがやってくるだろうという予感はあった。
　私は暑さや寒さには普通の人たちよりも敏感である。おそらくフィルムを扱っているからだろうと思う。特にロールフィルムは三〇℃を越してくると、リールが上手くカメラの中で巻き取れなくなる。三五ミリ版のカメラではそれ程でもないが、6×9版以上のカメラに使用するフィルムは特に暑さに弱い。またカラーフィルムはさらに敏感で一応自動車には簡易冷蔵庫を積んではいるが、その容量などは小さく、ことに自動車を停車している時の車内の温度は四〇℃は軽く越しているので、フィルムにとってはかなりやっかいな問題である。しかし猛暑が続くということは天気が良いということなので、仕事ははかどる。少しウエストコーストで調べることがあったので、一〇日間の短い旅をしてきたが、すべて快晴で、短期間のわりには仕事が出来た。九月というのにカリフォルニアやニューメキシコ、アリゾナは連日三〇℃から三五℃という暑さでうんざりしたが、湿度が低いので、影に入ると涼しい感じがする。

九月六日（火）
東京を出発してロサンゼルスに着く。飛行場から約束のあった若い二人、オハーリヒー／ワーナー設計の住宅二軒を見に行く。まずはマリブの海に面した「ミラー邸」。建築家の一人はニューヨークのスティーヴン・ホールの事務所にいたとかで各所にホールの影響が見られる。よく考えられた住宅で、ドイツの工場などでよく使用されている複合の不透明なガラスの材料を壁に使用しているのが良い。一階のリビングルームも二階の寝室も、階高を高くとっているのが気持ちが良い。

オハーリヒー／ワーナー：フロインド＝クープマン邸、1992年（GA Houses 43）

オハーリヒー／ワーナー：ミラー邸、1993年（GA Houses 43）

いかにもカリフォルニアの空気に合った軽い建築が、彼らの若さを表現していて好感がもてた。

もう一軒はロサンゼルスの山の手に面した小高い丘にある住宅の改築（「フロインド＝クープマン邸」）で、どこにでもあるカリフォルニアの簡素な住宅に手を入れたものであるが、ここでも複合ガラスを各所に使用しており、それが巧みに古い住宅を生かす役目を果たしている。

これらの住宅で感心したのは、ロサンゼルスの気候を踏まえて設計していることである。一時ポストモダンの時代には、この気候を忘れた造形が多く見られたが、ここにきてカリフォルニアの伝統的な軽い住宅が復活してきているのは嬉しいことだ。今度の旅行の目的は、実は、五〇年代の「ケース・スタディ・ハウス」を再確認することとなのだが、明日からのチェックが楽しみである。

九月九日（金）

パサデナの丘の頂上に近い所にあるディーン・ノタの住宅「ネイディッチ邸」。以前、工事中に見たことがあるので、大体の感じは掴んでいたが、よく出来た住宅である。彼のデザインにはハッタリがない。生真面目な建築である。中央にリビングの三層吹抜けの空間を配し、左右に台所、書斎、最上階に寝室を置いて、どこからでも素晴らしい景観が見えるように配慮されている。

この辺りは数年前の山火事で住宅が焼けた跡が残っているのを見かけるが、不思議なことに、山火事はすべてを焼き尽くすのでなく、家々を飛び飛びに焼失させている。おそらく風の方向や隣に木立のある無しが響くのだろうが、焼け跡の隣には不幸を免れた家屋が残っていたりする。サンフランシスコのオークランドの山並みの大火でも同じ現象が見られる。

バート・プリンス：ミード／ペンホール邸、1994年（GA Houses 44）

ディーン・ノタ：ネイディッチ邸、1994年（GA Houses 43）

九月一〇日（土）

飛行機でニューメキシコのアルバカーキに来る。ここはバート・プリンスとアントワン・プレドックの本拠地である。今日はプリンスの新しい住宅「ミード／ペンホール邸」を撮影する。ブルース・ガフの弟子である彼の造形は一見異様に見えるデザインに特徴があるが、今回の住宅は外観に亜鉛板を張ったモダンなもの。この地の大学で建築史を教えているミードさんの家。

一時間ほど北上したサンタフェのもう一軒の住宅を見るが、ここはかなりインディアン風の住宅で、この地がすべて土壁のインディアン風の住宅で固められているので、もしかしたらデザインに規制があるのかも。これはちょっといただけないので退散する。

サンタフェの街は州庁舎からしてインディアン風デザインである。もちろん、家並みも土壁が続き、時間が過去に逆転したような錯覚に陥る。しかし今日では無垢の土壁というわけではなく、レンガやコンクリートの上に土壁を塗るといった偽物である。しかし荒涼とした風景の中に点在するこれらの家を見ていると、なんだか向こう側から馬に乗ったジョン・ウェインがやって来るような雰囲気

サンタフェの街

ウィリアム・ブルダー：コックス邸、1994年（GA Houses 44）

バート・プリンス：ミード／ペンホール邸、食堂

である。やはりアメリカは広い。

九月十二日（月）

アリゾナのフェニックスに来る。最近この地で伸してきているウィリアム・ブルダーの住宅「コックス邸」と、フェニックス市街で建設中の「フェニックス中央図書館」を見に行く。

私がフランク・ロイド・ライトの「タリアセン・ウエスト」に最初に来たのが一九五九年である。ちょうどその四月にライトは亡くなり、会うことができなかった。当時、このあたりには道が無く、遠くから「タリアセン」の全貌が見えたものである。しかし今日ではフェニックスを中心に一大リゾート地となり、おそらく戦後のアメリカで一番発展した土地ではないだろうか。有名なサボテンも車の排気ガスによって年々その数は減っている。しかしこの辺りまで来るとサボテンは健在である。

弓形のプランをもつ「コックス邸」はスコッツデールを北上した砂漠の中にある。半分が地中に埋められて、いかにも暑さを凌いでいるように見えるが、建築家の話だと完全に暑さを封じるためには四メートルくらい地中に入らなければならないとか。クライアントはシカゴの人だとかで留守。この辺りは一〇月から三月頃まで、避寒にやって来る人のための別荘が多い。外から内部を覗き見する。コールテン・スティールのような材料を使用した外観。内部は一転して木が使われ、どの部屋からも砂漠地帯が見えるように配置されている。もう一軒の家はフェニックスの郊外にある住宅で亜鉛メッキされた外観をもつ住宅。おそらく強い太陽を反射させるための材料選択と思われる。同じくブルダー設計の「図書館」は、かなり大規模なスケールをもっている。来年の三月には完成らしいが、なかなかの力作。今まで住宅のみを設計して

フランク・ロイド・ライト：フリーマン邸、1923年

ウィリアム・ブルダー＋DWL：フェニックス中央図書館，1995年（GA Document 46、写真は完成後撮影）

いたわりには、スケール感の間違いもなく、堂々とした建築。完成が待たれる。

九月十三日（火）

昨夜遅くロサンゼルスに帰る。今日はライトの「フリーマン邸」を元通りに復元する仕事が始められたと聞いたので訪ねる。コンクリート・ブロック壁の有名な住宅であるが、私が一九六〇年の初めに訪れた頃から傷みが激しく、一時は崩壊するのではないかと思ったくらい。クライアントが南カリフォルニア大学に寄贈したので、建築史家のジェフリー・チュ－シッドが学生を使いながら復元しているらしい。ちょうど彼がいたので色々と楽しい話をうかがう。木材で建物全体を補強している姿は痛々しいが、いよいよこの名建築が復元されることは喜ばしいことだ。しかし各部を見るとかなりの傷みようで、はたして時間や予算がどのようになるのか心配だ。彼の話ではこれから自分の一生はこの復元にかけるだろうとのこと。何とか協力したいと思う。フリーマンさんは宝石商で、彼の奥さんは有名なダンサーだったとか、六〇年代のマッカーシー旋風の赤狩りの時代にはハリウッドの映画人が幾人かこの家に潜んでいたとか。家にはそれぞれ歴史があるものだと思う。

ラファエル・ソリアーノ、ピエール・コーニッグ、クレッグ・エルウッド等の「ケース・スタディ・ハウス」を訪れる。なかにはほとんど崩壊に近い家もあるが、思ったよりよく残っているのには感心する。住んでいる人たちの話では、家が軽量鉄骨で出来ているために軽く、地震などにはかなり強いとか。また材料が簡素なために少しの補強をすることによって元通りになるとかで、この地の風土にかなり適した住宅であることが、五〇年近く経った今日、改めて証明されているように思われる。雨が少なく湿度が低い乾

ピエール・コーニッグ：ケース・スタディ・ハウス#22、1960年

フランク・ロイド・ライト：フリーマン邸、居間

燥地帯では、この手の建築の方が案外金のかかった家よりも長持ちするようである。ただガラス張りの住宅は、完成した頃は周囲に隣接するものが無かったが、今日では住宅が近くまで押し寄せて来ているのでプライバシーの問題が起こっているようだ。

九月十四日（水）

ソリアーノが設計した家に写真家のジュリアス・シュルマン氏が住んでいると聞いたので会いに行く。もう八〇歳を過ぎておられると思うが、あのリチャード・ノイトラの「カウフマン邸」の夜景の写真やライトの作品、そしてほとんどの「ケース・スタディ・ハウス」の写真を撮っておられた人なので、ぜひ会いたいと思い、突然押し掛けてみた。噂ではなかなか気難しい人らしいので、おそるおそる出かけたが、元気で気さくな人物で、私の仕事のことをよく知っていてくれたので、色々と話を聞くことができた。四〇年代から今日までの現代建築の生き字引みたいなおじいさんである。ノイトラのことを中心に話がはずみ、三時間くらいは歴史のなかにたっぷりと浸かる思い。この話はぜひ再度インタヴューの形で発表したいと思う。

二〇日にはヨーロッパに出発しなければならないので、十五日に東京に向かう。

GA日記

1994年　9 — 10月

「GA日記」を始めて早や三年目に入ろうとしている。読者諸兄の大きな応援に励まされて、つたない文章を綴っているのであるが、このあたりで世界中の最新の情報を提供しようと考えた。というのは、『GA Document』や『GA Houses』では、我々は完成された建築を記録として残す作業を中心としている。しかし、完成されていると思って行ったところ、まだ周囲の環境が整備されていないとか、カーテンウォールの手直しとかで、撮影に入れない場合がある。それらの建築をホットニュースとして「GA日記」の中で紹介しようというものである。これはまさにホットな情報で、世界で最初に建築雑誌に掲載されるニュースである。今年からは日記と共に読者諸兄に大いに楽しんでもらいたいと思う。

九月二〇日（火）
アメリカから帰国して一週間、席の暖まる暇もなくパリへ。夕方六時ごろシャルル・ド・ゴール空港に着く。気温一〇℃。肌寒く感じる。

九月二二日（木）
朝から北の街リールに行く。秋晴れの一日。ＯＭＡの見本市会場（「リール・グラン・パレ」p.90）に再度仕上げの撮影に行く。残念ながら道路側の工事が始まっていて、がっかり。七月の旅行では手直しをしていたが、今回は見本市が開催されており、大勢の人々がこの新しい会場に出入りしている。やはり建築は人が入るとまたその姿を変える。コールハースにとっては初めての大きな作品であるが、よく納まった建築。世界の見本市会場の中でも優れた建築の一つに数えられるだろうと思う。また、どちらかといえばローコストの部類に入る建築であるが、デザインの力が勝っているために素材のひ弱さは感じられない。

ドーバー海峡、フランス―イギリスを結ぶフェリー

ジャン・ヌヴェル：ユーラリール・センター、1995年
(GA Document Extra 07)

リールの全体計画のうち、駅舎と共に完成に近づいているジャン・ヌヴェルの「ユーラリール・センター」も、スーパーマーケットの部分がちょうどオープンして、大勢の人たちが建築の内部を埋めつくしている。ドーバー海峡のトンネルの開通によって、フランス側の最初の駅として、それを中心に計画された都市開発が今終盤を迎えようとしている。

九月二五日（日）

昨日パリから車でロンドンへ。今はまだドーバー海峡の海底トンネルを通る予定の列車は走っていないので、フェリーボートで渡ってきた。シーズンも外れているのでフェリーは夏に比べて半分の入り。今日はリチャード・ロジャースの「チャンネル4テレビ局本社」の撮影。例の手法でインダストリアルな建築。こじんまりとまとまった作品で、街の中でも良い建築の一つ。夜、彼の奥さんが始めたイ

△▷リチャード・ロジャース：チャンネル4テレビ局本社、1994年（GA Document 42）

△▷アンリ＆ブルーノ・ゴーダン：シャルレティー・スタジアム、1994年（GA Document 42）

タリアン・レストランに行く。テムズ川に面した彼のオフィスの一部に開店している。少し早めに行ったが九時頃には満員。かなり大きな店。

九月二七日（火）

ロジャースの「テレビ局」以外に二、三の建築を見たが、やはり今日のイギリスにはあまり見るべきものが無さそうである。ノーマン・フォスターの事務所も仕事のほとんどが海外で行われており、イギリスが全盛を誇った時代からみると寂しい限りである。寂しいといえば、フェリーの船上から見るドーバーとも、もしかするとこれでお別れかもしれない。というのは十一月に開通する海底トンネルによって、新しい時代を迎えるからだ。私はいつも自動車で旅行しているので、この湾とフランスのカレーには懐かしいものがある。もっとも、瀬戸大橋の例にもあるように交通量の多少によってはフェリーも続くかもしれないが。快晴の湾を後にしてフランスに向かう。

九月二八日（水）

パリは朝方から霧。アンリ&ブルーノ・ゴーダンの「フランス・スポーツセンター」(p.9)に付属する「シャルレティー・スタジアム」が完成したのでその撮影。一〇時ちょうど、霧が晴れて快晴。中程度の規模の街中のスタジアム。場所はパリ大学都市に接した敷地。

ゴーダンらしい造形が各所に見られる。以前撮影した「フランス・スポーツセンター」の増築も完成して、パリの現代建築の名所になるだろう。夕方、ヌヴェルの美術館「カルティエ財団」の仕上げの撮影に行く。夜景を撮影する予定だったが、天井の光が建物の全面に映りだし、何だかあまり印象が良くないので中止。

九月二九日（木）

△▷ジャン・ヌヴェル：カルティエ財団、1994年（GA Document 41）

朝、ポルザンパルク／シリアニの新しいハウジングを撮影する予定だったが、霧が晴れないのでスペインに向かう。一〇時に出発して一三〇〇キロを一路バルセロナに。夜九時前に到着。

一〇月一日（土）

朝からモレラに向かう。バルセロナから南に降り、二五〇キロくらいの距離。七時に出発し、一〇時に到着。カルメ・ピニョス設計の学校に行く。モレラの街は丘の上にある城壁の立派な中世の街。街全体が手直しされていて、昔の街並の面影はない。ちょうど街の裏側にある学校。バルセロナではなかなかの評判であったが、少しがっかり。坂の勾配を利用して複雑な内部空間が構成されており、ここがおそらく見せ場だと思うのだが、全体としては大雑把な印象は免れない。材料の使い方も一考を要すると思う。残念だが見送る。快晴の空が恨めしい。

一〇月二日（日）

朝七時に出発して曇りの中をウエスカの街へ。昨日と同じ二五〇キロを北上する。現場に着く頃には青空が顔を出す。スペインで一番期待する建築家ミラージェスの「ウエスカ・スポーツ・ホール」。以前掲載した「アリカンテのスポーツセンター」（p.68）より、実は先に設計され工事にかかっていたのだが、サスペンションの大屋根が工事中に落ちる事故があって遅れて完成した体育館である。もちろん事故は施工者の責任であるが。前回の体育館は少し大雑把なところが気になっていたが、この体育館は全体がよく引き締まってレベルの高い建築である。

やはりこの人は、「オリンピックのアーチェリー競技場」（p.24）以後、順調に成長していることが分かる。空間に対する優れたセンス、そして材料に対する適切な判断。おそらくこれからも大きな建築家に成長してゆくだろうと思う。

ベーニッシュ&パートナー：フランクフルトの学校増改築、1994年
(GA Document 42)

△▽エンリック・ミラージェス：ウエスカ・スポーツ・ホール、1994年（GA Document 42）

一〇月三日（月）

バルセロナの飛行場の近くにあるミラージェスの「ネスレ社工場ブリッジ」へ向かう。古い工場をつなぐ製品の運搬通路の新設と工場の一部の新築であるが、彼らしく造形的にまとめた、コンクリート打放しのダクトとでもいったほうがよい建築。周囲の工場がかなり古びているので何だか宙に浮いているようで、不思議な雰囲気を持っている。午前中の撮影が終わって昼頃フランスへ向かう。

一〇月四日（火）

明日からフランクフルトのブックメッセが始まるのでドイツへ。昨日が一三〇〇キロ、今日は六〇〇キロと走って、少し疲れ気味。

△▽エンリック・ミラージェス：ネスレ社工場ブリッジ、1994年
(GA Document 42)

△▷リチャード・ロジャース：新ヨーロッパ人権裁判所、1994年（GA Document 44、左は完成後撮影）

一〇月五日（水）

朝から晴れたのでフランクフルトに完成したベーニッシュの学校（「フランクフルトの学校増改築」）に行く。一連のデコン風のガラスとスティールで構成された公立学校である。今まで数軒、彼の学校を撮影してきたが、一番よくまとまっている。七二歳になろうという人だがデザインがいつもながら若々しい。少し天気が悪くなってきたので、撮影は後日にして、夕方メッセの会場に行く。世界中から集まる出版社の連中に会う。長い人は二五年のつきあい。最近はだんだん顔ぶれが変化してきているが、やはり一年に一回会うと楽しい。

一〇月七日（金）

ロジャースのEU関連の建物（「新ヨーロッパ人権裁判所」）がフランスのストラスブールに建設中で完成が近いので見学に行く。運河に面した敷地にかなり大きな規模で、ほとんど完成していた。やはりインダストリアルな建築でアルミで覆われたシリンダー状の玄関部分と運河沿いに延びる事務棟がその威容を誇っている。周囲の環境工事、内部の手直し、完成寸前。いずれ『GA Document』で紹介する予定。

一〇月八日（土）

朝からミュンヘンに行く。新しい飛行場の近くに出来た槇文彦さんのオフィス団地（「イザール・ビューロ・パーク」）の撮影。八月に来たときはほとんど完成していたので、今度は撮影出来ると思っていたが、その後の仕事がなかなかはかどっていない。外から見ているとほとんど完成しているように見えるが、内部が手直しの最中。やはり完成してから撮影したいと思う。この手のものは世界中を探しても、なかなか良い建築は見あたらないが、槇さんのこの建築は、スケールといい、質といい、最高の完成度を持った格調高い

ベーニッシュ&パートナー：エーリンゲンの職業専門学校、1993年（GA Document 42）

槇文彦：イザール・ビューロ・パーク、1995年

建築である。コストもそれ程高いものだと思われないが、やはりデザイン力の高さを感じる。昼頃から「ウルム大学西キャンパス」（シュタイドゥル＋パートナー設計）の撮影に行く。ここも八月の旅行ではほとんど完成していたのに、増築が始まっていて全景が撮影出来ないので夕方まで各部の撮影をする。少しレトロ気味な建築であるが、全館を木造で構成しており、色調などもいかにもドイツ調。

一〇月九日（日）

朝からシュトゥットガルトの北、エーリンゲンにあるベーニッシュの「職業専門学校」の撮影。この前は八月に来たのだが、夏休みのため内部に机や椅子が積み重ねられていたのでインテリアが撮影不能になり、再度の撮影である。手法としては「フランクフルト」と同じであるが、ドイツの新しい学校建築の典型になりつつあると思う。

一〇月一〇日（月）

フランクフルトのメッセが今日で終わるが、朝からオランダのフローニンゲンにコープ・ヒンメルブラウの新しい美術館（「フローニンゲン美術館東館」）の下見に行く。オランダの最北の街、現代美術に特に力を入れている街であるが、家具デザイナー、アレッサンドロ・メンディーニが全体計画をした美術館の一部を、コープ・ヒンメルブラウが設計したものである。運河に面した敷地にディズニーランドがやってきたようなキッチュなデザイン。しかしデコン風がよく似合う。曇り空だったせいか原色の建築の色がよく映えて楽しい建築である。日曜日なので工事現場が休みのために内部を見ることは出来なかったが、また来るのが楽しみである。

一〇月十一日（火）

予定の現代建築の撮影が終わったので、今日は、久しぶりにフランス北西部の街、

コープ・ヒンメルブラウ：フローニンゲン美術館東館、1994年
(GA Document 45)

ベーニッシュ＆パートナー：エーリンゲンの職業専門学校、エントランスホール

カンの近くに点在するハーフティンバーの民家の見学、撮影である。やはり民家の撮影は気持ちがゆっくりして、遠足の気分である。天気も良いし、ノルマンディーの旅は楽しい。思ったよりも古い民家が残っているのは嬉しいものである。内部はほとんど現代風に手直しされていて外観のみが昔の姿であるが、木の香り、壁のテクスチャーは現代建築とは違った意味で建築の楽しさを教えてくれる。

ノルマンディー地方、カンの民家

一〇月十三日（木）

帰国。

同上

GA日記

1994年　10 — 11月

一〇月二四日（月）

東京からシカゴへ。一〇月十三日にヨーロッパから帰国してすぐさまアメリカに来る。少々疲れ気味だが、そうも言っていられないのでシカゴに来たのだが、六℃の寒さは東京に比べて確かにきつい。

夕方ホテルに入ったとたん、カリフォルニアの建築家ジョン・ロートナーが亡くなった知らせを受ける。彼とは二、三度会ったことがあるが、いかにも古き良き時代のアメリカ人らしい人で、若い時、フランク・ロイド・ライトのアトリエにいて、ジョンソン・ワックスの社主の住宅や、一九三九年にロサンゼルスに建てられた有名な「スタージェス邸」の担当者であったことなど思い出した。彼はこの住宅の完成を機に独立してロサンゼルスの人となる。その後はハリウッドを中心として有名人の住宅を多く手掛けている。初期こそライトの影響を見受けられるが、しだいに自分のスタイルを確立し、最近では、注目される建築家になっていた。ハリウッド的と称され、かなり長い間、偏見の目で評価されていたことは残念であった。数年前に、『GA Houses』32号で一度特集を組んだことがあるが、それが機会でよく彼の建築について質問されたものである。来年くらいに彼の作品集を出版する準備をしていた矢先のことゆえ大変なショックを受けた。ご冥福を祈る。

一〇月二五日（火）

朝から快晴。このたびのシカゴ行きは、ミースの「ファンズワース邸」の紅葉を撮影するのが主な目的で、昨夜ニューヨークから自動車を運んできてくれたスタッフのウェイン・藤井と共に、慣れたハイウェイを一路プラノに向かう。今年の紅葉は場所によっては既に枯れている所もあり、今が一番見所の所もありで、不安がよぎる。

シカゴ市内、正面はSOM設計のシアーズ・タワー、1974年

ジョン・ロートナー

フランク・ロイド・ライト：スタージェス邸、1939年

「ファンズワース邸」は、現在ではロンドンのディベロッパーの所有となり、彼がアメリカに来るときだけ使われているので、管理人が鍵を開けてくれることになっている。ちなみに彼は、「落水荘」の近くにあるライト設計の「ハーゲン邸」も所有している。

手入れの行き届いた庭。私が来るというのでガラス面を清掃している人たちが、最後の仕上げを終える所であった。管理人の話だと数年前に、川が氾濫して床面まで水が来たとかで、このように完璧にメンテナンスをするのは大変なことだと思う。しかし、この世界の名建築の一つにとっては、大変幸せなことだ。

撮影は一通りしたが、紅葉はまあまあなので来秋に再度来ることを約束して「ファンズワース邸」を去る。

帰り道にシカゴのダウンタウンに入ったが、ここ数年見るべきものが建たないシカゴの街は寂しい。五〇年代から六〇年代にかけて、ミース・ファン・デル・ローエ、SOMが創り出した建築が街のスカイラインを形づくっている。ミシガン通りのSOMの設計の「ジョン・ハンコック・センター」が改装中なのを横に見ながらフォート・ウェインに向かう。

一〇月二六日（水）

今日も朝から快晴。ルイス・カーンの「フォート・ウェイン・シアター」の撮影。

ルイス・カーン：フォート・ウェイン・シアター、1974年

ミース・ファン・デル・ローエ：ファンズワース邸、1950年
紅葉した木々の葉に囲まれる

ここも以前数回来たが、建物は完成した頃とほとんど変化がなく、行き届いたメンテナンスに感心する。煉瓦のモルタルの流れもなく、よく管理されていて気持ち良い。特に劇場内部は昨日完成されたような新鮮さで、気持よく撮影が出来る。

ケヴィン・ローチの「イルウィン・ユニオン信託銀行」も当時と何ら変わらず、打ち放しコンクリートの美しさは、建った時と同じくらいの品質を保っていた。昨今、都市に建つコンクリート打ち放しの建物は、極端に汚れが目立つのに、どうしてこの街の建築は傷んでいないのだろうか。雪も多い場所なのに不思議な思いにかられる。アメリカ中西部の街はどこもよく似た雰囲気を持っていて、街並みがほとんど十数年変化が無いのも特徴だろう。

午後、この付近のコロンバスに完成された住宅を見に行く。木造の住宅であるがどことなく重く、新しいデザイン要素を発見することなくこの街を離れる。

夕方のオハイオ・ヴァレーは冬に入る前の美しさを野原いっぱいに展開し、おいしい空気を胸いっぱい吸い込んで、一路ペンシルヴァニアへ。

一〇月二七日（木）

今日も快晴。紅葉の「落水荘」は美しい。少し紅葉は終わっていたが、見学者が後を絶たない。次から次に来る見学者は、このロマンチックな建物に誰もがうっとりしている。しかし、あまりに人が多いために、最近、建物の各所に傷みを見かける。ちょうど京都の寺院が見学者の多さで傷みだしたのとよく似ている。おそらく近いうちに「落水荘」も何らかの処置をしなければならないだろう。ボランティアで見学者を案内している顔見知りの人たちと雑談。女性館長さんにもお目にかかり、今後の見学者への対応について意見を聞かれる。難しい問題である。

マイケル・ロトンディ：ティーガー・ハウス、1996年
（GA Houses 51、写真は工事中）

ルイス・カーン：エシュリック邸、1961年（窓枠修理のため工事中）

一〇月二八日（金）
フィラデルフィアに来る。ここもカーンの住宅の撮影である。本の中で季節感を出すために来たのだが、「エシュリック邸」は窓枠の修理の最中で撮影不可能。同じくカーンの「ソーク研究所」もそうであったが、構造体のコンクリートに填められた木製サッシュは時が経つと取り替えるようになっている。「ソーク」が真新しい建築に生まれ変わったのと同じように、「エシュリック邸」も春に来る頃には、新しい姿を現してくれるだろう。

帰ろうとした時に、数軒先に、ロバート・ヴェンチューリのあの有名な「母の家」を発見した。以前よく撮影に来たのにこんな近くにあるとは考えてもいなかったので、非常に懐かしい。おそらく、誰か違うオーナーが入居していると思うが、メンテナンスが行き届いており、緑の外観が紅葉のなかに浮き上がり、昔の恋人に会ったような懐かしさで、名作が大切に保存されている姿に、豊かな気持ちにさせられる。

一〇月二九日（土）
ニュージャージー、モリスタウンで建設されている元モーフォシスのマイケル・ロトンディ設計の「ティーガー・ハウス」の下見である。この付近は以前リチャード・マイヤーの住宅を見に来た場所で、ニューヨークの人たちの大別荘が数多くある。

最近、アメリカの住宅は大住宅になるケースが多いが、この現場もとてつもない大住宅である。少しライトの影響があるデザインだが、ロトンディのデザイン言語が各所に見られ、特にリビングやダイニング・ルームの光の扱い方は優れているように見える。来年の夏頃完成とかで、雄大な景色の中に建つ住宅は、今から期待が持てる。しかし個人住宅としてはあまりにも規模の大きいのには、何か

ペンシルヴェニア大学、カーン・アーカイブ

リチャード・マイヤー：スイス航空北アメリカ本社、1995年
(GA Document 46、写真は工事中)

釈然としないものを感じる。

一〇月三〇日（日）
ニューヨーク近郊、ロングアイランドにあるマイヤーの「スイス航空北アメリカ本社」を下見。日曜日なので、現場には留守番しかいなかったが、心よく内部も見せてくれる。しかしここに辿り着くまでが大変で、スイス航空のオフィスビルだし、建築家がリチャード・マイヤーなので大きな建築を想像していたために、このあたりをぐるぐる廻るはめになった。思ったよりこじんまりしたオフィスで、八〇％ほど完成していた。

建物は小さいが、設計はなかなか行き届いていて気持ちが良い。最近彼の建築は大きなものが多かったので、住宅のような無理のないディテールがこの建築を完成度の高いものにしているのだろう。もちろん白一色の建築である。

十一月一日（火）
ペンシルヴァニア大学のカーン・アーカイブに図面を見に行く。今日は朝から小雨で、冷たい雨が大学の舗道を濡らしている。ここはいつ来ても駐車場が無いので車を置くのに苦労させられる。雨に濡れながら図書館の一角にあるアーカイブに着くと、数日前に連絡していたので、私の必要とする図面が机の上に整理されていた。いつ見てもカーンの図面は建築を予言するような芸術作品である。

ワーキング・ディテールの図面は初めて見るが、図面から受ける迫力は相当なもので、生前、彼に会うために事務所で待っている間、よく彼が図面を描いている姿を見ていたが、その真剣な眼差しを思い浮かべた。彼の図面ほど完成された建築とのつながりを感じさせるものは他にはない。夕方まで知らず知らずに図面に魅せられて時間が経つ。

ピーター・グルック：プールのあるファームハウス

十一月五日（土）

ニューヨーク州の西端、ガラスで有名なコーニングの近くに二軒の住宅を見に行く。完成したと聞いたので来てみたが、まだ工事の最中。撮影など出来る状態ではなかった。一八〇〇年代に建てられた農家風住宅の一部を改造し、プールハウスをくっつけた住宅である（「プールのあるファームハウス」）。設計者は以前ミースの住宅を改造したことのあるピーター・グルック。個人住宅のプールハウスとしてはかなり立派な大きさである。どうしてこのようなプールが必要なのかと聞いたところ、雪の降る日に泳ぐのが目的だとかで、やはりアメリカらしい発想である。

外に出て、グルックの自邸を見に行こうということになり、目的地に向かうと、十一月の初めというのに途中で小雪がちらついてきたのには驚いた。クライアントの先程の話が真実味を帯びてくる。そういえば、この辺りは豪雪地帯で、今年の春にこの付近で、雪の中を走行中、道路から自動車もろとも、滑り落ちたことを思い出す。一時間ほど走ると、彼と息子と二人が共同設計した自邸に辿り着く。これもまた住宅の大きさを遥かに飛び越え、学校の寮ほどある巨大なスケールである。話によれば、息子の友達が大勢押し掛けて来るためにつくったとか。もう二、三ヵ月で完成するらしい。

十一月一〇日（木）

ニューヨーク近郊で仕事をしていたがヒューストンに飛ぶ。これから旅の後半、ウエストに向かう。

レンゾ・ピアノの「メニル美術館」の増築の現場を見る。美術館の道路一つ隔てた向かい側におそらくブックショップになると思われる小さな建物がある。壁で囲まれ、内部がトップライトで構成されている。あまりピアノらしくない建物。

フランクリン・イスラエル：アランゴ／ベリー邸、1994年
(GA Houses 46)

リチャード・ノイトラ：ケース・スタディ・ハウス#20
(ベイリー邸、1948年)

十一月十二日（土）

ここ数年五〇年代のカリフォルニアの住宅に凝っていて、ロサンゼルスに来る度に少しずつ見て廻っているが、今日はサンタモニカのリチャード・ノイトラの「ケース・スタディ・ハウス#20」を訪れる。オリジナル・オーナーのベイリーさんが丁寧に家の中を見せてくれた。あの有名な「チャールズ・イームズ自邸」のすぐ隣で、広い庭園の中に、主屋とプールハウスが建っている。少し改築されているがほとんど原型を維持している。

木造の柱が軽い屋根を支える、いかにも簡単な構成である。ノースリッジ地震で、隣の煉瓦造の家は半壊の様子を呈しているが、この家は無傷。そして約四五年も経っている家にしては真新しい。おそらくメンテナンスが良いのだろう。このタイプの家はどこでも健在である。カリフォルニアの雨の少ない風土のせいもあるだろうと思うが、軽い住宅のメリットは我が国でも一考に値すると思う。

十一月十三日（日）

ハリウッドのフランクリン・イスラエルの住宅「アランゴ／ベリー邸」に行く。もう完成している頃だと思っていたが、工事が長引いて、まだ室内の塗装の最中である。この住宅は以前、改装中に『GA Houses』30号で紹介したが、今回は新しく一棟を建て、既存の住宅も再度改築している。彼は今や住宅作家としては、ロスではフランク・ゲーリーに次ぐ存在になっている。この住宅の造形にも見るべきものが多く、彼の特徴が至る所に出ている。ここ数年の彼の建築に接していて思うことだが、個性がいよいよ表に出てきたようだ。完成後の撮影が楽しみな住宅である。

十一月十七日（木）

早朝からサンタバーバラの住宅へ行く。

エリック・オーエン・モス：カルヴァー・シティのオフィス・コンプレックス、1997年（GA Document 52、写真は工事中）

トッド・ウィリアムズ、ビリー・ツィン：フェニックス美術館、1996年（GA Document 50、写真は工事中）

いつ走っても、太平洋に面した1号線の風景は抜群である。コバルト色の海、抜けるような青空。気持ちが良い。しかし到着してみると、どうもいただけない住宅が聳えていた。鉄骨と木造で構成された住宅はバランスを崩した、見るも哀れな建築。平面的に見れば、設計意図は理解できるが、寸法のまずさ、内部空間の間違い。どっと疲れが出る。一路アリゾナのフェニックスへ。久しぶりに一〇〇〇キロの旅である。

十一月十八日（金）
アリゾナのフェニックスは「タリアセン・ウエスト」がある街。今日は「フェニックス美術館」をニューヨークの建築家トッド・ウィリアムズがつくっているので下見に来た。工事現場は巨大な壁面を形づくるプレキャスト・コンクリートの壁が立ち並び、外観の形がやっと完成したところである。かなり意欲的な美術館になりそう。ブルダーがやっている「フェニックス中央図書館」（p.96）と共に、将来のフェニックスの名物になりそうな建物である。

十一月二〇日（日）
エリック・オーエン・モスの「カルヴァー・シティのオフィス・コンプレックス」の現場を見に行く。古い鉄道の敷地に沿った建物で、一部は古い建物を使用しているが、そのほとんどが新築。彼は数年前からこの付近の古い倉庫街の改築を行っており、それなりの成果を上げているが、今度はなかなか良く出来た建物になりそうである。改築では部分的にしか彼のデザインも生きないが、この建築は、彼の考えが建物全体に漲っており、完成が楽しみである。

十一月二二日（火）
東京着。

GA日記

1995年　2 — 3月

久しぶりのメキシコ旅行である。一九五九年に早稲田大学のマヤ探検隊の一員として初めての海外旅行をする機会に恵まれたが、ロサンゼルスからパナマまでの自動車での五カ月の旅は、その後の私にとって記念すべき大旅行となった。当時のメキシコは、メキシコ・ルネサンスと呼ばれた時代で、あの有名な「メキシコ国立自治大学」の建設をはじめ、フェリックス・キャンデラ、ホアン・オゴールマン、そしてルイス・バラガン、その他数多くの現代建築家によるメキシコ建設には、目を見張るものがあった。当時の日本では考えられない熱気がメキシコの風土の上に展開されていた。毎日熱に浮かされているような日を送ったことを思い出す。六一年、六二年と、私はメキシコに釘付けになっていたように思う。

特にルイス・バラガンとの個人的な交友は、数々の素晴らしい考えを、若かった自分の中に吹き込んでくれた。彼の「自邸」にある膨大な建築図書との出会いは、実に多くのことを教えてくれるに充分な事件であった。

しかし、この魅力あふれるメキシコ・ルネサンスは七〇年を境にして徐々に姿を消してゆく。七〇年代、八〇年代とその後も数度訪れたが、六〇年代初頭のあの熱っぽい空間は消えてしまった。一方、古典であるマヤ文化の素晴らしさや、メキシコ全土で展開されている民芸の力強さ、メキシコ風バロックの艶やかな空間は、今日でもたくましく生き続けている。

しかし、残念ながら、停滞してしまった現代建築には、長いあいだ何の動きも見ることができなかった。それでも、ここ数年前から少しずつ動きが感じられるようになってきた。

今回の旅行は、若い世代の動向を見ようと思いたってのことである。二月十二日に東京を出発してロサンゼルスに立ち寄り、四、五日住宅の撮影をし、十六日

ルイス・バラガン、バラガン邸にて

ホアン・オゴルマン、マリオ・パニ、エンリケ・デル・モラル他：メキシコ国立自治大学、1950年代

にメキシコ・シティに入った。

二月十六日（木）

朝九時三〇分の飛行機でロサンゼルスを出発。午後にメキシコ・シティに到着。ひと回り大きくなった市内を見ながら、「カミノ・レアル・ホテル」(p.172)に入る。リカルド・レゴレッタの作品のなかでも特によく出来たバラガン風の建築で、あとでレゴレッタから聞いたところによると建物全体をこの一、二年で、リフィニッシュしているとかで、玄関に到着してまず感じられたことは、壁も塗り替えられ、新築当時を思い出させるに充分な美しさをたたえていることであった。ゆったりとした内部の空間も数年前に来た時とは別の建築のように整えられていた。

アトリスコの教会

二月十七日（金）

現代メキシコで一番期待されているエンリケ・ノルテンの「ハウスO」に行く。現代の若手で活躍している数人の建築家

△▷エンリケ・ノルテン／TENアルキテクトス：ハウス“O”、1991年（GA Houses 46）

のほとんどがアメリカで教育を受けており、彼もニューヨークのコーネル大学の出身である。以前のメキシコの建築家は、多くは民族的な色彩の強い人たちで構成されていたが、今日の若い建築家は、完全にインターナショナルな色彩が強い。「ハウスO」はコンクリート打ち放しの外観。部分的に使用されたタイル貼りがアクセントの役目を果たし、内部は鉄骨の柱や梁が力強く内部空間を構成している。建築全体のバランスの見事さは、この建築家が造形的に一流のセンスの持ち主であることをよく示している。

二月十八日（土）

メキシコ・シティから数時間の距離にあるバイエ・デ・ブラボの街に行く。昔、この街には民家の撮影で来たことがある。五〇年前に人工湖として造られた湖は、今日、別荘地として発展し、以前にレゴレッタの住宅を撮影したこともあった。三軒の新しい住宅は、民族的なメキシコ風、一軒は外装も内壁も煉瓦だが、ヨーロッパのどこかで見たようなデザインで、この二軒は期待が大きかったせいもあるが、少しがっかりした。

　しかし後の一軒、アルベルト・カラチの自邸（「ブラボ渓谷の家と庭」）は素晴らしく、新しいメキシコの誕生を充分に予感させられる住宅であった。彼もコーネル大学出身の建築家であるが、まだ三五歳の若さとは考えられない老獪な手法を使いこなし、その見事さには目を見張るものがある。煉瓦とコンクリート打ち放しのミックスされた外装。そしてリビングルームは、年間を通して昼も夜も二〇℃前後という気候のため、屋外と同じ扱いを受けて、室内的な囲いがなく、そのオープンスペースの気持ちの良さはたとえようもない、素晴らしさである。熱帯性の植物が建築を取り巻き、寝室のみが囲まれた空間になっている。各部屋のすべ

リカルド・レゴレッタ

リカルド・レゴレッタ：メキシコシティ芸術都市、1994年
(GA Document 50)

アルベルト・カラチ：庭を取り込んだ家、1994年（GA Houses 46）

てから湖が見えるように配慮されており、簡素な材料がより一層この住宅をリッチな空間に仕上げている。

昨日見たノルテンの住宅と共に、この二人の新しい建築家は、今後のメキシコ現代建築の推進役を果たすであろうことを充分に感じさせた。

二月十九日（日）

リカルド・レゴレッタに会う。彼には二年に一度くらい、ロサンゼルスで会う機会があったが、今では、メキシコ現代建築を背負う、重要な建築家の一人である。仕事も考えていたより数が多く、芸術大学（「メキシコシティ芸術都市」）がちょうど竣工間際であったし、シティの郊外の新開地に完成していたオフィスビル群やハウジング、そしてチャプルテペック公園にある「動物園」の改築など大活躍である。

アルベルト・カラチ：ブラボ渓谷の家と庭、1994年
(GA Houses 46)

△▷ジョン・ロートナー：アランゴ邸、1973年（GA Houses 46）

二月二〇日（月）

先述したカラチのもう一軒の住宅（「庭を取り込んだ家」）をクエルナバカに見に行く。クエルナバカはメキシコ・シティから少し下がった所にある。メキシコ・シティは海抜二四〇〇メートルの高地であるが、そこから一〇〇〇メートルほど下った亜熱帯的な環境の街で、メキシコ・シティの高級別荘地として昔から栄えた場所である。ここには昔からアメリカ人のリタイアした人たちが数多く住んでおり、六〇年代の有名な住宅も数多く見ることができる。

この住宅もなかなかの力作で、長い壁が住宅の空間を仕切る役目を果たしており、この壁の処理の見事さも、彼がかなりの力量の持ち主であることを物語っており、各部屋のスケールも、よくまとまっている。ここでも先述した住宅と同じく、煉瓦とコンクリートの打ち放しをミックスしている。

午後よりメキシコ・シティのローコスト・ハウジングを見る。やはり住宅と同じ材料を使用し、ちょうど道路を隔てて六〇年代のマリオ・パニの有名なハウジングと向かい合わせに建っているので、三〇年の時間がもたらした変化を見ることが出来る。さらに、数年前に出来たタウンハウスを二軒見る。良く出来てはいるが、やはり若さが出ていて、最近の作品ほどの完成度はない。

二月二二日（水）

朝五時にホテルを出発して、アカプルコに向かう。日本でいえばちょうど熱海のような所。太平洋に面したリゾート地。四〇分で朝もやがたなびくアカプルコの上空に着く。シーズンが始まっていないらしく、乗客は三割と少ない。三五年前と比べて海岸線には新しいリゾートホテルが軒を並べており、以前のような田舎風の環境はどこにもなく、時代の移り変

フランシスコ・セラーノ：バスルト・ビル

ルイス・バラガン：サン・クリストバル、1968年

わりを感じる。一九七三年に竣工した「アランゴ邸」の撮影である。先日亡くなったロサンゼルスの建築家ジョン・ロートナーの遺作である。ちなみにアランゴ氏の娘がフランクリン・イスラエルに頼んだ住宅（「アランゴ／ベリー邸」p.112）がロサンゼルスで現在工事中。現代建築に理解のあるメキシコのデパート王である。

アカプルコが一望できる素晴らしい丘の上に、巨大なコンクリート打ち放しの別荘が、あたかも大鷲が飛び立つような造形で我々を見下ろしている。住宅としてはあまりにも巨大な建造物である。ここでもリビングルームは囲いのないフリースペースで、周囲はプールで囲まれた悠然とした佇まいが我々を圧倒する。ここまでのスケールになると、この建物の良し悪しを判断するには、戸惑いの方が先にたち、ただただ唖然とするばかりである。この巨大な建物には寝室が四つあるだけで、あとは植物園の中にいるような感じで、熱帯性の植物が自然石と共に建築を取り巻くといった環境である。

二月二三日（木）

ルイス・バラガンの「サン・クリストバル」を訪れる。一九六八年に完成した厩舎は以前のままで、おそらく撮影のために一九七〇年の前半に会ったと思う主人のエヘルストロムさんは少し歳を取られていたが、元気な姿で迎えてくれた。良く手入れの行き届いた空間は、今日でもスケールの大きさを生き生きと表現している。バラガンはこの建築を塀だけで世界的に有名にした。サラブレッドの馬と塀、そしてプールが、以前にも増して素晴らしい空間を形づくっていた。

午後から一九二〇年代のアールデコの劇場や上部がアパートの複合建築を見る。そしてもう一軒、アムステルダム広場に面した曲線で構成されたアパート（フランシスコ・セラーノ設計「バスルト・ビル」）を見る。

リカルド・レゴレッタ：チャプルテペック動物園の改築、1994年

これらの建築はメキシコはじめ、南米に数多く見られるアールデコ建築である。

二月二四日（金）

レゴレッタの息子、ヴィクターとチャプルテペック公園にある「動物園」の改築を見学。ロンドンの動物園の影響がかなりあるように思う。

　ノルテンの新作、「メキシコ・シティ・ドラマ・センター」を撮影。新しく完成されつつあるこの大学は、レゴレッタを中心に四人の建築家が協力してつくっている。ノルテンの作は、演劇学部で、四分の一円の巨大なドームに覆われた空間。ここでも彼の材料の使い方には感心する。それと共に、建物全体のバランスの良さが光る。

　夕方見た新しいＴＶ局（「メキシコ・シティＴＶ局複合施設」）のカフェテリアもほぼ同じデザイン言語で統一され、これは工

エンリケ・ノルテン／TENアルキテクトス：メキシコ・シティ・ドラマ・センター、1994年（GA Document 44）

エンリケ・ノルテン／TENアルキテクトス：メキシコ・シティTV局複合施設、1995年（GA Document 50、写真は工事中）

ソーク研究所の増築、左奥がルイス・カーンによる既存棟

ジェームズ・スターリング：カリフォルニア大学アーヴァインキャンパス科学図書館、1994年

事中であるが完成が待たれる非常に興味深い建築である。
　今日で一〇日間のメキシコ旅行は終わったが、長い間のメキシコ現代建築の低迷期に新しい息吹が感じられる日々であった。

二月二五日（土）
メキシコからロサンゼルスへ。珍しく曇り空のカリフォルニア。夕方、エリック・オーエン・モスの事務所に行き、GAギャラリーでの展覧会の打合わせ。

二月二六日（日）
UCIのジェームズ・スターリングの図書館（「カリフォルニア大学アーヴァインキャンパス科学図書館」）を見に行く。おそらくスターリングの遺作の一つであるが、何だかバランスのとれない建物。「レスター大学工学部棟」（p.17）から始まった彼の建築が、最後、この作品で終わったことは非常に残念である。聞くところによると彼はポストモダンを脱出するための方策を考えていたらしい。あのシャープな現代建築の再現を期待していたのだが。

三月五日（日）
メキシコから帰ってカリフォルニアは連日の雨である。毎日、新しい建築を見て歩いたが、そのなかでカーンの「ソーク研究所」の増築を見る。この増築については反対が多く、物議をかもしたいわく付きの建物である。ほとんど完成していたが、やはりカーンの建築が持っている雰囲気とはほど遠い建築である。コンクリートの打ち放しや目地の取り方も継承しているが、どことなく違う。名作の隣に建つ建築は難しい。

三月六日（月）
東京着

GA日記

1995年　4月

四月四日（火）

三月三一日に日本を出発してヨーロッパに来る。今年はどういうわけか天気が良く、ここパリでも二〇℃くらいあり、しのぎやすい。スペインの一番西にある街、ラ・コルーニャまでの旅である。ポワチエ、ボルドーとA10号線を南下。ボルドーでは完全に快晴になり、春には少し早いが、いかにも早春らしい木立の中を走る。あと一週間もすれば一年でも一番美しい季節になるはず。夕方、八〇〇キロの旅を無事走り抜き、スペインの国境付近のホテル・レストランに宿をとる。

四月五日（水）

朝八時に出発。もうヨーロッパは夏時間のため、この時間でもまだ薄暗い。海岸線を一路西にビルバオの街を目指す。フランク・ゲーリーの「グッゲンハイム美術館」(p.186)の工事現場を見るためである。今日は朝からあいにく曇り。昨日と比べてうすら寒い、春先特有の天気である。

工事はちょうど鉄骨が最上階まで上がったところ。図面から想像していたよりもスケールが大きく、この薄暗い鉄鋼の街のシンボルになるだろうと想像される。この辺りには昨年も来たが、その時より高速道路がかなり完成しているので、今夜までに到着するように一気にラ・コルーニャ目指して走る。

夜八時頃到着。スペインでの夜の食事は一〇時頃から始まるので、ちょうどタイミングの良い時間である。まだ薄明るい港街の景色が素晴らしい。

四月六日（木）

海岸に面した所に磯崎新さんの博物館（「DOMUS／ラ・コルーニャ人間科学館」）が弓なりのスタイルで、陽を浴びてその雄姿を見せている。一年程で完成したというスピード工事について話を聞いていたが信用してはいなかった。しかし話の通

ラ・コルーニャ、カーテンウォールの街並み

フランク・ゲーリー：ビルバオ・グッゲンハイム美術館、1997年（GA Document 54、写真は工事中）

り完成しているのを見ると、スペインの遅れ遅れの他の工事が嘘のように思われる。もっとも政治的な条件があったのだろうが、施工もなかなかよくまとまっており、特に外装や内部にふんだんに使用されている石積みの技術は素晴らしい。この辺りからポルトガルにかけては石の産地のため石が安いと聞く。それにしてもやはり、石は建築にとって素晴らしい材料であることを思い知らされる。

現場は明日のオープニング・セレモニーの準備でごったがえしていたが、その間を縫っての撮影。気が重い。しかし空間の壮大さゆえに、あまり細かいことにこだわらなくて済むので、昼頃には調子が出てきて撮影は快調である。

四月七日（金）

十一時からのオープニングの前に撮影するために朝早く現場へ行く。昨日とは違って、建物は驚くほど整頓されている。現場の人の話では徹夜の作業だったとか。

今日は市民が博物館に押し寄せ建物を遠巻きにしている。音楽隊が入り、市長の挨拶、磯崎さんの挨拶と続く。我々はその合間をくぐり抜けて撮影する。天気は快晴、気持ちの良い一日を送る。それに、この付近の魚料理は世界一。蛸、魚貝類、そして白身魚の新鮮さは昨今では希にみる味。また白ワインが薄味で、料理をより一層素晴らしいものにしている。

四月八日（土）

今日も快晴。ラ・コルーニャの海岸道路沿いに並ぶ木製カーテンウォールの街並みの撮影。今では所々にアルミサッシュが使用されているが、この一角はすべてが昔通り。ガラスもほとんどが透明ガラスで、所々に色ガラスが使用され、全体の美しさにアクセントを添えている。また旧市街の細い道路に面した壁面にもカーテンウォールの出窓があり、一軒一軒

ギュスターヴ・エッフェル：ポルトガルとスペインの国境付近の河に架かる橋

磯崎新：DOMUS／ラ・コルーニャ人間科学館、1995年（GA Document 44）

違うデザインが施されており、このスペイン北西の街では、大変魅力あふれる街並みを見ることができる。

四月九日（日）

朝、サンチャゴ・デ・コンポステーラの街と別れ、一路ポルトガルを南下する。スペインとポルトガルの国境の街トゥイの河にかかるギュスターヴ・エッフェルの橋を見る。昨年はちょうど雨が降っていたので撮影は断念したが今日は快晴。上部が汽車の線路、下部が車道と歩道になっている、上下道の鉄橋である。フランスの中部地方にある彼の鉄橋は以前にほとんど撮影したが、これだけ残っていた。やっと念願の撮影が完了したことになる。エッフェル塔を思い浮かべるようなディテールが各所に見られ、全体に品のある鉄橋である。

以前、この辺りの集落はイベリア半島のなかでも特徴のある素晴らしい海岸の集落として有名であった。少しは期待していたが、ヴィゴ周辺の海岸の街も、今日ではリゾートのホテルが建ち並び昔の面影はない。リンドーソの倉群を思い出して、途中立ち寄ることにした。六〇年代の後半に撮影した頃は、山間部に行くまで、細い頼りない道を辿って行ったが、今日では舗装された道路が山に向かってどんどん昇って行く。おそらくあの素晴らしい石の倉の集団は姿を消しているだろうと思っていたが、山頂には昔ながらのその雄姿を発見することができた。

四月一〇日（月）

シザの「ポルト大学建築学部図書館」が完成していたので内部を撮影する。夕方頃から高熱に見舞われ、三八度六分も体温が上昇。風邪である。今年はこれが三度目で、立っているのがやっとの状態。

四月十一日（火）

アルヴァロ・シザ：ポルト大学建築学部図書館、1994年
(GA Document 44)

リンドーソの高床式石倉群

朝三七度まで体温が下がっていたのでマドリッドに向かう。ハンス・ホラインの「サンタンデール銀行」を見るため。先日イギリスの雑誌で写真を見る機会があったが印象が悪かったので、あまり期待していなかった。現場で見る作品はすばらしいの一言につきる。古い建物を改造して四階まで吹抜けをとっている。この手法はウィーンの商業ビルで行ったものと同じだが、この人の上手さは、現代建築家のなかでも群を抜いていて、材料の使い方、空間の構成は見事である。昔、カルロ・スカルパが「ホラインこそ自分のデザインの後継者である」と私に語ったが、まさにその言葉通り、久しぶりに充実した建築空間に接することができた。三時間ほど撮影してグラナダに向かう。

四月十二日（水）

グラナダのアルハンブラに行く。久しぶりの訪問であったが、セマナ・サンタ（聖週間）の休日が始まったらしく、数千人の見物客で、アルハンブラの周囲は人で埋まっていた。周辺の道路や駐車場は整備され、今やスペインのディズニーランドである。見学どころの話ではなく、門前でパス。やはり二月か十二月ごろでないとゆっくり見学できないと思う。

四月十三日（木）

昨夜はバレンシア付近の地中海に面したホテルに宿をとる。風邪もホラインの「銀行」の撮影で興奮したせいか、すっかり元気になりひと安心である。途中思い出して、カルペの海岸にあるリカルド・ボフィルのリゾート「ラ・マンサネラ」に行く。彼の一番素晴らしい時代の作品。しかしメンテナンスが悪くて昔の面影はなく、スラム化しているのには驚いた。特に海岸に面したあの素晴らしいプールは見るかげもなく、コンクリートの塊と化していた。残念！！

ハンス・ホライン：サンタンデール銀行、1994年
(GA Document 44)

リカルド・ボフィル：ラ・マンサネラのプール、1983年
(写真は1995年撮影)

四月十四日（金）

バルセロナに昨夜遅く入る。ディアゴナル大通りに面しているホテルの窓から見る道路には車がほとんどない。やはり休日のせいらしく、おそらくその人たちが昨日のグラナダに押し寄せていたのかもしれない。街はガラ空き、そして並木の葉も新芽を吹いているので、街並みが撮影できると思い、ガウディの「カサ・バトリョ」に行く。正面の柱が美しいシルエットを見せていた。

午後からミラージェスのアパート（「バルセロナの家」）のインテリアの撮影。旧市街の一角にある、がっしりとした四階建てのアパートの二階を改築しており、約百坪程の広さがある。天井が高く、室内には古い壁画が顔を出していて、歴史を感じさせる空間である。彼はその空間を巧みに面構成し、新たなインテリアを創っている。

四月二〇日（木）

パリのドミニク・ペロー設計の「フランス国立図書館」の撮影。外観を見ていると、これといった新しい手法を使っているわけでもなく、最初はあまり興味がなかったのだが、ここ二、三日天気が悪いのでゆっくりと拝見しているうちに、だんだん興味がわいてきた。それというのも、この図書館の周囲を取り巻いている階段状の外部空間が、開館すると恐らく非常に魅力のある場所に変貌するだろうと思い始めたからである。

開館まで本の整理などであと二年の歳月がかかるらしく、今のところフェンスに阻まれて、この素晴らしいテラスに人の姿を見ることができないのは残念である。セーヌ川に面したこのテラスは、若い人たちで埋まるだろうと思う。最初は木製の階段状のテラスはどうかと考えていたが、これはおそらく、人々が座ることを考えての配慮だと思った。この建築

ザハ・ハディド、自宅にて

エンリック・ミラージェス：バルセロナの家、1993年―
（GA Houses 46/104、写真は1995年撮影）

の一番優れているところは、外部空間を広場として開放したことにある。普通、図書館の構成としては壁に囲まれた建築を想像しがちであるが、開館した時の使われ方が非常に楽しみである。

四月二一日（金）

朝五時発でストラスブールに行く。パリを出発するころは雨がぱらつく天気であったが、ストラスブールに近づくにつれて雲が切れ、撮影を始める頃には快晴。天気もこの銀色に輝く外観にはうってつけとなった。ヨーロッパ連合の法廷として使用されるリチャード・ロジャース設計の建築（「新ヨーロッパ人権裁判所」p.103）は、インダストリアルな外観、法廷部分の円形の部分と事務棟の細長い部分とに分かれたプランニングで、河に面した敷地に建っている。

　最近の彼の建築は、先日見た「チャネル4テレビ局本社」（p.99）に見られるように、「ロイズ・オブ・ロンドン」の頃の重さがなく、建物全体が軽く透明感が強調されている。

四月二五日（火）

二二日に再びロンドンにやって来て、新企画のシリーズのための撮影。事務所の風景やポートレートの撮影で今日は大忙しである。テムズ川に面したロジャースのオフィスで彼の撮影。事務所も今や大事務所の風格がある。フォスターと彼は今や英国を代表する建築家である。

　夕方七時に上海に出発するザハを捕まえて彼女の新しい自宅で撮影。

四月二七日（木）

ロンドンは昨日まで晴れの天気が続いていたが、今日はいまにも雨が降り出しそうな、いわゆるロンドン天気である。春のヨーロッパ旅行も今日で終わり。夜の便で東京へ向かう。

GA日記

1995年　6 — 7月

六月二七日（火）
梅雨空の東京を後にロンドンに向かう。十一時間三〇分後にヒースロー空港に到着。快晴である。例年、ウィンブルドン・テニス大会の期間はほぼ天気に恵まれる。ホテルに向かう途中、リチャード・ロジャースの事務所に立ち寄る。『GA Document Extra』の取材のためである。テムズ川の向こう岸から見る事務所は巨大だ。最近日本でもみられる現象であるが、事務所によって仕事量に大きく差が出てきている。ロンドンではノーマン・フォスターと彼が仕事を二分しているように見える。事実、所員も前よりかなり増えているし、倉庫部分の事務所への改築も行われている。

六月二八日（水）
久々に、ケンブリッジ大学に行く。ジェームズ・スターリングの「歴史学部シーレイ歴史図書館」に隣接する場所に、フォスターによって新しく「法学部棟」が建設されたのでその下見である。現場は最後の仕上げの最中で、建物はほとんど完成していた。一九六九年にスターリングの「図書館」を撮影に来て以来二六年ぶりの訪問である。煉瓦とガラスで囲まれた外観は、当時の姿をほとんど維持しており、木立の緑の中に美しいままの姿を見ることができた。フォスターの「法学部棟」は、スターリングの建物を大いに意識したデザインで、しかも、この先輩の作品に敬意を払って大切に扱ったことを感じさせる。一口で言えば、赤い煉瓦と白いスティールの材料による対比といえるが、どちらもよく練られた名建築である。四層からなるフォスター棟は、上二層に閲覧室、そして各階に個人研究室が完備されている。スターリングの「図書館」より一回り大きなスケールをもっているが、敷地に対して程良いバランスを保っている。

△▷リチャード・ロジャースのオフィス

テムズ川越しに見る

ノーマン・フォスター：ケンブリッジ大学法学部棟、1995年
(GA Document 45)。
右はジェームズ・スターリング設計の図書館、1967年

ザハ・ハディドのオフィス

六月三〇日（金）

今日はザハ・ハディドの事務所で『GA Document Extra』の図面の選択である。ちょうどベルリンのコンペの締め切りが迫っているらしく、小さな事務所の中は熱気が漲っている。カーディフのオペラハウスのコンペでは一等に当選した後、ごたごたが続いていたが、それも実施の方向に向かっているらしい。

彼女の図面を見ていると、よくもこれほど描くものだと感心するぐらいの量である。スタディ図面、そして実施図面に至る過程がよく分かる。作品として実現されたものは三件にとどまるが、プロジェクトの多さには感心させられる。これからどんどん建ってゆくのを期待する。

七月二日（日）

昨日パリにやって来たが、曇り空でロンドンの連日の快晴が夢のようである。ふ

クリスチャン・ド・ポルザンパルク：音楽都市西棟、1990年
(GA Document 27)

アンリ・シリアニ：アルル考古博物館、1995年
(GA Document 45)

と気がついたので、「ポンピドゥー・センター」にブランクーシの彫刻展を見に行く。数年前にドイツでの展覧会を見たことがあるが、今回の展覧会の規模は、ブランクーシの全貌が分かるもので、素晴らしい展覧会であった。一人の芸術家のもっているエネルギーの凄さを感じる。

七月四日（火）

『GA Document Extra』のため、クリスチャン・ド・ポルザンパルクのインタヴューにつきあう。最近の彼は、次々と仕事が順調に進み、この日もモロッコのコンペに入選したとかで、事務所の人達はにこにこ顔である。午後より音楽学校「音楽都市西棟」の外観を撮影する。ラ・ヴィレットのベルナール・チュミのフォリーもほぼ完成し、建物の前庭の池も完成したので、再度の撮影である。

七月六日（木）

昨日パリを出発して、南フランスに来る。アルルに建つ、アンリ・シリアニの「アルル考古博物館」の撮影である。この美術館は三年前に建物は完成していたが、内部の展示が遅れ、やっと完成したものである。三角形のプランをもつ二階建ての建築は、一方が公園に面した環境の良い場所に建っている。ローマ時代の遺跡が展示されており、一〇年前くらいに設計されたために、よい時代のシリアニを感じさせるデザインである。

七月七日（金）

リチャード・マイヤー設計の「バルセロナ現代美術館」を見に行く。ほぼ完成しているが、最後の手直しが建築の各部で行われている。例のごとく、真っ白い外観はスペインの強い太陽に照らされ、目が痛いほどの白さ。旧市街の真ん中に建設されたために、少しアプローチが窮屈そう。しかし、以前見ていた頃より、周

ジャン・ヌヴェル：ギャルリー・ラファイエット、1996年
(GA Document 48)

リチャード・マイヤー：バルセロナ現代美術館、1995年
(GA Document 46)

サンティアゴ・カラトラバ：ヴェレンリンゲンの集合住宅、1996年（写真は工事中）

囲がかなりクリアランスされたので、十一月のオープンにはかなり良い条件が揃いそうで楽しみである。

七月八日（土）

スイスのチューリッヒ近くの街に、サンティアゴ・カラトラバの「ヴェレンリンゲンの集合住宅」を見に行く。外観のみがプレキャスト・コンクリートで、内部は現場打ちコンクリート。そのジョイントの部分が苦しそう。この種の建築はかなりの量の生産がないと経済的には無理。

七月九日（日）

ベルリンに来る。ザハのハウジングがかなり汚れているとロンドンで聞いていたので心配していたが、クリーニングされて新築同様である。工事中のダニエル・リベスキンドの「ユダヤ博物館」を見る。思ったより大規模な建築である。完成はまだだいぶ先だろうが、斜めに切断された窓が、この建築の特異性をよく物語っている。

旧東ドイツ側に建てられたジャン・ヌヴェルの百貨店（「ギャルリー・ラファイエット」）がほぼ完成した姿を見せている。内部は見ることができなかったが、なかなかの力作で、ガラスの殿堂。図面から想像すると、内部の天井のデザインに特に興味があるのだが。

ノーマン・フォスター：ドルトムントの住宅、1994年
(GA Houses 49)

ボレス＋ウィルソン：ミュンスター政府ビル、1996年
(GA Document 48)

七月一〇日（月）

ハノーバーの近く、フランク・ゲーリーのオフィスビルの下見。建物はほぼ完成しているが、周囲の環境の整備中。ちょうど昨年完成した「ヴィトラ社新本社屋」（p.83）と同じくらいのスケール。

　ボレス＋ウィルソンの「ミュンスターの政府ビル」を見る。至る所にピーターのセンスの良さを見ることができるが、この工事の時間のかかり方は日本では到底考えることはできない。やっとクリスマスには完成するそうだが、本当かな。

七月十一日（火）

朝からオランダ、「フローニンゲンの美術館東館」（p.105）の撮影。基本計画をアレッサンドロ・メンディーニ、現代美術館の部分をコープ・ヒンメルブラウが担当。良くまとまっていて、以前のような無理がないのが良い。鉄骨も無理なく納まっているので不安がない。メンディーニによるサイケな模様がデコンと相性が良いことを発見した。

七月十二日（水）

フォスター設計の「ドルトムントの住宅」を撮影。道路側から見ると一階に見えるが、坂に沿って二層分の階高がある。巨大な住宅で、照明器具会社ＥＲＣＯの重役邸である。同じ街に工場があり、この日も提携先の日本の会社の人達が訪れていたから、日本とは深い繋がりがありそう。パーティー用の住宅で、内部のほとんどの面積が、リビングルームと長いスロープの階段室にとられている。一階部分の駐車場の屋根は太陽の方向に対応して回転するルーバーで覆われ、いかにもフォスターらしいディテールが住宅全体の各所に見られる。午後からオランダの「アルメロ市立図書館」の撮影。オランダの中堅の事務所メカノの設計。集合住宅やオフィスビルに冴えたデザインを見せ

マリオ・ボッタ：エヴリーの教会、1995年（GA Document 45）

メカノ：アルメロ市立図書館、1994年（GA Document 45）

る設計集団である。この図書館もよくこなれたデザイン。オランダにいると、やはりこの国の近代建築からの伝統を感じる。最近のオランダは若い人を中心に伸びていきそうな雰囲気を感じる。

七月十三日（木）

リチャード・マイヤーの「ハーグ市庁舎」を見る。この街のスケールにしては巨大な市庁舎で、ちょうど「東京都庁舎」を横にしたようなスケール。周囲の環境整備の仕事は続けられているが、内部では既に事務の人達が働いていた。内部は、ゴシックの大聖堂の空間のような巨大な吹抜け空間、いわば内部広場である。

　パリに帰る途中、カレーに寄り、イギリス、フランス間のトンネルの新しい停車駅が出来ているはずなので見に行く。空港公団のポール・アンドルーのデザイン。しかし、現場に行くと巨大なスーパーマーケットが建設されていた。停車場とスーパーマーケットの勘違い。デザイン的にはありきたりのもの。一路パリへ向かう。

七月十四日（金）

今日は革命記念日で、シャンゼリゼでは大行進がある。それと今日からはバカンスが始まる。以前だとパリの街中は十四日から突然がらがらになるのだが、昨今は二部交替くらいになっているのか、今日も街中はそれほど空いていない。結構な自動車量である。パリ郊外のエヴリーにマリオ・ボッタ設計の「エヴリーの教会」を見に行く。カテドラルとしては戦後最大とか聞いていたが、なるほど大きい。煉瓦積みの「サンフランシスコ近代美術館」(p.54)と同じ手法。

　明日は東京に帰る。

GA日記

1995年　8 — 9月

八月三〇日（水）
ヘルシンキに着く。予定より二週間も遅れて、夏の終わりの北欧である。天気が心配で、恐る恐るやって来たが、やはり昨日までいたパリより五℃も低い十三℃。空はどんよりと曇って肌寒い。

八月三一日（木）

朝六時にホテルの窓を開けるとやはり空は雲に覆われている。ＴＶと新聞を見ると、北西の方向は雲の模様から少し太陽のサインが覗いていたので、思い切ってイマトラに向けて出発する。目標はアルヴァ・アアルトの「イマトラの教会」である。ロシアとの国境に近い街で、今度で三回目の訪問であるが、気が重い。三〇〇キロの距離。人口の少ない国らしく、道を行く車の少ないこと、日本では考えられない。

　二〇〇キロ走った所で太陽が顔を出す。海岸線を過ぎて内陸に入るとますます天気が回復して、イマトラの街に辿り着いたときは快晴。しかしこの街も大発展していて、教会の場所が分からない。六五年、最初に来た時は、松林の中にひっそりと建っていたが、探し求めてやっと辿り着いた周囲は住宅が増え、環境がすっかり変わってしまっていた。

　建物は昨日竣工したばかりのような美しさ。メンテナンスの素晴らしさに感動。内部も竣工当時そのまま。周囲の松が大きくなっているので、全景の撮影に少し邪魔になるだけの変化。この教会は、さすが世界の現代建築のなかでも出色である。フランク・ゲーリーやアルヴァロ・シザに大きな影響を与えたことを静かに物語るものであった。

　帰り道で、「スニラのセルローズ工場」に立ち寄る。海に面した巨大な工場。遠くから見ていると以前とそれほど変化はないが、近づくにつれて、化学工場の進歩による増築の跡が各所にありありと見

△▷アルヴァ・アアルト：イマトラの教会、1959年

える。オリジナルとはかなり変化している。この工場のために建てられた集合住宅群（「スニラの労働者住宅」）がほぼ健在で、昔の雰囲気が十分に残っている。

九月一日（金）

昨夜遅くイマトラから帰ってきたが、今日は北に向かってやはり三〇〇キロ、「セイナッツァロの町役場」に行く。ここでも以前に見た風景がそのまま。何の変わりもなく、端正な姿を見ることができた。ここも同じくメンテナンスは完璧。どこにも傷みを発見できないほどオリジナルそのものである。一九五〇年代前半に完成しているから、四〇年以上は経っているはず。内部の木造もそのまま。この町の近くの島にアアルトの別荘がある。

隣町の「ユヴァスキュラ大学」を見る。ここも以前と何ら変わらない姿。特に玄関ホールは何でもない佇まいながら、今

アルヴァ・アアルト：スニラのセルローズ工場、1939年

アルヴァ・アアルト：スニラの労働者住宅、1939年

アルヴァ・アアルト：ユヴァスキュラ大学、1971年

アルヴァ・アアルト：セイナッツァロの町役場、1952年

見てもすっきりした空間である。唯一変化しているのは周囲の木々が成長し、以前より環境が整備されていることで、豊かな感じがいっそう強くなっている。

九月三日（日）

昨夜、北からヘルシンキに帰る。湾を一望するパレスホテルの部屋から見ると、北国の港らしい憂いを含んだ海の色と、古色蒼然とした建築群がよくマッチしていた。

街の中心にあるエリエル・サーリネンの「ヘルシンキ中央駅」は、長い時間をかけた補修工事が終わり、駅前がすっきりしていた。内部も完全に復元されて、当時のディテールを明確に見ることができる。アアルトの「文化の家」もすっかり補修されて新築のように見えた。

九月四日（月）

エリエル・サーリネン：ヴィトレスク、1904年

同上、食堂

ヘルシンキ港、アアルト設計のエンソ・グートツァイト本社が正面に見える

フィンランドの50マルカ紙幣、
アアルトの肖像画（上）とフィンランディア・ホール（下）

出発の時間が夕方なので、街から五〇キロほどにある、エリエル・サーリネンのアトリエ兼住宅（「ヴィトレスク」）を見に行く。ここでもメンテナンスが行き届いていて、一九〇〇年代初頭の建築をそのまま見ることができる。至る所にマッキントッシュ風の手法が使われており、外観の古さに比べて内部のインテリアは随所に見るべきものがある。

エリエル・サーリネン：ヘルシンキ中央駅、1914年

　これで駆け足のアアルト確認の旅は終わり、来年の夏には時間をかけてアアルトの作品集の完成を目指して仕事をしようと思う。この旅で一番感じたことは、建物に対するフィンランド人の愛情である。

　例えばアアルトがインテリアを手がけた「サヴォイ・レストラン」(p.249)などは昔と寸分の違いもなく、照明器具や家具に至るまで、アアルトによるオリジナルを今でも丁寧に使用しており、スティールや木が、使い込まれ、独特の色彩に輝いているのは見事である。ヘルシンキの街並みも以前とほとんど変わらず、新しい建物は少ないが、古い建物を丁寧に補修しながら使っている姿は、我々の世界とはあまりにかけ離れていて驚かされる。甘美ではないが、堅実なこの北の国の佇まいには、考えさせられることが数多くあった。

　換金した際、何気なくお札を見ると、五〇マルカにはアアルトの肖像が表に、

1995年当時のベルリン、ポツダマー・プラッツ

ジャン・ヌヴェル

「フィンランディア・ホール」が裏に印刷されていた。ライトをはじめ建築家が切手になったのは覚えがあるが、紙幣になるのはおそらく初めてだろう（のち一九九七年、スイス・フラン紙幣にコルビュジエが登場）。いかにアアルトがフィンランドの国民的英雄であるかを改めて知る。

九月五日（火）

パリでジャン・ヌヴェルに会う。一時危ぶまれた事務所経営も、一段落したようで、以前に増してスタッフも多く、事務所全体に活気が溢れていた。コンペに忙しいらしく、容貌がますます怪物らしくなり、元気である。

　午後、レンゾ・ピアノがちょうどパリに来ているというので会う。彼もベルリンのポツダマー・プラッツのプロジェクトが動き出したので、大勢の事務所員と共に元気である。世界の建築事務所の最

ジャン・ヌヴェルのオフィス

レンゾ・ピアノ

ヴェネツィア

サンマルコ広場

近の動静は、仕事のある事務所と無い事務所の差が大きくなり、日本でもいえることだが、格差がますます広がっていくような予感がする。

九月六日（水）

ここ数年ビエンナーレを見ていないことに気が付いて、昨日パリを出発し、途中スイスの国境近くの、今年三ツ星になったホテル・レストランに一泊。夕方ヴェネツィアの街に到着した。駅近くの駐車場に車を預けて、船のタクシーに乗り換え、サンマルコ広場のホテルにたどり着く。もう夏休みの季節が過ぎたというのに、人、人の波が夕方のサンマルコ広場に溢れていた。

今日はビエンナーレは見ることができないので、夕方のリドを見渡せる海岸をぶらぶら。やはりここは何度来ても、ただ、ただ素晴らしい。陽が沈んでシルエ

ビエンナーレ、イタリア館

カルロ・スカルパ：ビエンナーレ会場の切符売り場、1952年

ットになったリドの街並みが美しい。

九月七日（木）

朝一〇時に会場に行くと、一〇時三〇分かららしく、ゲート前でぶらぶらしていると、カルロ・スカルパ設計の切符売場の建物が目に入る。そういえばこの会場に、六〇年代の初めにスカルパに連れて来られたことを思い出す。昨夜のサンマルコ広場の人の波はここには押し寄せてこない。やはり夏休みは終わったのだと実感する。

四、五〇人の人たちがゲートをくぐったが、各国のパヴィリオンに入ってもまだ誰もいない。日本館は一番後まわしにして各国館を廻る。ゲートの前に、亡くなったジェームズ・スターリングの作品、エレクタ出版社が経営する本屋の建物（「エレクタ書店」）が目に入った。図面では見たことがあるが、実物は初めて。晩年の彼の作品のなかでは良くできた建築である。

久しぶりのせいか、各館で見たアーティストのなかに感銘を受けた作家は見あたらなかった。六〇年代にジャスパー・ジョーンズやロバート・ラウシェンバーグらアメリカ勢と共にヴェネツィアの街路を走り廻ったときのような熱気はいったいどこへ行ってしまったのだろうか。ここでも現代美術の迷いが感じられる。映像芸術も大流行であるが、何だか虚しい音だけが館内を揺らしているだけ。批判もないし、未来もないし、現実もないと、いったことしか感想が浮かばない。

いよいよ最後に辿り着いたのが日本館。遠くから見ると一瞬、日本館が無くなったと思った。吉阪隆正さんの四角な箱が無いではないか。鮮やかな色のビニールのチューブに取り囲まれた建物。それが日本館と分かるまで少し時間が必要であった。しかし今まで見てきた各国館に対する不満が一遍にすっとんでしまった。

ジェームズ・スターリング：エレクタ書店

日本館：崔在銀の作品が建物を覆う

これは美しい。そして現代がある。今まで日本館は数回見てきたが、完成した当時の日本館と今年が一番素晴らしいと思った。外観は大成功である。作家は崔在銀。しかし、室内に入ってがっかり。「すき」と題する内部構成で、担当は建築家の隈研吾さん。いつものことであるが、日本人が外国で展示をやると必ず「さび」であり「わび」である。暗い空間、そして水。どうしてこの空間が「すき」なのか。はたと困ってしまった。外観の艶やかさに対する暗さなのだろうか。

　隈さんが現代建築で試みている透明な空間こそ、彼本来の姿ではないだろうか。蔵の中でほこりをかぶったような感覚とは、そろそろおさらばする方がよい。未来に向かった造形がほしい。

九月十三日（水）

パリ経由で東京へ。

日本館：会場構成は隈研吾

GA日記

1996年　3月

「GA日記」を二回休みましたが、どこにも出かけなかったわけではありません。『GA Japan』創刊から三年が過ぎ、一つのかたちの試みもワンクール終わりました。そのなかでいろいろ考えることもあり、新年号から雑誌のスタイルを変えてみよう、ここらでGA本来のスタイルにかえそうと思い、レイアウトを縦組みにすることなどを含め、その検討に時間がかかっていました。

簡単に言えば、建築作品の周囲の問題をもっと掘り下げてみよう、建築をもっと広い視点で見てみようということです。作品の評価に関しては、今日、評価が定まっている人たちには点を辛く、若い人には、個性が感じられれば、その点を評価したいと思っています。縦書きにしたのは、建築家、クライアント、施工者といった人たちの生の声が伝わるようにインタヴューを多くしますので、日本語の読みやすさを考えてのことです。時間は少しかかりますが、今年中に少なくとも新しい雑誌の基本型を完成させたいと思っています。日本の建築雑誌には独特な日本風のクセがあるのも痛感しましたし、三〇年間かかって全世界の建築のあり方を見て、一応自分のものにしたつもりですから、これからはそのノウハウを利用して、日本の建築雑誌の新しい展開を試みようと思っています。ご期待下さい。

さて、「GA日記」ですが、昨年は暮れまでヨーロッパ各地を廻っていました。最近のヨーロッパは大変活気があり、EUが本格的に動き出したことを感じます。ヨーロッパ統合の考え方は、建築界にも浸透してきていて、アメリカ建築界の凋落に比べて大変力強さがあります。

一月二日から日本の建築の調査の旅を始めました。特に若い人たちの作品を中心に工事現場を廻りましたが、なかなか期待するような作品を見ることができませんでした。デザインそのものに奥の深さというものが希薄で、粘りが感じられません。どこかで見たデザインが顔をだし、それが練り直されていない思いを強く感じました。一言でいえば、古い感覚で新しさが無いとでも言いましょうか、一応すべてがまとまっているといった、スケールの小ささを印象づけられました。日本全体を覆っている変なデモクラシーがここにも蔓延していると強く感じました。ヨーロッパの若手と比べて何かが足りないと思います。

槇、磯崎、安藤、原、伊東といった人たちに代わる次の世代の線の弱さが目立ち過ぎると思います。それは時代のせいなのか、戦後の建築教育のせいなのか、今一つ明確ではありませんが、この問題は今後の編集の一つの大きな問題として取り上げていきたいと思っています。

東北、北陸、中国、九州と、約一万キロ旅行して、少し暗い気持ちになりました。しかしすべてがダメなわけではなく、嬉しくなった作品も二、三ありました。

山本理顕さんの「岩出山中学校」は、コンセプトと造形が素晴らしく上手くかみ合っていて、学校建築の未来に明るい光が差し込んできたと感じさせる力作でした。ここ数年日本中に改革が進んできた学校建築の自由さがやっと実ってきた思いがしました。この作品は堂々と世界の水準に達していると思います。また、鈴木了二さんの瀬戸内海の小島に建つ保養所（「物質試行37 佐木島プロジェクト」）も、日本古来の木造の技術を使って、デコン風のデザインですが、木造の特徴を生かした丁寧な作品で、設計にかなりの時間を費やし、個性豊かな作品に仕上がっていることを確認しました。

そして、外国人の作品ですが、幕張に完成した、スティーヴン・ホールの集合住宅（「幕張ベイタウン・パティオス11番街」）は、やはり日本風の集合住宅と一味も二味も違う、空間の豊かさを感じました。周囲

鈴木了二：物質試行37 佐木島プロジェクト、1995年（GA Japan 20）

山本理顕：岩出山町立岩出山中学校、1996年（GA Japan 21）

スティーヴン・ホール：幕張ベイタウン・パティオス11番街、1996年（GA Japan 20）

にある日本人の作品と比べてみるとその差は歴然としたものがあります。おそらく一番違う点として、日本人の作品はパターンの処理だけで、せっかくの中庭形式のプランが生かされていないことです。ちょうど、舞台装置のように奥行きがありません。それは日本には集合住宅に対する伝統が無いからなのか、建築家の力量の問題なのか、考えさせられます。幕張周辺には今、数多くのプロジェクトがひしめいています。三流の見せかけのデザインが今後も横行するような予感がしますが、いかがなものでしょうか。

三月十日（日）

東京を出発。ニューヨークに向かう。航空便の手違いから、オレゴン州ポートランド経由でニューヨークに着く。深夜のニューヨークの空港は、いつもながらあまり気持ちの良いものではなく、アメリカの悪い方の一面を見る思いがする。ケネディ空港も、今では古い空港の一つになり、大ニューヨークに相応しくなくなっている。

三月十一日（月）

リチャード・マイヤーのポートレートの撮影に十番街の彼の事務所を訪問。彼は、ロスの「ゲティ・センター」の仕事のために、ここ数年、年の半分はロスで生活しているが、ちょうどニューヨークに帰

スティーヴン・ホールのオフィス：スティーヴン・ホール（左から三番目）とスタッフ

リチャード・マイヤーのオフィス：「ゲティ・センター」の模型の前に立つリチャード・マイヤー（右）

っていたところで、つかまえることができた。以前は印刷所の建物だったという事務所は、日本では考えられない大空間である。完成した頃は、事務所の中を自転車で走り廻っていたような大事務所。同じ建物の中に、チャールズ・グワスミーも事務所を構えている。しかし、現在のアメリカにはあまり仕事がなさそうで、事務所自体は閑散としている。

午後から、スティーヴン・ホールの事務所に行く。『GA Document Extra』の取材。スティーヴンも最近はやっと仕事の数がまとまり、事務所には活気がある。「ヘルシンキ現代美術館」(p.190)、「シアトル大学聖イグナティウス礼拝堂」(p.184)、エリエール・サーリネン設計のクランブルック・アカデミーの新施設「科学研究所」(p.195)、韓国の住宅の模型が所狭しと並んでいる。数日後に、「幕張」のオープニングで日本へ出発で、忙しい合間を縫ってのインタヴュー。明日から撮影する模型や図面を整理してもらう打ち合わせをする。

三月十五日（金）

昨日までホールのオフィスで仕事をし、一応ケリがついたので、冬の「ファンズワース邸」を撮影にシカゴに行く。春はまだやってきそうにないシカゴ周辺の田園地帯。木立に囲まれたミースの白い住宅は、緑に包まれたときや、紅葉のときとはまたひと味違う、端正な姿である。三五年前に初めて訪れたときと同じ姿で、この近代建築の傑作は見事なまでに時間の経過を感じさせない。

三月十七日（日）

帰国。一週間のアメリカの旅で、見るべきものは何もなかったが、狭い日本から比べると、アメリカ中西部の大地の広がりは、精神衛生上なかなか良い。豊かな気持ちにさせてくれるし、人間を蘇生させてくれる。

GA日記

1996年　4—5月

四月十六日（火）

クリントン大統領と入れ違いに成田空港を出発、パリに到着。東京に比べて気温は低く、肌寒い。パリの街路樹は少し新芽が出そろった感じで、春が来ていることを告げている。

四月十八日（木）

パリ郊外、セルジー・ポントワーズに出来たアーキテクチュア・スタジオの学校を見に行く。写真で見た感じとは違って、ごてごてしたデザイン、それに施工の悪さは呆れるばかりで、悪い意味でのフレンチテックが顔を出している。彼らが最近完成させた市内の高速道路側に建つ学校のドミトリー（「パリの学生寮」）は良くできているので、その前後の作品を見ようと思ってやってきたのだが、期待が外れた。

　午後、ミシェル・カガンの新しい自宅を見る。モンマルトルの丘に建つ古いアパートの改造で、近くにはアドルフ・ロースが設計した「トリスタン・ツァラ邸」もある。小さなスペースだがよくまとめられており、この人の丁寧な仕事ぶりを感じる。

四月二一日（日）

北フランス、オランダを一巡してパリに帰ってきた。数日前の新芽はこの数日で驚くほど成長して、街並みを緑で隠すま

アーキテクチュア・スタジオ：パリの学生寮、1996年
(GA Document 48)

△▷コープ・ヒンメルブラウ：ザイバースドルフのリサーチ・センター、1995年（GA Document 48）

パトリック・ベルジェ：アンドレ・シトロエン公園、1992年（GA Document 49）

でになっている。今日はパリ・マラソンで、セーヌ川沿岸は通行禁止。快晴のなかを、走る人、歩く人、のんびりしたマラソン風景。

昔のシトロエン工場跡につくられた、パトリック・ベルジェ設計の温室のある「アンドレ・シトロエン公園」を見に行く。緑の多いパリに、またしても広大な公園の建設。日本ではとても考えられない計画である。新しい国立図書館の裏では第二のシャンゼリゼ計画も進んでいるし、いつもながらこの国の都市に対する遠大な計画には感心するばかり。

四月二二日（月）

午前中にパリ近郊の大学を見に行く。結論からいえばがっかりした。彼の父親は有名な建築家で、数年前、やはりパリの近くの街の市庁舎を設計していた。それは掲載するまでにはいかなかったが、まあまあの作品であった。が、今日見た大学はかなり程度の低いもので、設計の意図がばらばらで、これはかなりの重傷とみる。

午後から「ポンピドゥー・センター」でクリスチャン・ド・ポルザンパルクの作品展を見る。彼の作風がよく理解できる好展示であった。

四月二五日（木）

二、三日前からオランダ、ドイツ、オー

ノーマン・フォスター：コメルツバンク本社屋、1997年
(GA Document 53、写真は工事中)

ストリアの旅に出る。今日はウィーンの南三〇キロの所にある、コープ・ヒンメルブラウ設計の研究所（「ザイバースドルフのリサーチ・センター」）に来ている。昨日までベルリンにいたので、ここの田園風景には気持ちがゆったりとさせられる。昼過ぎまで撮影して、一路フランクフルトへ。夕方、ノーマン・フォスターの高層ビル（「コメルツバンク本社屋」）を見る。ほとんど躯体は上がっていて、サッシュの取り付け工事の最中である。それほど新味のあるオフィスビルではないが、やはりフォスターらしい手堅いデザインである。

四月二七日（土）
ドイツの北の街、ミュンスターに来る。何度か見に来ていた、ボレス＋ウィルソンのオフィスビル（「ミュンスター政府ビル」）がやっと完成したので、その撮影。ドイツの工事は遅く、日本では考えられないほど時間がかかる。中身は街の役所らしいが、そんな雰囲気は全然感じられない建物。至る所にピーター・ウィルソンの感覚がうかがえる、楽しいオフィスビルである。

四月三〇日（火）
パリからニューヨークへ。

五月二日（木）
最近のニューヨークには魅力のある新しい建築がない。現金なもので、数年前に比べるとこの街に来る回数が少なくなってきている。五番街に面しているアパートから見るセントラルパークは新緑でいっぱい。正面にある大柳も新芽に飾られて豪華である。今日はロフトを改造したアパートのインテリアを見る。やはりアメリカらしい大空間のインテリアはヨーロッパから来ると、そのスケールに圧倒される。アメリカ人の巨大主義はここでも健在。

△▷ボレス+ウィルソン：ミュンスター政府ビル、1996年（GA Document 48）

五月八日（水）
昨日まで、ニューヨークを中心に、フィラデルフィア、プリンストンと、近郊を廻っていたが、いよいよ今日から大陸横断の旅に出る。ジョージア州を横切ってテネシーに向かう。いつもながらこの地方の春景色は絶景である。アメリカらしくない、きめの細かい緑の風景が丘陵に沿って続く。千キロ以上に渡って公園のなかをドライブしているような気分。今回はケンタッキーは通らないが、ケンタッキーの春景色はおそらく全米一ではないかと思う。ルート78、81、40と乗り継いで一気にノックスビルへ。街角からプレスリーの歌声が聞こえてくるような街である。

五月九日（木）
ノックスビルを過ぎた頃から風景が硬くなってくる。よく見ていると松が多くなってきて、一本の松は風情があるが、集団となった松林は風景を硬直させる。ナッシュビルを過ぎると、風景がジャングルっぽくなってくる。それと共に気温も上昇。アーカンソー州。クリントン大統領の出身地。平坦な西部の様相が顔を出してくる。リトルロック、メンフィス、小型版ダラスの都市型が姿を見せ始める。もうテキサスは近い。

五月一〇日（金）
テキサスに入る。スピード制限が七〇マイルになっていた。以前は六〇マイルだったが、一〇マイルの差は長距離を行く我々には有難い。一日で約百マイルだから、一六〇キロかせげる勘定になるからだ。七時半、ダラスを通過する頃、太陽が昇る。夏時間のせいで夜明けが遅いダラスの街は、巨大な入道雲のような黒い塊に見える。

午後、ヒューストン着。ピアノの

「デ・メニル美術館増築」を見る。ピアノにしては古典的なデザイン。ポストモダンの名残か。

五月十二日（日）

サン・アントニオ、そしてエルパソを通過してアリゾナのフェニックスに入る。その間、気温は一〇五°F、摂氏で約四〇℃はある。暑いというより痛い感じ。しかし湿度がないので木陰に入るとぞくっとするほど涼しい。広漠たる大地の夕日は美しい。夕日のガンマンになったつもりで一路西へ西へ。

五月十三日（月）

ロサンゼルスに到着。六千五百キロ。アメリカ人は自動車で大陸横断など今日ではクレージーだと言うが、こんな楽しい旅はない。秋には北経由で、紅葉のなかをニューヨークに帰る予定。

アリゾナの高速、エルパソからフェニックスへ

ヒューストンの街

フランクリン・イスラエル：ダン邸、1995年（GA Houses 49）

同上、居間

ロサンゼルスの海岸

MOCAで催されたフランクリン・イスラエルの展覧会
（イスラエルは会期直後の1996年６月10日、急逝した）

五月十八日（土）

約一ヶ月の旅を終えて帰国。ロスでは住宅を中心に撮影をした。やはりカリフォルニアは住宅建築の宝庫である。ちょうどMOCAでフランクリン・イスラエルの展覧会をしていた。この人も今やカリフォルニアでは重要な建築家になってきた。フランク・ゲーリーは相変わらず多くの仕事を抱えていて忙しそう。リチャード・マイヤーは「ゲティ・センター」の最後の詰めに奔走中。モーフォシスのトム・メインも仕事の量が増えつつある。エリック・オーエン・モスも「カルヴァーシティのオフィス・コンプレックス」の建設に懸命である。

やはりカリフォルニアはいつ来ても明るくて楽しい所である。

エリック・モス：カルヴァー・シティのオフィス・コンプレックス、1997年（GA Document 52、写真は完成後撮影）

同上、ホワイエ

GA日記

1996年　6 — 7月

六月二一日（金）

ちょうどアメリカの旅から帰国して一ヶ月。その間『GA Japan』の取材、レイアウト、『GA Houses』の編集などで追いまくられて、またたく間に時間が経つ。日本から追い出されたような気分で、初夏のパリに辿り着いた。

つい二ヶ月前に見たパリの春らしい風景は一転して、街は新緑の世界に変化していた。マロニエの木立は暴力的ともいえるほどの葉の勢いで、街の輪郭を消してしまい、日本の街路樹とはスケールが違う。七区にあるサンジェルマンのにぎにぎしい表通りを一歩入ったアパルトマンの中庭は、小公園のような空間である。

いつもよく思うのだが、パリを訪れる建築家はぜひアパルトマンの中庭を見てほしい。一軒一軒、コンシェルジュが目を光らせているので、この風景に接することは難しいが、そこでは春夏秋冬、鳥がやってきて一年中囀っているのである。ヨーロッパの都市には、どこにでもある風景である。一見過密化している都市には、このようなマジックが表通りからは隠されている。

六月二五日（火）

パリからカレーまで車で来て、英仏海峡トンネルを走るカートレインに乗る。いつも自動車の列を見ることがないので、人ごとながら、これで採算がとれるのかと心配である。二、三日前にきた友人の話だと客車の方は満員らしい。パリ—ロンドン間は今やＴＧＶの時代である。パリの北駅からロンドンのウォータールー駅まで「ドアｔｏドア」ならぬ、「都市ｔｏ都市」はやはり魅力である。

ドーバーに着く。三〇分。やはり速い。ロンドンに向かって走る。高速道路の左右はロンドンの手前までのんびりとした田園風景が広がっている。しかし、今回は、新聞報道で狂牛病のために牛はすべ

フランク・ゲーリー：フランクフルトの集合住宅、1996年
(GA Document 48)

て焼き殺したと伝えられていたので、少しはいつもの風景と違うのではないかと周囲を見渡したが、以前と同じように牛は健在である。早速友人たちに「ステーキはやめたのか」と聞いてみたが、彼らの答えは、「それでは俺たちイギリス人は何を食べて生きていくのかね」といった具合。狂牛病はどこに行ったのだろう。

六月二七日（木）

今年のウィンブルドンのテニスは天候不順のためにたびたび試合が中断される。例年ではこの時期の天気がロンドンでは一番素晴らしいはずなのだが。

ノーマン・フォスターに会う。いつもながら忙しそうで、事務所は人の波である。現在進行中のプロジェクト・リストは六枚くらいあるのだから驚きである。フランクフルトや香港など、世界中に点在している仕事の進行状況を聞く。我々の企画を話し、九月にまた会うことを約束して事務所を去る。

七月三日（水）

天気のすぐれないパリから一路ドイツへ。途中雨に降られるが、フランクフルトに近づくと雲が切れ、青空が顔を出す。夏時間のせいもあるが、ヨーロッパの夕方の五時は、太陽がまだ高い。

街のはずれにある、フランク・ゲーリーの「フランクフルトの集合住宅」に立ち寄る。ローコスト・ハウジングの団地であるが、ゲーリーのマジックは、明るい空間をつくり上げ、二つのヴォリュームが噛み合って、楽しい集合体が生まれている。ここは外国人労働者のためのハウジングである。フランスでもドイツでも、外国人労働者のための集合住宅の建設はどんどん進行している。日本ではこんな話、聞いたことがないが、今後の問題として、避けて通るわけにはいかないだろうと思う。

ハンス・ホライン：ロワー・オーストリア展示場、1996年
(GA Document 52)

ハンス・ホライン

七月四日（木）

ベルリンに来たが、ジャン・ヌヴェルの百貨店（「ギャルリー・ラファイエット」p.131）の進行状態は思わしくない。二ヶ月前の状態と少しも変わらない。ヨーロッパの工事の進行はどこでも同じで、建築家が「完成しました」と言ってから半年は、その通りかどうか眉唾ものである。

七月五日（金）

ウィーンには、チェコを通過して行くのが一番近道なので、一路プラハを目指すが、国境でビザがとれず、ニュールンベルク経由の大廻りでウィーンに向かう。以前は国境でビザがとれたのだが、法律が変わったらしい。夜八時半に到着。十二時間走り詰めである。

七月六日（土）

ハンス・ホラインがヴェネツィアからニューヨークに行く予定を変更してくれたので、新しいスタジオで会う。なかなか元気。仕事が四つ五つ入ってきたので、意気軒昂である。

街中に完成した照明のショールーム（「ライト・フォーラム」『GA Document』52）を見る。やはりこの人、インテリアは上手である。カルロ・スカルパの仕上がりを思わせる丁寧な仕事に感心。郊外にある「ロワー・オーストリア展示場」も完成していたので見に行く。以前、千駄ヶ谷の我が家に家族で来られたことがあるが、そのときの小さな息子さんが、現在ではニューヨークのグッゲンハイム美術館のキュレーターをしているとか。時間の経つ早さを感じる。ホライン夫妻と大聖堂の近くのイタリアン・レストランで昼食をとる。

七月八日（月）

オーストリアから一路、シュトゥットガルトを通過して南仏へ。天気は曇りと雨

△▷リカルド・ボフィル：アンティゴーヌ・オリンピック・スイミング・プール、1996年（GA Document 52）

が繰り返すなかを、モンペリエに向かう。途中フランスに入ると、早くもバカンスの車がどんどんスペインに向かって行くのに遭遇する。あと一週間すれば、ルートA3は車の洪水になるだろう。

モンペリエは数年前にリカルド・ボフィルが大規模なハウジングを完成した街である。今日、見るところでは、私が撮影した頃より、そのスケールは倍近くにもなり、新しい都市が誕生したような規模になっているのに驚く。その反対側の一角に、リチャード・マイヤー設計の、商業施設やホテルなども含むハウジング（「エスパス・ピト」）がある。有名な水道橋の貯水池に隣接する、この街一番の環境の良い場所である。旧市街の街並みの三倍の高さに揃えた白亜の殿堂はマイヤーらしい手法で、南仏の強い太陽に照り輝いていた。

帰りに、ボフィルのハウジングの中央に「アンティゴーヌ・オリンピック・スイミング・プール」が完成していたので見て行く。ポスト・モダンの彼も、最近の建築の流れには抗しがたいとみえて、ガラス張りの造形である。プールサイドに三角形のピラミッド型の形が昔を忍ぶようにひっそりと加えられていた。

ポスト・モダンの全盛時代でもそうだったが、時の流れに多くのモダン派の建築家は転向を余儀なくされる傾向があった。特にアメリカの建築界は大転向を図

リチャード・マイヤー：エスパス・ピト、1995年
(GA Document Extra 08)

レンゾ・ピアノ：リヨン国際都市、1996年（GA Document 49）

ジャン・ヌヴェル：リヨン・オペラ座、1993年（GA Document Extra 07）

った。サーリネン派であるケヴィン・ローチの転向は今でも残念に思う。彼の変化にはびっくりしたものである。「フォード財団ビル」、「ディア・カンパニー」で見せた鉄とガラスのモダン建築から、一夜にして古典回帰に走ったことには当時理解に苦しんだ。彼の若い時代の教養が、ボザール流の教育、ヨーロッパの伝統のなかで育てられたことには、我々が考えるよりも根強い影響があったのだろうと思う。考えようによれば、アイルランドからアメリカに渡りモダンを身につけたことは、一時の付け焼刃であったのかもしれない。そんなことを考えていると、古典派のボフィルが今後どのような変化を示すのか、興味を覚えた。

七月一〇日（水）

リヨンの街は十四℃と肌寒い。ジャン・ヌヴェルの「リヨン・オペラ座」の撮影。古い建築の改造であるが、外観を残して内部はすべて新築。インテリアは黒一色で、谷崎潤一郎の『陰翳礼讃』からヒントを得たとか。しかしオペラハウスの客席はなかなか見やすい、落ち着いた佇まいである。屋上の円形の屋根の下はバレエ・スタジオ。階上から見渡せるリヨンの街は美しい。夜景の赤一色の照明も、この建築の特異性を物語っている。

サンティアゴ・カラトラバの「TGVリヨン＝サトラス空港」（p.88）が数年前に完成したころから、郊外の開発が急ピッチで進められており、リヨンの街の中央を流れるローヌ川の東岸に沿った場所に、ピアノの新しいオフィス群（「リヨン国際都市」）がある。素焼きのテラコッタで包まれた外観は、この地方の屋根の色に似ている。各部のディテールはピアノらしいインダストリアルな造形で、この手法は、現在進行中のベルリンのポツダム広場の建物にも使われるようである。

ベン・ファン・ベルケル／UNスタジオ：トゥエンテ国立美術館増改築、1996年（GA Document 49）

ボレス＋ウィルソン：ロッテルダムの埠頭広場、1997年（GA Document 52、写真は工事中）。後方に見えるのがベン・ファン・ベルケル／UNスタジオ設計のエラスムスの橋、1996年

七月十二日（金）

リヨンから北上してオランダのロッテルダムに来る。運河の街である。今、対岸の工業都市と結ぶ新しい橋が完成されつつある。その周辺の整備が現在進行中で、運河沿いにボレス＋ウィルソンがデザインした「ロッテルダムの埠頭広場」が完成に近づいて、その全容をほぼ現し始めている。橋の設計者ベン・ファン・ベルケルがドイツの国境の街トゥエンテに美術館（「トゥエンテ国立美術館増改築」）を完成させていたので見に行く。古い建物の改築であるが、内部はほとんど新築に等しい。スティールとガラスで構成された内部空間は、現代美術の展示にふさわしいもので、中庭に面した、池の上に浮くレストラン、そして中庭のデザイン。この若い建築家のセンスの良さを感じる。オランダの建築界はウィレム・マリアヌ・デュドックやミケル・デ・クラークが活躍した近代建築の全盛期のような勢いに少しずつ近づきつつあるように思う。もちろん、コールハースの影響は偉大であるが。

こうしてヨーロッパを廻っていると、今日のアメリカの凋落に比べて元気が良い。しかし現実には仕事量はそれほどでもなく、建築家は仕事の少なさを嘆いているが、一つ一つの仕事をみると、日本と比べて、設計に対するしつこさを感じる。特に、若い人たちの頑張りは相当なもので、少し凝り過ぎというか、やり過ぎとも思えるが、一つの作品に費やすエネルギーの大きさを感じる。

また、彼らに共通していることは、その行動範囲が広く、絶えずヨーロッパの国々やアメリカに教えに行くことによってお互いに刺激しあっていることである。日本の若い建築家も、自分の行動の場をもっと広げなくては、将来につなげることが出来ないと思うのだが？

こんなことを考えながら十九日にパリを出発、日本に帰る。

GA日記

1996年　8 — 9月

八月二六日（月）

東京発サンフランシスコに向かう。年間の気温が、十八℃を前後する程度という環境であるから、しのぎやすいといえばそうなのだが、どうも私には、ひやりとする体感は好みではない。それが、この都市になじめない大きな理由かもしれない。

飛行場から太平洋沿いに一号線を北上する。三年前亡くなったチャールズ・ムーア／MLTWの傑作「シーランチ」に向かうためである。途中、フランク・ロイド・ライトの「マリン郡庁舎」を見て、カリフォルニア・ワインの葡萄畑のなか、曲がりくねった道を一五〇キロあまり北上して、夕方「シーランチ」に着く。十年ぶりなので、大変興味があったが、どっしりと落ち着いたクラブハウス、そしてあの有名なプールハウスは昔そのままで、一戸建ての別荘地帯は規模がかなり充実しており、素晴らしい環境に整備されている。天国のムーアさんもさぞ満足であろうと思われた。

八月二九日（木）

昨夜遅くロサンゼルスに到着。以前モーフォシスのパートナーであったマイケル・ロトンディの住宅（「カールソン・リージェンス・ハウス」）の撮影。ロス中央駅の荒涼とした地帯に建つ古いビルを改造した巨大な住宅である。オーナーは古い建築を取り壊す仕事をしている人で、壊した建物の鉄骨部材を使って再構築している。高さは四階建てで、最上階が主寝室。そこからロスのダウンタウンが遠くに見え、周囲の索漠とした環境とは違った別天地をつくりあげている。プールも円筒形の鉄骨を二つに割ったものを利用し、スケールが大きい。

八月三〇日（金）

来年の完成を目指してサンタモニカの丘

△▷チャールズ・ムーア他／MLTW：シーランチ、1964年

の上に聳える、リチャード・マイヤーの美術館「ゲティ・センター」の工事現場の撮影である。おそらく二〇世紀最大のこの美術館は、現在、内装の段階で、外観の仕上げはほとんど完了し、ロスのスカイラインに新しい風景を加えている。アプローチ一つとってみても、丘の下の駐車場から丘の上までは無人電車で登って行くというスケールの大きさで、美術館の新しいあり方を演出している。

マイケル・ロトンディ／ロト・アーキテクツ：カールソン・リージェンス・ハウス、1995年（GA Houses 51）

八月三一日（土）

ニューポートビーチの近くにある二つの銀行に挟まれた、イサム・ノグチの広場（「コスタ・メサの彫刻公園」）の撮影。数年前に完成していて、再度の撮影であるが、この広場のメンテナンスの素晴らしさには感動させられる。おそらく、二つの銀行がその作業を受け持っているのだろうが、石敷きの広場の面を水で洗っているのには驚きである。ノグチ特有の円、三角、正方形といった石の造形が、平面的に配置された水の流れに沿って点在し、世界の現代広場を代表する空間である。

九月七日（土）

ロスの各所の撮影後、五日、シカゴに入り、今日は南下してシンシナティ大学に来ている。ピーター・アイゼンマンの新しい作品、大学の建築学部教室（「アーノフ・アート・センター」）が完成したのでその撮影のためである。傾斜した面の連なり、

ピーター・アイゼンマン：シンシナティ大学、アーノフ・アート・センター、1996年

イサム・ノグチ：コスタ・メサの彫刻公園、1982年

淡いアイゼンマン調の色彩、複雑な平面が交差した内部空間。彼の平面計画はどんどんエスカレートしている。彼の建築は最後はどんな形になるのだろうか。

九月八日（日）
シカゴに帰り、安藤忠雄さんの完成近い住宅を見る。工事がかなり遅れていたので、もう三度も現場を訪れていたが、やっと最後の仕上げの段階に入った様子である。シカゴで見る打ち放しコンクリートの住宅は珍しく、シカゴの建築家たちも大変興味をもって見ているらしい。

九月十二日（木）
シカゴからパリに飛び、昨夜、ビエンナーレのためにヴェネツィアに来た。オープン前の会場はごったがえして、数日後に控えた開幕に間に合うだろうかと心配である。さすが日本館は準備が完了しており、磯崎新さん、石山修武さんなど関係者と会う。ハンス・ホライン、ジャン・ヌヴェル、エリック・オーエン・モス、エンリック・ミラージェスなどなど、世界各国から来ている建築家の顔、顔。やはりお祭りは楽しい。

九月十三日（金）
今日は朝から各国館を見て廻る。それぞれの館は趣向を凝らして展示しているが、図面と模型の展示は平面的で、おそらく一般の人たちにはあまり興味が沸かないだろうと思う。今日的な、動く映像や、もっと一般の人が理解できる展示方法をとらないと、今後の建築展は行き詰まるのではないかと思う。その点、日本館のディスプレイは、建築展の新しい方法として革命的であった。

九月十四日（土）
フィレンツェに来る。ここでは服飾デザイナーと美術家が共働して、大規模な展

磯崎新：フィレンツェ・ビエンナーレ '96—Time and Fashion、1996年（GA Document 49）

ヴェネツィア・ビエンナーレ建築展、日本館内部、1996年
コミッショナー：磯崎新、出品作家：石山修武、宮本隆司、宮本佳明（GA Japan 23）

覧会をヴェネツィア・ビエンナーレと時期を同じくして、十九日から開催することになっている。

街が一望に見渡せるベルヴェデーレの丘の上に磯崎さんが設計した展示場（「フィレンツェ・ビエンナーレ'96—Time and Fashion」）がある。ちょうど、最後の仕上げで職人さんたちは大わらわ。ここではビエンナーレの日本館とは正反対の抽象的な造形が歴史的な街並みと対比されている。磯崎さんらしいコンセプト。

ビエンナーレ会場でインタヴューを受けるハンス・ホライン

磯崎新氏（右）と石山修武氏（左）、ヴェネツィア・ビエンナーレ建築展、日本館の前にて、1996年

GA日記

1996年　インタヴュー

――GA日記は、『GA Japan』の読者に多くのファンを持っていますが、なぜだと思われますか。

二川　一言で言えば、取材の裏話をしているからではないでしょうか。読者の皆さんは、二川幸夫がどのように取材しているのか知りたいのではないでしょうか。ADAが発足してからこの二五年の間に、毎年、年間十回くらいは海外取材にでかけます。大きく分けて、主にアメリカ大陸とヨーロッパですが、この地域はほとんど自動車旅行です。

平均して一日に三〇〇キロは走り、千キロ走ることもよくあります。毎日よく続くと思われるでしょうが、これにはコツがありまして、早朝ホテルを出発して九時頃まで、目的地に向かって三〇〇キロくらい走るのです。それから撮影して、午後の四時から、次の目的地に向かって四時間走ると四〇〇キロくらいは走れますから、七〇〇キロは無理なく走行できます。もちろん日本と違って道路の状態は比べものにならないほど良いですから。

取材の方法は、大きく分けて二つのことを同時進行させています。一つは工事中の現場を見ておくこと。そして完成された建築の撮影の二つです。やはり、一度でも七、八分出来上がった建築を見ておくことは、大変重要なことで、ほとんどの場合、掲載するかどうかはこの時点で決定します。

――そのような取材の仕方はいつ頃考えられたのでしょうか。

二川　遠くは四〇年前の民家の撮影の時からです。僕は昔から、他人が言ったり書いたりしたことはあまり信用せず、やはり自分の目で見たことで判断すべきだと信じていましたから。また、建築は動かすことができませんから、すべて現場に行かなければなりません。それと共に、周囲の環境や状況が重要な要素を持っているからで、フランク・ロイド・ライトが、年一回は、タリアセン・ウエストとイーストを移動するために、所員全員と大陸横断をした気持ちはよく理解できます。

それに、我々はカメラという大変重量のある機材を持って移動しなくてはならないのです。35ミリは事務所の風景や建築家のポートレートを撮影するのに必要ですし、ハッセルブラッドはヘリコプターからの空撮の際に必要です。同時に、建築の撮影には4×5の大型カメラ、そしてそれぞれのフィルムと、これは飛行機での旅行では不可能な重量なのです。ですが、一番この旅行のシステムを支えているのは、自動車好きだということでしょうね。

――自動車旅行の長所と短所とでもいいましょうか、それはどのようなことでしょうか。

二川　自動車旅行の長所は、建築の撮影や取材にあたって時間を自由に選べることでしょう。大陸を横断するにしても一気にニューヨークからロサンゼルスに行くわけではありません。例えばニューヨークからシカゴ、デンバーそしてサンフランシスコといった北を通過して行く行程、それは主に夏の旅行です。冬はアトランタかマイアミに下って、10号線でニューオーリンズ、ダラスそしてロサンゼルスに行くという行程になります。

北の方は十二月から三月まではいつ雪が降るかわかりません。去年などはデンバーで大雪に逢い、ニューヨーク州に入ってやっと安心したとたん、コーニングの近くでスリップして道路下に落ちたこともありますから、油断は大敵です。

早春のケンタッキーの新緑のなかを走る旅は素晴らしいの一言につきますし、ミシガンやウィスコンシンの秋の紅葉のなかを走ると、それはそれは言葉に言い表わせないくらいの風景で、スケールの点で日光など比ではありません。砂漠地

帯の、一日中走っていても曲線がない道路には、人間のスケール感が見事にぶち壊されます。長い距離を走った末、都市のスカイラインが見えてくるときの気持ちは何とも言えないものです。

　最近は少なくなりましたが、各地方でそれぞれに特徴ある食事に接することもできます。ひと昔前には、中部では草の香りがするステーキが食べられたものです。最近は健康のためからでしょうか、ステーキ・ハウスの店がかなり少なくなりました。またハンバーガーも素朴な味で屋台のような店が数多くありましたが、最近では大きなチェーンのハンバーガー・ショップが幅をきかせていますから、楽しみはずっと少なくなりました。その点、ヨーロッパはバラエティに富んだ食事を各国でためせる機会がありますので、旅行が一段と楽しくなります。

　スペインの六〇年代は高速道路が完成されていなかったので、自動車旅行は大変疲れましたが、地方色豊かなものがたくさんありました。民芸も素晴らしいものがあり、地中海沿岸には白い壁の美しい民家の集落が数多くありました。しかし高速道路が完成すると同時に、民家は別荘になり、地方色は、アッという間に消えて無くなりましたね。

　現在ではスペインの西北の端にある、ラ・コルーニャの一画にはまだまだスペインが残っています。磯崎新さんが設計された博物館（「DOMUS/ラ・コルーニャ人間科学館」p.124）がある場所です。そこには世界で一番美味しい魚料理がありますし、無名の白ワインの宝庫です。しかしあと数年で高速道路が完成すると、南スペインと同じ運命が待ち受けているでしょう。世界中はどんどん便利になりますが、それと共に古き良き時代のものはどんどん破壊されていきますね。

——撮影のとき、季節に対してどのような配慮をされていますか。

二川　例えば、都市の建築を撮影するとき、特にヨーロッパの都市の街路樹は三月頃から十一月頃までの間、建物をほとんど隠してしまいます。都市によって少しずつその期間は違いますが、パリは三月の何日くらいから新芽が出て、新緑がそろうのは何日頃かといったことについて、それぞれの都市のデータを持っています。問題なのは、すっかり枯れるまでには思ったより長い時間がかかることで、風でも吹かない限り、冬が深まっても葉は落ちないものです。

――そうした旅行を続けられてきて、また、新しい企画など何かを考えておられますか。

二川　最近考えているのはヨーロッパでもアメリカでも、古くからの街道がありますが、その歴史と共に、古い伝統ある建築から現代建築までを含んだ一つの文化があります。建築だけではなく、そこに存在している文化の系列といったものを紹介したいと思っています。また、環境と建築がどのような関わり合いを持ってきたかを表現できる場所が数カ所分かっていますので、建築を取り巻く世界を、新しい視点で発見していきたいと思っています。これからは建築だけでなく、文化全般のなかで建築がどのように生きてきたかといったルポをやってみたいですね。

また明日、一月二六日からアメリカに行きます。ニューヨーク、シカゴ、ダラス、フェニックス、ロサンゼルス、メキシコの旅です。この時期、北アメリカと南アメリカでは温度差が二〇度以上ありますから、撮影は大変です。

サンフランシスコのゴールデン・ゲート・ブリッジ

GA日記

1997年　1—2月

一月二六日（日）

二時間遅れのニューヨーク行きの飛行機に飛び乗る。最近の便は、シーズンオフがなくいつも満員である。以前ならば二月などは空席が目立ってゆっくりとした旅行が楽しめたが、昨今はそれがない。同日、夕方のニューヨークに到着。ケネディ空港からマンハッタンに行く途中、その夜景が冬の空の透明感のなか、巨大な光の洪水となって迫る。

アパートに着いてニューヨーク・タイムズの分厚い日曜版に目を通すと「ニューヨーク近代美術館増築」（p.195）のコンペのニュースが目に入る。日本からは伊東豊雄さん、谷口吉生さんの名前があり、外国勢は、レム・コールハース、スティーヴン・ホール、トッド・ウィリアムズ、ベルナール・チュミ、ラファエル・ヴィニオリ、ヘルツォーク&ド・ムーロン、ヴィール・アレッツ、ドミニク・ペローなどである。ぜひ日本勢に頑張ってもらいたいと思う。

一月二九日（水）

昨夜ニューヨークからシカゴに着く。朝、○℉。寒いというより痛い。ミースの雪の「ファンズワース邸」の撮影である。ここ数年ためしているが、なかなか良い条件に出会うことが出来ない。今回も一発勝負でやって来たが、昨夜、新雪が降り、今日は素晴らしい条件になった。前面にある川も凍結していて、白一色の景色に白い殿堂が浮かぶ。緑のなかにある時より小さく見えるのは目の錯覚だと思うが、ミースの小振りの名品が白銀のなかに鎮座していた。

昨年の夏の洪水で建物の床上まで浸水して、家具がすべて駄目になり、現在新しくシカゴの家具工場で製作中とか。それと良いニュースがある。今年の五月より、一般公開されるので、見学することができるそうだ。

トッド・ウィリアムズ、ビリー・ツェン：フリーマン／シルヴァーマン邸、1996年（GA Houses 53）

雪のファンズワース邸（ミース・ファン・デル・ローエ設計、1950年）

一月三一日（金）

ダラスのリチャード・マイヤーの住宅を撮影して、昨夜遅くアリゾナのフェニックスに着く。ここは砂漠の真ん中に出来た都市のために砂漠気候で、朝夜は四〇°Fくらいで肌寒い。日中は七〇°Fから九〇°Fと真夏の暑さである。湿度がないのでしのぎやすい。五九年にライトの「タリアセン」を訪れた時から比べると、リゾートとして大発展。今日では当時の広漠とした大自然の面影はない。久しぶりに「タリアセン」を訪れたが、十五分くらいの間隔で見学客が列をつくっている。はたして生前のライトはこのことを予期していただろうか。いや、やはりライトらしく想定していたのだろう。

二月一日（土）

トッド・ウィリアムズの住宅（「フリーマン／シルヴァーマン邸」）が完成したので撮影。ブロックに囲まれた中庭のある住宅。昨今では、アメリカを代表する建築家といえるまでになった、彼らしいきめの細かい造形が至る所に見られる。一方、この地に定着して堅実な成長を見せるウィリアム・ブルダーの工事中の二軒の住宅を見る。うち一軒（「タウンセンド邸」）は半円形のプランで、一面は壁、一面はガラス戸によって開放され、サボテンが点在する砂漠地帯が小高い敷地から南に一望出来る。この地帯の環境を考えた材料の構成と共に、気持ちの良い住宅である。彼は最近では、かなり規模の大きい建物を設計しており、例えば二年前に完成した市の図書館（「フェニックス中央図書館」p.96）があるが、やはり住宅はよく考えられている。フランク・ロイド・ライト以来、一番まとまった数の住宅を設計しており、いずれフェニックスに新しい住宅様式を完成させるかもしれないという期待を抱かせる。

リック・ジョイ：コンヴェント通りのアパート、1996年（GA Houses 51）

アリゾナ州、トゥーソンの民家

二月二日（日）

ブルダーの事務所で働いていて最近独立した若い建築家、リック・ジョイの作品（「コンヴェント通りのアパート」）を、隣の町トゥーソンに見に行く。彼は、東部メイン州の出身で、長く大工をしており、その後アリゾナ大学で学んだ、変わった経歴を持つ建築家である。

ハイウェイ10号線で西に向かう。この10号線はマイアミからロサンゼルスまで東西に延びる幹線で、冬の大陸横断の自動車の旅にはよく利用する線である。トゥーソンの町は以前より人口密度が高くなっているが、まだまだ余裕があり、特に町の中心部と隣り合わせの所に昔のインディアン形式の素晴らしい民家群がある。この一群のなかにある民家の内部を現代的に改造した仕事をしているのがリック・ジョイである。伝統的な民家の施工方式を採用しているのが特に目につく。少量のセメントと土を混ぜ合わせて厚い壁を築き、砂漠の熱気を遮断する方法である。たしかに室内にはひんやりとした冷気が漂い、一〇〇°Fが続くこの地方の熱気との闘いに勝利をおさめている。伝統の技術を利用しての現代建築は利にかなっており、独特の雰囲気を持つ住宅が生まれている。

二月六日（木）

数日ロサンゼルス近郊の住宅を撮影していたが、今日は北に向かう。サンタ・バーバラに完成したトム・メイン／モーフォシスの新しい住宅（「ブレーズ邸」）の撮影。丘陵地帯にあるこの住宅は遠くに太平洋を望む場所に建つ。オーナーは彫刻家で、住宅部分とアトリエが一体になった住宅である。最近の彼の建築は以前より装飾部分が少なくなっているように思える。この住宅も彼の新しい展開を物語っており、空間構成により一層磨きがかかっている。

モーフォシス：ブレーズ邸、1997年（GA Houses 53）

ウィリアム・ブルダー：タウンセンド邸、1997年
（GA Houses 56、写真は工事中）

ルドルフ・シンドラー：マノラ・コート、1940年
（GA Houses 53）

小さな改築住宅から始まった彼の作品は一作ずつ進歩を遂げ、カリフォルニアにおいては、今やフランク・ゲーリーに続く建築家としての地位を獲得するにふさわしい住宅の完成である。おそらく彼の住宅作品のなかでも、これは重要なものになるだけの魅力をたたえており、サンタ・バーバラにあるライトやノイトラの作品に比肩する住宅の一つになると確信する。

二月七日（金）

昨今のシンドラー・ブームは、静かに建築家のなかで動いている。ルドルフ・シンドラーの作品の大半はローコストで、軽い建築の代表である。初期の作品は、フランク・ロイド・ライトに協力したもので、その担当部分は主に家具であるが、その後、「フリーマン邸」の改築をやっている。少し軽薄気味なデザインは、当時はそれほど評価されなかったと思われる

ルドルフ・シンドラー：シンドラー自邸、1922年
（GA Houses 26）

が、そのエッセンスは今日的である。

シルバー・レイクにあるアパート「マノラ・コート」は学生のためのもので、現在ではかなり荒れているが、その佇まいは、今日でも新鮮な造形を感じさせるに十分なものがある。丘を挟んで東西の道路に面していて、下の方との落差は約四層分の高さがある。このバラック的建築が幾度の地震にも耐えてこられたのは、やはり軽さのせいだと思う。

以前にも「ケース・スタディ・ハウス」のことを述べたが、シンドラーの建築の中核にあるのは、やはり軽さの表現だと思う。デザインの質についてではないが、アメリカ全土に建設される住宅の大半は軽さを感じさせるもので、日本ではおおむねバラックと称されるものと同じである。だから竜巻や台風といった自然災害には思ったよりも大きな被害が出る。しかしロサンゼルスの気候は大風が少なく、天災はやはり地震だけである。おそらく、そのような理由で、シンドラーの住宅やアパートは生き延びてきたのかも知れない。

住宅の内部空間の特徴は、アルコーブが適切に空間と空間を仕切る役目を果たしており、台所やトイレには、良く考えられた収納部が気をきかせてデザインされている。天井や壁面も何でもない木組みなのに、空間を豊かにしているのは、やはり密度の高い設計のせいなのかも知れない。ここで感じることは、ローコストでも建築的に豊かな空間を生むことを我々に教えてくれるということである。

二月七日（金）
今日はトム・メインの事務所で『GA Document Extra』のための撮影をする。トムがフランク・ゲーリーの「ディズニー・コンサートホール」の資金集めのために、建築家中心にロサンゼルス・タイムズに新聞一頁の広告を打つので、協力

トム・メイン／モーフォシス

モーフォシスのオフィス

のサインを頼まれる。アメリカ全土の建築家、そして世界の建築家を動員するとか。やはりアメリカらしい。日本でも今後このようなことに対して、みんなが協力して新聞に広告を打つことくらいはしてもよいのではないかと思うが、いかがなものだろうか。これは建築家だけの問題ではなく、一般の人たちに建築を考えてもらうために重要なことであると思うのだが。

トム・メイン、オフィスにて

二月一〇日（月）

昨夜十一時にメキシコ・シティに着く。一昨年から「ルイス・バラガン邸」(p.270)の修復が行われていて、一段落がついたのでそれを見にきたのだが、結論としては良く出来ていると思った。現在、ファンデーションが運営していて、見学も出来るようになっている。私は彼が活躍していた時期、すなわち一九六〇年頃だが、メキシコ・ルネッサンスと呼ばれている

レゴレッタ・アルキテクトス：ラ・コロラダ・ハウス、バイエ・デ・ブラボ、1995年（GA Houses 53）

リカルド・レゴレッタ：カミノ・レアル・ホテル、1968年

時期に訪れている。メキシコ大学を中心にして、それは大変なエネルギーが充満していた。フェリックス・キャンデラ、メキシコ大学の壁画を完成させたホアン・オゴールマンなど。当時のバラガンは住宅団地の開発をしており、今でも残っているシンボリックなモニュメントはそのためのものである。最初に「バラガン邸」を訪れたときは、厚い壁とピンクや黄色の壁面の色にショックを受けたものである。当時の現代建築家の間ではモノトーンが支配していたので、メキシコ民芸の色である色彩豊かな空間にはかなり面食らったことを思い出す。その後、乗馬の名手であった彼は足を悪くして、住宅の階段に不自然な手摺を付けたりしてオリジナルがかなり損なわれた空間になっていたが、現在ではすべてが元のままに復元されている。おそらくここ数カ月の内には完璧な姿で蘇るだろう。

二月十三日（木）

メキシコ・シティから二時間ほど走行して、バイエ・デ・ブラボという人工湖のある村に着く。以前にもこの地域については書いたが、古い村の周辺を、高級住宅街が並ぶ丘陵地帯が湖を取り巻くように展開している。村の中心部にある小さい民家群は軒に特徴のある端正な佇まいで、魅力あるものである。

ルイス・バラガンの死後、レゴレッタは「カミノ・レアル・ホテル」で、バラガン調の造形で名を上げるが、先日も彼との会話のなかで、彼がバラガンと知り合うのは七〇年代であるという話を聞いた。噂では、彼はバラガンに若い時より指導を受けていたように伝わっていたが、人の噂ほどあてにならないものはない。レゴレッタはバイエ・デ・ブラボに現在三軒の住宅を完成しており、また彼自身の別荘もここにある。ゴルフ場に隣接している広大な住宅は褐色の壁に囲まれ、

アルベルト・カラチ：ネグロ・ハウス、1997年
（GA Houses 57、写真は工事中）

エンリケ・ノルテン／TENアルキテクトス：メキシコ・シティTV局複合施設、1995年（GA Document 50）

レゴレッタの手法の一つである水を十分に利用したアプローチは見事である。アメリカ各地、特にロサンゼルスに多くつくられている住宅と手法は同じであるが、やはりレゴレッタの住宅はメキシコの風土とぴったり合っており、寸法自体もここでは何の不自然さもない。オフィス・ビルやTV局、そして大学と、彼の仕事量の多さは驚くばかりである。

二月十四日（金）

レゴレッタを除いて、ここ数年のメキシコ現代建築界は低調であった。しかしここにきて数人の若い建築家が育ってきているように感じる。彼らの特徴は、アメリカの大学で教育を受けた建築家であることだ。その一人である、エンリケ・ノルテン／TENアルキテクトスの、TV局（「メキシコ・シティTV局複合施設」）や大学のドラマ・センター（「メキシコ・シティ・ドラマ・センター」p.120）、そして数軒の住宅などにはセンスの良さがうかがえる。アルベルト・カラチも彼らと同世代で現在四〇歳。彼の数軒の住宅にも見るべきものがある。

GA日記

1997年　3 — 5月

三月一九日（水）

東京を出発、パリ経由でスペイン領カナリア諸島に向かう。テネリフェ島の建築士会の招待。私は二〇年前にカナリア諸島に撮影に来た経験があるが、この島の文化の高さに驚いたことを思い出す。新大陸が発見されたことによってヨーロッパから大西洋を渡る途中の中継のための島として発達した歴史があるので、スペインの文化が色濃く保存されており、同時に昨今の観光ブームのためにリゾート地としても発展している。

三千メートル級の山岳地帯があり、赤道の近くにしては海流の関係で、一年中二五℃の気温は、しのぎやすい。七島から成る島々は、それぞれの風土と文化を持っており、農業と漁業がバランスよく保たれていて山海の美味が豊かである。リゾート・ブームによって、南スペインと同じように、海岸線では質の悪い建物が幅をきかせているが、この島の建築家は質の高い建築をつくるために悪戦苦闘を重ね、いくつかの見るに値する現代建築が既に完成している。

三月二一日（金）

早朝よりフェリーボートでゴメス島に行く。民家があると思ったが、これは期待が裏切られた。しかし植物の種類は豊富で、植物に無縁な者にとっては猫に小判であるが、珍しい草花は島の至る所に群生し、小ぶりなバナナは今もなお世界最高の味で、島の至る所にバナナボートの発着地がある。

三月二五日（火）

バルセロナに帰り、数日はガウディの撮影。観光資源としてのガウディの建築はバルセロナの偉大な財産である。「カサ・ミラ」を銀行が買い、数年前からの修復が終わったので見学に行く。しかし少し複雑な気分になった。二十数年前に「カ

△▷アントニオ・ガウディ：カサ・ミラ、1910年

サ・ミラ」を撮影し出版した頃の外観は、風化した壁面が黒ずんでおり、内部もかなり傷んでいたが、それなりの雰囲気があり、ガウディの作品としての風格があった。が、修復された今日の姿は一見美しくなっているが、何か頼りないような美しさで、古典の修復の難しさを感じた。

三月二八日（金）

ボルドー経由でパリに帰る。一夜、サンテ・ミリヨンの村の宿で一泊する。早春の葡萄畑は灰色一色で、ボルドー・ワインの見事さを想像できない風景。ボルドーの街中に建設されている、リチャード・ロジャースの裁判所を見る。予定よりかなり遅れており、外観が姿を表し始めたところである。

五月十六日（金）

紫綬褒章なるものを頂いたので宮中に伺うことになった。一度工事中に拝見したことがあるが、完成した姿を見たのは初めてである。一番印象的だったのは青銅で葺かれた屋根の立派さが格別だったことで、そのスケールの大きさは日本の現代建築を代表するに相応しいものではないかと思った。しかし内部の木組のディテール、各部の材料の選択などは、京都の「紫宸殿」の持っている品格には遠く及ばないと思う。吉村順三先生が仕事の途中で降りられた理由は明確には知ることはできないが、おそらく政府の営繕部との詰めの話し合いが上手く行かなかったのではないだろうかと、建築の細部を拝見しながらそう思った。

室内の量感などの点では、第一級の空間が構成されており、それは見事の一言につきるが、建築の難しさを思い知らされた一日であった。しかし、千代田の庭の自然美は、都心に存在するものとは思われない見事なもので、新緑の美しさと共に、永久に忘れられるものではない。

テネリフェ島

テネリフェ島、自生する植物

テネリフェ島、海際にある伝統的なプール

五月三〇日（金）

建築学会から文化賞をいただき、その受賞式に出席することになった。そこで日頃から学会の作品賞について考えていたことを書く。

日本建築学会は会員の会費で運営されているので、たとえは悪いけれども同人雑誌みたいなものであるから、その会がどのような観点で受賞作品を決定するかは、部外者である私がとやかく言うことではないと思うが、世間では学会の作品賞に対する期待はかなり大きなものがあるように思う。三〇年前の学会賞といえば、堀口捨己先生が「八勝館」、アントニン・レーモンド氏が「リーダーズ・ダイジェスト東京支社」、前川國男先生が「日本相互銀行本店」。そして村野藤吾先生、坂倉準三先生、丹下健三先生、谷口吉郎先生と、日本の現代建築の一ページを飾るにふさわしい作品が受賞されている。重賞制度があったという伝統が、学会賞を重みのあるものにしてきたのではないだろうかと思う。

しかし、昨今の受賞作品には少し首をかしげるようなものが多くないだろうか。審査委員長の話では重賞も生きているということであるが、建築ジャーナリズムで生活している者にとって、当然受賞してしかるべき作品が毎年数多く落ちているのはどうしたものか。

受賞作品のリストは、日本の現代建築の歴史になるような選定が望ましいと思っているのは私だけだろうか。

GA日記

1997年　6 — 7月

六月二二日（日）

二〇日に東京を出てパリに着く。初夏の市街は美しい緑に彩られた街並みが続き、活気に満ちている。来月はもうバカンスが始まるので、気の早い店はディスカウントの広告をウィンドーに貼り付けて、購買客の気を引くのに余念がない。

「ポンピドゥー・センター」でフェルナン・レジエの大回顧展が開催されているので見に行くことにした。大変な人出を予想していたが、会場に着くとそれほどでもなく、すぐ入場できた。都市や建築に興味を持っていたこの画家の造形は、いつ見ても楽しい。コルビュジエに影響されたと思われる構図が至る所に顔を出し、建築的な構成はあたかも名建築を見ているようである。ピカソやブラック、ミロ、シャガールといった同時代の作家と同じエネルギーが会場に充満していて、一人の作家の芸術が延々と続く会場には、現在にはもう無くなっている何かを感じることが出来た。

六月二三日（月）

またもやバルセロナにやって来た。最近の「GA日記」で、バルセロナ詣でが続くのを感じておられる方も多いと思われるが、実は数年前からガウディの詰めをやっている。一九六六年にガウディの小冊を出版したことがあるが、その時からこの作家の集大成をやりたいと思っていた。

ちょうど飛騨高山の「日下部邸」を見て、日本の民家の撮影をスタートさせたのと同じく、一九六一年に初めてガウディに接してから、強くこの人の作品に興味を持ち始めた。三〇年間接してきて、この不思議な空間と形を持つ作家をやっと自分なりに理解できるようになってきたように思え、最終の仕上げにかかっている。一枚の写真を撮影してそれを見ていると、まだその奥に何かがありそうで、

外尾悦朗氏、サグラダ・ファミリア教会の現場にて

アントニオ・ガウディ：サグラダ・ファミリア教会

ちょうど海の底を見る思いである。もっと深い所に何かがあるような、いわば深海の芸術であるように思えるのだ。曲線でつながっている線や面がなかなか交わらなかったが、最近、少しは交差して見えるようになったと思っている。今までは線や面や色彩が別々に見えていたのだが、それが一枚の平面的視角の中に収まるようになって来た。

六月二十七日（金）

ここ数日は天気に恵まれていたので、バルセロナの街中のガウディの作品を撮影していたが、昨日から雲行きがおかしくなってきたので、「サグラダ・ファミリア教会」に外尾悦朗さんを訪ねる。彼はこの教会の完成を目指し、彫刻家として既に十五年もの長い期間、塔に付ける彫刻をコツコツとつくり続け、気の遠くなるような仕事をされている作家である。一〇年あまり前に建築家の石山修武さんに紹介されて以来、何年かに一度はお目にかかっているが、今日は久しぶりに、完成に向かいつつある建物を案内してもらうことになった。

外から見ていたよりも仕事ははかどっており、新しいコンクリートの塔が数本、空に向かって聳えている。それをつなぐ天蓋の工事もはかどっているように見えた。彼の話によると、ここでもコンピュータの威力は絶大で、工事の進行を促進させているらしく、柱の曲線がコンピュータによって解析され、美しいプレキャスト・コンクリートに生まれ変わった部材が、現場に所狭しと積み上げられていた。この工事が始まった時には完成は奇跡と思われていたのが、現実に完成できることが、現在、時間的にも読めるようになっているらしい。工事現場の人たちも外尾さんも、何か明るい顔をしているように思えた。

フランシス・ソレール：エミール・デュルケム通りのハウジング、1997年（GA Document 53）

ポール・シュメトフ／ボージャ・ユイドブロ：エヴルーの図書館、1995年（GA Document 52）

七月一日（火）

パリに舞い戻って来たが、スペインを出発する頃から天気が良くない。今日はパリから西に一〇〇キロの町、エヴルーにポール・シュメトフの「エヴルーの図書館」を見に行く。「フランス大蔵省」以来、彼の作品にお目にかかっていなかったので楽しみである。図書館はこじんまりとした、いかにも町の図書館。木造部分とスティールに囲まれた玄関部分、そして外壁にはレンガが積まれ、この町の古い広場に面するという敷地の環境に沿ったデザインがなされている。内部の読書室も落ち着いた雰囲気で、小さいながらまとまりがあり、シュメトフの腕を感じさせる。

七月二日（水）

パリを出発してベルギー国境、リール近くのアート・センター（「ル・フレノワ国立現代芸術スタジオ」）に行く。建築家はニューヨークのベルナール・チュミ。もう完成していると思っていたが、やはりヨーロッパ流の工事の遅れは如何ともし難く、部分的には完成しているが、まだまだ二ヶ月はかかると思う。古い建物の上に鉄骨を被せた建築で、いかにもチュミらしい解決がなされていた。

ベルナール・チュミ：ル・フレノワ国立現代芸術スタジオ、1997年（GA Document 53、写真は完成後撮影）

七月三日（木）

ロッテルダムでひと仕事の後、ドイツの

◁△ベルナール・チュミ：ラ・ヴィレット公園、1998年
（GA Document 26）

ドルトムントに行く。ピーター・ウィルソンの、古い鉱工業の工場跡地に建築されたIBA計画の一環である。市民文化センターといった建物であるが、彼のデザインが部分的には顔を出していても、全体としては今一つの所がありと思われる。

七月四日（金）
ウィーン郊外で、既に前から完成していたハンス・ホラインの展示場（「ロワー・オーストリア展示場」p.154）を撮影。展示場では最近のウィーンの建築家の展覧会が開かれていた。

七月六日（日）
パリに帰る。ペローの新しい「国立図書館」の隣接地に数棟のアパート群が完成しているが、その中の一棟「エミール・デュルケム通りのハウジング」を見る。設計はフランシス・ソレール。建物全体の窓ガラスにルネサンスの絵図を貼り巡らし、外から見ていると少しうっとうしいのではないだろうかと心配していたが、内部に入ってみると、外で考えていたよりもすっきりしているように思えた。このようなデザインが住む人たちにとってどのように思えるのか、一度アンケートを取ってみたいものである。

七月八日（火）
『GA Document Extra』の撮影のためにパリ屠殺場跡に造成されたチュミの「ラ・ヴィレット公園」の撮影。赤一色に統一されたモニュメントが芝生の中に点在する。夏休みの子供たちが力一杯走り回っている姿は微笑ましい。世間では不景気の風が吹いているが、フランス式遊びの精神はここでも生き生きしている。
　十一日東京に向かう。

GA日記

1997年　9月

九月十一日（木）
夕方、ＪＡＬ002便でサンフランシスコへ。同日十一時に到着。飛行場は改修中で大混雑。久しぶりのサンフランシスコは、少し固めの空気が爽やかで、と言いたいところだが、一年中二〇度のしのぎやすいこの空気は、どうも昔から苦手である。
早速住宅を二軒見る。若い人たちの住宅で一応合格。まず外観を午後の光で撮影。途中バークレーの大学を見るが、あまり変わりばえしないキャンパスである。

九月十二日（金）
住宅二軒を撮影。久しぶりにスタンフォード大学に行く。フランク・ロイド・ライトの「ハンナ邸」が、教員のための住宅地にあったので、ここは以前よく撮影に来た。現在、大学は大改造中。古典的な様式で統一されている建物にも、現代建築の波が押し寄せてきた。Ｉ・Ｍ・ペイがサイエンスの学部棟を建設中であり、ノーマン・フォスターは医学部棟（「スタンフォード大学臨床科学研究センター」）を設計していて、現在、根切りが終わった段階である。新しいところでは、完成しているプレドックやロバート・スターンの建物があるが、これらは古典的なシルエットに合わせており、あまり変わり映えしない。おそらくペイとフォスターの現代建築が完成すると、スタンフォードの今後に何らかの影響を与えることになるだろう。

九月十三日（土）
昨夜、カーメルに泊まって、ピエール・コーニッグ設計の五〇年代の住宅「リーブ邸」の増改築を見る。鉄骨とガラスの簡素な住宅で、今日でも十分に通用する作品である。クライアントは夫妻と子供二人の家族構成。奥さんが日本に三年暮らしておられたのでインテリアは東洋風で統一され、「ケース・スタディ・ハウス」

ピエール・コーニッグ：リーブ邸増改築、1996年（GA Houses 54、元はジョンソン邸、1962年）

フランク・ロイド・ライト：ハンナ邸、1936年

的な空間と相まって不思議な魅力を醸し出している。

その後ロスに行く予定だったが、台風が来るという天気予報だったので、一転してアイダホとワイオミングへ向け、一〇〇〇キロの旅に立つ。途中、サクラメントのプレドックの農業学校を見る。コンクリート打放しで、中庭型のプランは、彼の最近の作品にしてはよくできていると思った。

ウィリアム・ブルダー：リッデル・デザイン社のオフィス、1995年（GA Document 53）

ネバダの砂漠の町、ウィネマッカに泊まる。町全体がカジノで、ハンバーガー・スタンドにもスロットマシーンがあるような町である。ここからワイオミングのジャクソンまでの旅。ジャクソンはスキーのメッカらしく山に囲まれた盆地で、ブルダーの三つの作品を見る。最近完成された図書館は、期待していたのだが、非常に古典的な大屋根を持つ建物で、これはおそらく、町の人の意向が非常に強かったからであろう。もう一つの建物（「リッデル・デザイン社のオフィス」）は彼らしく、外観も内部も非常によくできた建物である。また別のオフィスは、コールテン・スティールの壁を持ったものであるが、デザインが五〇年代の処理の仕方で新鮮味はない。期待ほどではなかった。この辺り、イエローストーン国立公園の自然は素晴らしく、世界有数のスキー場であることを感じさせる。

△▷ラスベガス：昼と夜

九月十五日（月）
サンバレーに行く。ここもアメリカ有数のスキー場である。マーク・マックの新しい住宅を見に行く。リビングルームや寝室の処理は、ほとんど例のマック調。

九月十六日（火）
今日はロスへ向かう移動日。ロスまで一〇〇〇キロの旅。途中給油のため三回ストップする。そのなかで、ラスベガスに立ち寄った。ラスベガスは以前に比べて巨大化し、特に最近では、アミューズメント施設をつくって家族ぐるみで遊ばせるという方針である。人間の欲は衰えないものだということを露骨に実感させる町である。と同時に、この町ほど夜と昼の違いを感じる所はない。昼は箱形のビルが並ぶだけの死人の町だが、夜になるとネオンが外観を覆い、昼間の雰囲気とは一転する。夜、砂漠から車で走ってい

スティーヴン・ホール：シアトル大学、聖イグナティウス礼拝堂、1997年（GA Document 53）

同上、祭壇側を見る

スタディオズ・アーキテクチュア：シリコン・グラフィックス・コンピュータ・システムズ、ノース・チャールストン・キャンパス、1997年（GA Document 53）

レイモンド・キャピー：カーソン／リンゼー邸、1995年（GA Houses 54）

くと、遠くからでも光を放ち、まさしく不夜城だ。東部から西部へ通じる15号線も以前より混み方が激しく、人口が東から西へ移動していることを物語っている。

九月十七日（水）

昨夜遅くロサンゼルスに着く。今日はレイモンド・キャピーの住宅（「カーソン／リンゼー邸」）の撮影のため、マンハッタン・ビーチへ行く。この住宅は三年ほど前に完成していたが、オーナーの弁護士夫妻の話によると、木を植えたいので待って欲しいとのことであった。それは取材を断る理由だろうと思っていたのだが、三年ぶりに行くと、見事に植物に覆われている。彼らが言っていたことがよく理解できた。撮影が終わった頃キャピー夫妻が来て、久しぶりに旧交をあたためる。

九月二〇日（土）

ロスからサンフランシスコへ向かう道中で、サン・ノゼ近くのコンピュータのメッカ、シリコン・ヴァレーに立ち寄る。コンピュータ会社（「シリコン・グラフィックス・コンピュータ・システムズ、ノース・チャールストン・キャンパス」）の撮影。この町のオフィスは、ほとんどが建て売りの、デザインとしては見るところが無いものばかりだが、この建物は、建築のデザインを重視している姿勢が感じられる。これといって新しい要素はないが、いかにもコンピュータ会社らしい佇まいのある建物だった。

九月二一日（日）

昨夜遅くシアトルに着く。シアトルは雨の多いところだが、今日は快晴。スティーヴン・ホールの教会（「シアトル大学、聖イグナティウス礼拝堂」）の撮影に来た。先日来、雑誌で発表されたものを見ていてあまり期待できないのではと思っていたが、実際は素晴らしい。シアトル大学の附属教会なので、それほど大きな建物ではない

フランク・ゲーリー：ビルバオ・グッゲンハイム美術館、1997年（GA Document 54）

が、デザインの密度はさすがに高い。全体的にはアアルトの影響やコルビュジエの光の採り入れ方を参考にしている節があるが、結論的には、スティーヴン・ホールらしい造形に仕上がっている。特に、彼の各部所における材料の使い方は、最近とみに密度の高いものになってきた。久しぶりに、一日気持ちよく撮影することができた。

その後、ニューヨークへ行くのは夜遅い便しかないので、十一時四〇分発のニューヨーク行きに飛び乗る。シカゴ経由で乗り換えて、翌朝八時にニューヨーク着。夕方エールフランスにてパリへ。

九月二四日（水）

昨日朝八時三〇分にパリに到着。今日はリール近郊へ、ベルナール・チュミのアートセンター（「ル・フレノワ国立現代芸術スタジオ」p.180）の撮影。天気予報では快晴だったが、その一帯だけが霧のために太陽が出ない。夕方まで待ったが晴れないのでパリへ戻る。

九月二六日（金）

早朝より、スペイン、ビルバオへ向かう。フランク・ゲーリーの「ビルバオ・グッゲンハイム美術館」である。高気圧がヨーロッパ大陸の真上に居座っているので快晴。九月末というのに、ヨーロッパは夏時間のため、七時半頃太陽が出る。ビルバオまで九〇〇キロだが、交通量が少ないので楽である。午後二時に到着。一〇月三日のオープンであるのに、現場はごったがえしていて撮影どころではない。館員たちに聞いても全然心配した様子はなく、スペインらしくゆったりしたものである。「間に合うのか」という質問に対して、「大統領が来る三日までには池にも水が入るだろう」と、いたってのんびりとした様子である。この雄大な美術館は、今はただ完成を待っているようである。

ここにいてもどうしようもないので、六〇〇キロ先のバルセロナへ向かう。

九月二七日（土）

午前中、「サグラダ・ファミリア教会」で先回に話が出た外尾さんに会う。明日から石の仕入れで中国に行くとのこと。

九月二八日（日）

昨夜遅くビルバオに戻り、美術館の外観を撮影。面している運河からのアングルは早朝の撮影。来月に入ると日が廻らなくなるので、条件が悪いけれど撮影する。

九月三〇日（火）

東京着。

ビルバオ・グッゲンハイム美術館、エントランス

△▽同上、ホール（上）と展示室（下）

GA日記

1998年の報告

一年間、ご無沙汰していましたが、どこにも出かけなかったわけではなく、簡単に報告しますと次のようなスケジュールで世界を走り廻っていました。一九九八年は七回の海外旅行をしたことになります。

まず三月十五日から二〇日過ぎまで、ロサンゼルスとメキシコに行きました。四月二一日から五月初旬までは、メキシコ、シカゴ、そしてシカゴからヨーロッパへ廻る旅をしています。

六月一〇日から七月十四日までのヨーロッパの旅では、まずスペインのビルバオ。ここでは今年最大の建築であったフランク・ゲーリーの「ビルバオ・グッゲンハイム美術館」（p.186）を撮影しました。フランクの最初期の住宅からほとんど撮影してきましたが、完成した彼の美術館を目の前にして大変感激しました。続いて、アルヴァロ・シザの「EXPO '98 ポルトガル・パヴィリオン」のためリスボンを訪ねました。万博そのものは成功したと伝えられていますが、会場を埋めつくした建築に見るべきものがなかったのは残念です。

次は八月一〇日に東京を出発しまして九月一〇日までの一ヶ月間、再びヨーロッパ各地を走り廻りました。十二日はベルギーで近代の住宅の撮影。ヨーゼフ・ホフマンの「ストックレー邸」、ポール・アンカールの「シャンベルラーニ邸」と

ヨーゼフ・ホフマン：ストックレー邸、1911年

ミケル・デ・クラーク：アイヘン・ハール集合住宅、1919年

アルヴァロ・シザ：EXPO '98 ポルトガル・パヴィリオン、1998年（GA Document Extra 11）

いったブリュッセルの近代住宅を再度見て廻る作業です。いつも感心するのですが、これらの住宅は、私が最初に接したのが六〇年代の前半でしたが、いつ見ても、外観に関しては当時とほとんど変わることがなく、強いて言えば以前より良くなっているように見受けられます。この旅行では久しぶりに北欧に行く予定があったため、アムステルダムを経由して一路スカンジナヴィアに向かったのですが、途中オランダで近代のアパート群、ミケル・デ・クラークの「アイヘン・ハール集合住宅」などを再訪しました。これもどんどん良くなっていまして、六〇年代にはかなり全体が崩れかけていたのですが、今ではそのほとんどが改修され、美しいシルエットを見せています。途中、ハンブルクは雨で、コペンハーゲンに直行しました。

　十四日にはストックホルムに到着し、エストベリ設計の市役所やアスプルンドの「ストックホルム公立図書館」を撮影しました。「図書館」も以前はかなり傷んでいましたが、今日では昔のままの姿に改修されています。ただ内部に鉄のやぐらが立っているのは少しやりすぎの感がありました。ストックホルムは一時、かなり街が荒れている感じがありましたが、今は街全体が清潔な美しいものになっています。季節的にも一番良い頃なので、大勢の観光客で街は一段と活気に満ちて

エリック・グンナール・アスプルンド：ストックホルム公立図書館、1928年

いました。もちろん自動車旅行ですが、パリからここまで、約二〇〇〇キロの旅です。

十七日にはストックホルムを夕方の六時に出発して、ヘルシンキに早朝到着するフェリーボートに乗り込みました。もう八月も中頃過ぎなので、フェリーもすいている頃だと思っていましたが満員で、年々旅行者が多くなっていることを感じました。地球の北の端のヘルシンキの街はいつ来ても空気が澄んでいて、透明感あふれる静かな街並みです。

新しくできた、スティーヴン・ホールの「ヘルシンキ現代美術館」は街の中心、おそらくヘルシンキの一番良い場所に建っていました。以前、アアルトが再開発の計画を立てた地区の東端に位置しています。エリエル・サーリネンの中央駅から歩いて数分の所です。第一印象では、今までのスティーヴンの建築に比べて荒

スティーヴン・ホール：ヘルシンキ現代美術館、1997年
(GA Document 56)

同上、展示室

△▷スヴェーレ・フェーン：氷河博物館、1991年（GA Document 56）

さが目立ちました。もちろん、形や空間構成は素晴らしく、良い建築だと思いますが、建築の各部の仕上がりが少しお粗末ではないだろうかと思いました。施工能力が彼のデザインを再現出来なかったのではないでしょうか。しかし、もちろん全体はいかにもスティーヴンらしい、よく考え抜かれた構成で、現代建築の美術館としては成功の部類に入るものだと思います。

　久しぶりにアアルトの自邸を訪ねましたが、アアルト財団が自邸と事務所を管理していました。

　二〇日、再度フェリーでスウェーデンに戻り、一路、ノルウェーのオスロに向かいました。道中はもう秋の気配が忍び寄る季節で、八月というのに肌寒さを感じる気候です。オスロの市庁舎も以前より美しくなっていました。海に向かって堂々と建つ姿はやはりバイキングの国に来たことを感じさせます。プリツカー賞を受賞した、スヴェーレ・フェーンの「氷河博物館」をまだ見ていなかったので、北の街、ファールランドに行く予定を組みましたが、高速道路が通じていないために六時間かかる道のり。予定していた時間との関係で躊躇しましたが、決行することにしました。北欧へは民家の撮影で以前にも数回来たことがありますが、この地方へは初めての旅でした。それはそれは素晴らしい風景で、湖と山の織りなす深山幽谷というか、恐ろしいくらいの景観で、来年再び訪れたいと思うほどの素晴らしさでした。「博物館」周辺の環境もいまだ経験したことのない風景が広がっていました。

　二五日にはハンブルク経由で旧東ドイツのドレスデンに到着していました。旧東ドイツ時代に来た頃とは一変して、明るい雰囲気が街全体を包んでいます。昔「バウハウス」の撮影に来た頃の暗いイメージを思い出しました。街は、旧時代の

フランクフルトのブックフェア

官僚的で大時代的で不愉快な建物が幅をきかせていますが、どんどん西の文化が浸透している様子がうかがえます。コープ・ヒンメルブラウの映画館（「UFAシネマ・センター」）も、白鳥が降り立ったような姿で、ドレスデンの駅前に建っていました。彼らのデコン建築は、構造的にもディテール的にも無理なところが今まで数多く見受けられましたが、今回の映画館ではそれらが影を潜め、なかなかの力作だと思いました。

九月一日には、スイスのルツェルンにジャン・ヌヴェルの「ルツェルン・コンサートホール」を見に行きました。駅舎の隣りに建つホールと美術館は、ルツェルン湖に面した船着き場にその雄大なシルエットを投げかけています。暴力的とさえ言える大きな庇、大胆な空間処理、見事なディテール。今年完成した建築のなかでも特に重要な作品の一つだと思いました。この度の旅行は、この一年のうちで最も充実した楽しい旅でありました。

一〇月七日から二一日までは、例年のごとくフランクフルトのブックフェア出席のため再びドイツへ。六三年に初めて行った時、日本の出版界と世界の出版界との差の大きさを感じたことを思い出します。特に装丁やレイアウトについてはそれを痛感したものです。その後、毎年勉強に通い、七〇年には出版社をスタートして初めて自分のスタンドを持ちましたが、当時、勉強させてもらった巨人出版社のおやじさんたちは今は亡いことを思えば、自分もかなりの歳になっていることを考えさせられました。これからも歴史に残る本を出版したいと思っています。フェアの後、スペインまで足をのばし、シザの「アリカンテ大学管理教室棟」を撮影。ヨーロッパを一巡して帰国しました。

十一月三日より十八日までは、ロサンゼルスに行きました。今年出版する予定

ジャン・ヌヴェル：ルツェルン・コンサートホール、2000年
(GA Document 57、写真は完成後撮影)

コープ・ヒンメルブラウ：UFAシネマ・センター、1998年
(GA Document 56)

アルヴァロ・シザ：アリカンテ大学管理教室棟、1998年
(GA Document 57、写真は完成後撮影)

△▽モーフォシス：ダイアモンド・ランチ・ハイスクール、2000年（上）とロングビーチの小学校、1999年（下）
(GA Document 63)

の『カリフォルニア建築』の撮影です。モーフォシスの工事中の二つの学校「ダイアモンド・ランチ・ハイスクール」、「ロングビーチの小学校」を見ました。それぞれに力作で、完成が待たれます。

十二月にブラジルに行く予定がありましたが、取りやめて一月に延期。今年もかなりの強行軍でありました。建築の旅は楽しいものですが、最近、特にアメリカに見るべきものが完成されないのが残念です。それと同時に、『GA Japan』のために日本中を旅行していますが、個性的な建築が少ないのも気になります。今年もひと頑張りして世界中を走り廻ろうと思っています。

GA日記

2005年　10 — 11月

一〇月二二日（土）
東京からニューヨークへ。午後三時。今にも雨が降り出しそうなケネディ空港へ到着。その足でブロンクスの「プラット・インスティテュート建築学科」へ。
スティーヴン・ホールの設計により、レンガ造の古い校舎の中央がガラスのファサードを持ったエレベーションで構成されている。半透明のガラスは鈍い光を放ちながら古い建物とよく合う。デザイン用語は、一九九九年に完成した「クランブルック科学研究所」の校舎やミネアポリスの「建築／ランドスケープ・カレッジ」に通じるものである。小雨が降るなかを夜景を撮るために待った。夜景はこの建物のジェネラル・ビューで、恐らく彼は夜景イメージをかなり意識したのではないだろうか?

一〇月二三日（日）
日曜日のニューヨークはさすがに静かである。5thアベニューに面しているアパートからは、秋が近づきつつあるセントラルパークの景色を見ることが出来る。久し振りのニューヨークはやはり魅力があり、三〇年近く暮らしている者にとって、第二の故郷である。
午後、谷口吉生さんの増築された「ニューヨーク近代美術館」に行く。玄関に見学者の列は無かったが、外から見ていても大変な人出のようだ。一歩館内に入ると人、人で、四方八方にあるエスカレータは人の帯である。雰囲気は百貨店。美術館とはとても考えられない空間である。展示室も人の波でごった返しているので、鑑賞という言葉は無い。最上階まで上がって、何も見ないで降りてきた。

一〇月二四日（月）
「落水荘」の館長さんに会うため、早朝四時にピッツバーグに向かって出発。フィラデルフィアまで来たが、雨足はますま

スティーヴン・ホール：クランブルック科学研究所、1999年（GA Document 60）

スティーヴン・ホール：プラット・インスティテュート建築学科、ヒギンズ・ホール・センター、2005年（GA Document 89）

谷口吉生：ニューヨーク近代美術館増築、2004年（GA Japan 76）

す強まり、ラジオの予報は雪になるとか。雪支度をしていない自動車なので、残念ながら引き返す。帰る途中、やはり雪になる。

一〇月二五日（火）

予定を変更してニューヨークからロスへ。夜の一〇時に到着。飛行場は南国らしく、人でいっぱい。ほっとする。空気の味が違うし、気楽な気分。サンタモニカのアパートに着いた頃は十二時を廻っていた。最上階の窓から見える太平洋は、どんよりとした雲に覆われ、ロスらしくない。数年前から、気象の変化なのか昔のような快晴が少なくなっている。昔は曇りの日を望んでも、なかなか無かったのに。

一〇月二七日（木）

フランク・ゲーリーの新しい事務所へ。規模は恐らく世界一の空間。フランクとは一ヶ月ほど前に東京で会って以来。例によって事務所のなかを隈なく案内してもらう。勿論プロジェクトの山である。一人の建築家の事務所とは思えない大量の仕事。そして、それぞれのプロジェクト毎にスケールの違うコンセプト模型やスタディ模型が、大空間のなかで宙に舞っている感じ。特に彼自身の新しい自宅のプロジェクトでは念を入れて説明していた。フランクはぼくより三つ上の七五歳で、ますます元気。四〇年ぐらい付き

フランク・ゲーリー、新しいオフィスにて

フランク・ゲーリーの新しいオフィス

合っているが、ほとんど変わらない。発表は出来ないので写真を見せることは出来ないが、二、三の新しいコンセプトを見ることが出来た。

一〇月二八日（金）
アリゾナのフェニックスへ。ウィリアム・ブルダーの住宅とリック・ジョイの住宅の取材。ロスから自動車で行く予定だったが、時間が無くなってきたので飛行機で。フェニックスは、これから三月まで、避寒地として北部のアメリカ人がやって来る所。やはり快晴である。六〇年代に初めて来た頃は、アリゾナの小さな街であったが、今は、大都市に変貌した。ハイウェイは10号線一本のみが街のなかを横断していたのだが、今はくもの巣状態。しかも日夜拡張が続いている。街から一時間北に上がったサボテン山の中腹にブルダーの住宅（「ポンド・ハウス」）はあった。

彼はフェニックスの発展と共にメキメキと力をつけ、今や西部を代表する建築家になった。現在、この辺りでは一番高い超高層ビルを手掛けているとか。住宅はいつものブルダー調で手堅い。

一〇月二九日（土）
フェニックスから南へ二〇〇キロの街、トゥーソンへ。これもサボテン山の住宅である。リック・ジョイは昔、プロのロック・ミュージシャンで、今や東部の大学で教鞭を執る。

十一月一〇日（木）
今日は叙勲のため皇居に行く。快晴。秋らしい気候である。サックス奏者の渡辺貞夫さんと同じ席で、一ノ関のベイシーの菅原正二さんの話をしながら時間を待つ。いつも思うのだが、日本の叙勲風景はお役所仕事で、あでやかさが無い。アカデミー賞のビデオでも見たらどうかと

ヴィール・アレッツ：ユトレヒト大学図書館、2005年

ウィリアム・ブルダー：ポンド・ハウス、2005年
(GA Houses 90)

思うが。

十一月十五日（火）

JAL405便でパリへ。パリは晩秋ではなく、すでに初冬である。報道されている暴動も無く一安心。

十一月十七日（木）

朝六時発。ドイツ経由ウィーン、イタリアの旅に出る。出発が遅れたのは自動車のバッテリーが上がったり、車の登録手続きが遅れたため。

オランダ、ユトレヒトに昼過ぎ到着。ヴィール・アレッツの「ユトレヒト大学図書館」の撮り残しの撮影。八月に来た時、大学が休みで内部が撮影出来なかったため。晴れたり曇ったりの天気。

その後、一路ドイツ、フォルクスワーゲンの町、ウォルフスブルクへ。ザハ・ハディドの科学博物館「ファエノ科学センター」の撮影のためである。途中、雨のため予定より遅れる。夜七時半到着。夜景を見る。しかし建物はフェンスに囲まれ未完成。撮影どころかがっくり。いつもの建築家の見通しの甘さ。頭に来る。

十一月十八日（金）

早朝現場へ。やはり工事の人たちでごった返している。二日や三日ではとても完成は難しいと判断。ドレスデンへ。この中央駅の改装をノーマン・フォスターがやっている。ほぼ完成しているとの情報で行ったが、ここも予定が遅れている。元の板張りの天井がテフロン膜で覆われていて、駅舎のスケールの大きさが一段と表現されている。この改造は完成されると、恐らく成功の部類に入るだろう。やはりスケールの大きなものは、フォスターは巧い。

十一月十九日（土）

ドレスデンから南へ下がっているのに昨

ザハ・ハディド：ファエノ科学センター、2005年（GA Document 89）

夜は吹雪で恐る恐るの運転。すごく疲れた。ザンクト・ポルテンの近く、スティーヴン・ホール設計の二〇〇三年完成したワイナリーに続いて、同じ敷地に建つホテルとレストランの計画である（「ロイジウム・スパ・リゾート／ワイン・センター」）。一週間前オープンしたばかりのため、今日はほぼ満員のお客。毎日の雪で一面、銀世界だった。

夏に現場を見に来た時には、赤や緑や黄色で壁が塗られていたので、かなり派手な建物だと思っていたが、それらが銀色の格子パネルで覆われていたので、全体はかなりシックに変貌していた。インテリアもスティーヴンらしく、密度の濃いデザイン、しかし予算が少ない所が随所に見られて、彼のあでやかさが不足しているように見受けられた。もう一度、来年の春にでも条件の良い時に来てみたい。

十一月二一日（月）

アルプスを越えてイタリアへ。昨日も道中は大雪で、やっとの思いでイタリア領に入った。やっと雪が無くなり一路、冬季オリンピックのあるトリノへ。磯崎新さんのアイスホッケー・リンク「トリノ・パラホッケー」がほぼ出来上がっていた。戦前、ムッソリーニが計画した運動場地域の一画にある。ステンレスの外装。地上の高さが低いのは、リンクそのものが掘り下げられているため。いろいろと現場の人に説明を聞きながら、トリノを後にする。

十一月二四日（木）

先日完成していなかったウォルフスブルクのザハの建物がオープンして整理がついたので、再度一二〇〇キロの距離をぶっ飛ばす。曇り空は相変わらず。ベルギー領をかすめてドイツに突入。何だかだんだん雪模様。エッセン近くで大雪。工

スティーヴン・ホール：ロイジウム・スパ・リゾート／ワイン・センター、2005年（GA Document 89）

ザハ・ハディド：ファエノ科学センター、2005年（GA Document 89）

事と雪でどんどん予定より遅れる。ハノーバーを過ぎたところで小降りになる。四時頃到着。昨夜、雪が降ったようだ。夜景、内部の撮影をする。

十一月二五日（金）

朝から久し振りに晴れる。最近のザハは好調そのもの。仕事量もかなりあり、事務所のスタッフも安定してますます元気である。この建物もザハ・スタイルが満載。造形的に優れており、内部の展示スペースも変化に富み楽しい。

撮影が終わって一息ついた時、この町に六〇年代中頃来たことを思い出す。アルヴァ・アアルトの文化センターの撮影である。当時は東西に分かれていた時代、この地は東ドイツとの国境の近くで緊張感が漂っていた。フォルクスワーゲンが遠い将来を見越して工場建設した勇気にはびっくりしたが、今の時代にまた見ても、その判断の正しさに、より一層感心する。いつものように、巨大な四本の煙突がそびえ立ち、煙を吐いていた。

十一月二九日（火）

今日夕方、東京に帰る。飛行機に乗る前にひとっ走り、パリ近郊ル・ランシーにあるオーギュスト・ペレの教会（p.86）に行く。コンクリートブロック部分の大がかりな改修工事を数年掛けてしていたのだが、行くと完全に工事は終わっていた。青を基調とした正面のステンドグラスは、六〇年代に初めて見た時と何ら変わらず、荘厳な空間が再現されていた。ペレの作品のなかでも特に優れたものであり、パリに行く人は是非、訪れて欲しい。

GA日記

2006年　2 — 3月

二月十七日（金）

昨日、東京からパリに着いた。早朝からバルセロナに向かう。さすがに東京に比べて寒い。一二〇〇キロ、国境を越えたところの街、ジローナで泊まる。

二月十八日（土）

快晴。バルセロナ郊外で進行中のシザ設計のプール「コルネラ・デ・ロブレガット・スポーツ・コンプレックス」に行く。この辺りは新開地で、真新しい街が出来ている。小さな街のプールとしては、思っていたよりスケールが大きい。内部は、ほとんど出来ているが、外構は未完成。内部のデザインは彼が以前に手掛けた大学などで使われたヴォキャブラリーによって作られている。長い廊下に一つだけ開けられた天窓など、プールは室内外で繋がっているダイナミックな空間である。

　街に戻り、ミラージェス最後の設計であるガス会社のヘッドクォーター「ガス・ナチュラル新本社」に行く。ガラス張りのタワーはほぼ完成している。敷地内のプラザやインテリアは工事中。彼が亡くなってすでに数年が経つが、もし、今も活躍していれば、作品を見る度にとても残念な気持ちになる。

エンリック・ミラージェス・ベネデッタ・タグリアブエ：ガス・ナチュラル新本社、2007年（GA Document 102、写真は工事中）

二月十九日（日）

さすがにスペインは暖かい。バレンシア経由でグラナダに向かう。昼過ぎにバレンシアに到着、数年前に撮影したサンティアゴ・カラトラバ設計の大コンプレックスに行く。オペラハウスは、当時未完

ザハ・ハディド：R・ロペス・デ・エレディア・ヴィナ・トンドニア、2006年（GA Document 94、写真は工事中）

チェリーの花

△▽アルヴァロ・シザ：コルネラ・デ・ロブレガット・スポーツ・コンプレックス、2006年（GA Document 92）

成だった。外観はできているが、広場や内部は未完成。なにかバランスがあまり良くない建物。

二月二〇日（月）

伊東さんがトレヴィエハで進めている貝殻の様な保養施設「リラクゼーション・パーク・イン・トレヴィエハ」の現場に行く。途中、満開のチェリーの花の中を気持ちよく南下。ここも新開地で、恐ろしく無差別なリゾート開発が始まっている。ピンク色に光る不思議な湖の畔、一棟だけ、外観が完成していたが、今後どのように完成するのか読めないまま、現場をあとにした。

　グラナダに向かう予定であったが、山岳地帯が雪のため引き返す。

伊東豊雄：リラクゼーション・パーク・イン・トレヴィエハ（写真は工事中）

二月二一日（火）

スペインのワインの中心地、リオハに向

アルヴァロ・シザ：ヴィツェンツァの住宅、2006年

ラファエル・モネオ：ムルシア市庁舎、1998年

かう。

　途中、ムルシアで数年前に完成したラファエル・モネオ設計の「ムルシア市庁舎」の増築を見る。広場に対して建物の配置は素晴らしいものであるが、内部は小割りの部屋の連続で、見るべき空間は無かった。

　リオハ行きは、ザハ・ハディドのワイナリー「R・ロペス・デ・エレディア・ヴィナ・トンドニア」（p.221）の現場を見るためである。近年、至るところで建築家がワイナリーを設計している。この近くにも今年の夏に完成するゲーリーのホテル付きのワイナリー（「ホテル・マルケス・デ・リスカル」p.221）があるし、数年前、カラトラバ設計のものが完成している。ザハのものは、古い酒蔵の一部を改造した見学者のための施設で、オーストリアにあるスティーヴン・ホールの「ロイジウム・ビジター・センター」に似たようなプログラムで、スケールは小さいがスペースとしては楽しそうである。完成が待たれる。

二月二二日（水）

ビルバオに寄って、少し撮影したいものがあったが、天気が悪いので、ボルドー経由で雪のちらつくルートA10をパリへ。

二月二八日（火）

雪のためにスイス経由でイタリアに入ることができないので、マルセイユからジェノバへと、大廻りの行程を強いられることになった。どうも、昨年一〇月から雪に悩まされている。パリからリヨンまでは雪であったが、さすが南の街マルセイユは快晴、それまでの雪の世界が嘘のようだった。雪が絡んだ一二〇〇キロの旅は疲れる。へとへとになってジェノバのホテルに辿り着いた。

三月一日（水）

昨日まで開催されていたトリノの冬期オ

バジリカ・パラディアーナで催されたSANAAの展覧会

バジリカ・パラディアーナがあるシニョーリ広場

リンピック会場を横に見ながらヴィツェンツァへ。九時までに到着するために今朝は四時出発、シザ設計の「ヴィツェンツァの住宅」の工事現場へ。九時三〇分、ヴィツェンツァが一望できる丘の上に到着、数軒の戸建て住宅とアパート一戸はほぼ完成していた。他の彼の住宅作品と同じように真っ白い外観、床には大理石といった単純な造形だが、綺麗に出来ている。ディベロッパーは売れた所からインテリアの工事をするそうで、現在、ほとんどの住戸の内部は未完成の状態。この見晴らしの良い敷地は、恐らく大邸宅の跡地だったと思われる。

　住宅の見学後、ヴィツェンツァの中心にあるシニョーリ広場に行く。広場の一角にあるパラディオが改築したバジリカ・パラディアーナで妹島さんたちの個展が開かれていて、それを拝見した。金沢での展覧会が巡回してきたのではないだろうか、かなり大きな空間に展示されていた。パラディオの建築空間と彼女たちの作品との対比が不思議な雰囲気を醸し出していた。

　数年ぶりに見るパラディオはやはり、すばらしく、感動を味わわせてくれる。特に、ヴェネツィアのサンマルコ広場を模したと云われるスケールの見事さは、現代建築が到底敵わないことをつくづく思い知らされた。現代建築家は、少なくともパラディオが完成させた建築の味を理解することは重要である。

三月二日（木）

暦の上では早春なのだが、まだ寒さの厳しいヴェネツィアへ。サンマルコ広場はさすが、この時期でも観光客で埋まっていた。

　最近完成した船着き場が、港の一角にあり、見学に出かけた。アドリア海の出発点であるこの港ではじめて本格的なターミナルができたことになる。

GA日記

2006年　4 — 5月

四月九日（日）

JAL415便でパリに向かう。例年と同じくヨーロッパの春は程遠い。マロニエの並木道も寒々とした感じ。新芽も見当たらない。今朝の温度はマイナス二℃だから仕方がない。

リチャード・ロジャース：ウェールズ議会堂、2005年
(GA Document 90)

四月十二日（水）

朝四時起きでドーヴァーに向かう。ドーヴァー海峡のトンネルを越えて七時間後に、イギリス、ウェールズのカーディフに着く。リチャード・ロジャースの作品である「ウェールズ議会堂」の撮影のため。カーディフは初めて来た街である。議事堂の廻りは、海に面したドック跡を開発した地域で、ショッピングセンター

同上、夜景

△▷リチャード・ロジャース：アントワープ裁判所、2006年（GA Document 90）

などが建ち並ぶ。やたらに風が強い。この辺りはイギリスも西の外れで、八℃ぐらいの気温だが、体感温度はもっと寒い。夕方から夜景のための場所探し。強い風の中、湾の廻りを歩いたので体にこたえる。

四月十四日（金）

無事撮影が終わり、帰り道にストーンヘンジを見るため一路南下。ストーンヘンジは大草原の中にポツンと存在していた。この冬空にもかかわらず見学者が多い。誰も居ないのではないかと考えていたが、的はずれだった。思ったよりスケールが大きく、現代彫刻を見る思い。モダンな雰囲気で、何千年も昔のものとは思えない。石の組み方がシャープでスケール感が正確である。現代の彫刻家の作品など、すべてふっとんでしまった感じ。素晴らしい。昨日からの疲れがすっと取れて壮

ストーンヘンジ

ノーマン・フォスター：国立ウェンブリー・スタジアム、2007年（GA Document 98、写真は工事中）

ボレス＋ウィルソン：ヴィラvZvdG、2005年（GA Houses 93）

快である。

　午後ロンドンに寄り、ノーマン・フォスターの「ウェンブリー・スタジアム」の工事現場に行く。かなりスケールの大きなものでほとんど出来上がっているが、予定では今年の末まで掛かるとか。

四月十八日（火）

ここ二、三日、パリはパック（復活祭）の休みのためヨーロッパ中からの観光客で、ごった返している。温度は一〇℃程だが、来た時より確実に春は近づいている。少しマロニエの芽が出てきた。例年のことながら初芽が出ると新緑になるのは早い。

　リチャード・ロジャースの「アントワープ裁判所」が完成したので、ベルギーへ向かう。早朝パリを出て午前中のうちに到着。しかし広場は工事の車輌が仕事中。いつもの事だが建築家から来る「建物が出来ている」という知らせは、いつも間違っている。内部はほぼ完成しているが、どうして、どれもこれも工事が大幅に遅れるのか。

　ロジャースとは、パリの「ポンピドゥー・センター」の工事現場で初めて会ってからもう四〇年近くになるが、まずまずコンスタントに仕事を完成させている。やはり自分のかたちと手法を持ったプロ中のプロであることには変わりがない。この建築も水準は高いし、手堅い。

四月十九日（水）

昨日の夜、ドイツとオランダの国境近くの街に入る。久し振りにピーター・ウィルソンの住宅（「ヴィラvZvdG」）が出来た。一帯は大規模な新開地の住宅地に建つ。以前工場地帯であったが、工場が火事で焼失したため住宅地に変貌したらしい。黒と白のストライプの外観は、数十軒の住宅が建ち並ぶ中ではやはりダントツに目立つ住宅。

△▷UNスタジオ：メルセデス・ベンツ美術館、2006年（GA Document 90）

四月二〇日（木）

今日はシュトゥットガルトに出来たベンツの工場脇に建つ「メルセデス・ベンツ美術館」のオープニングに来た。三〇メートル程の高さを持つ三角形のプランがアルミの外装で覆われた、銀色の建物。建築家はオランダのベン・ファン・ベルケル／UNスタジオ。十五年ぶりの再会であった。彼の話によると、十五年間この仕事をずっとやっていたとか。気の長い話である。

昨年からドイツの三大メーカー、メルセデス・ベンツ、フォルクスワーゲン、BMWは、工場や博物館などの建設に熱心である。ベルケル始め、ザハ・ハディド、コープ・ヒンメルブラウといった建築家を動員してレベルの高い建築をつくっている。それに引き替え、今や世界でも上位を占める日本のメーカーからは文化事業を手掛けるという話は聞かれない。利益を上げるのも必要だろうが、もっと日本の自動車メーカーは、文化興隆に貢献すべきだと思うが、いかがなものだろうか。

五月十一日（木）

東京発ロサンゼルスへ。午後二時五〇分着。サンタモニカの空は霧で、ロスにしては肌寒い十六℃。どうもここ数年、カリフォルニアの天気は悪い。特に海岸線の部分は、昔のいわゆるカリフォルニア天気には恵まれない。内陸に入ると必ずしも悪くなく、快晴が続くのだが。

五月十二日（金）

早朝からサンフランシスコへ。一路5号線を北上する。やはり海岸線は曇っているが、内陸は夏らしい天気で三〇℃前後の気温。しかし乾燥しているのでしのぎやすい。スケールの大きな草原と見渡す限り褐色に覆われた水平線。単純な風景の中を六〇〇キロ走る。

ジョン・ポートマン：ハイヤット・リージェンシー・ホテル、サンフランシスコ、1973年

ケヴィン・ローチ＆ジョン・ディンケルー：オークランド美術館、1969年

レゴレッタ＋レゴレッタ：ペタルマの家、2004年
(GA Houses 94)

同上、パティオのプール

今日はカリフォルニア大学のあるサンフランシスコの対岸、オークランドに泊まる。久し振りにケヴィン・ローチ設計の「オークランド美術館」を訪ねる。

三〇年前、完成した時に撮影に来たので、どのように変わっているか興味があったのだが、まずまずの保存状態で、コンクリートも思ったより荒れていなかった。建物は地中にあって上部の屋上庭園の管理がよく成されている。屋上庭園の植物が成長しているので、完成した時より、はるかに立派な庭園になっていた。

五月十三日（土）

サンフランシスコの街は坂が多く、夏になると霧が多い。しかし今日は霧がなくまあまあ晴れ。一年中十八℃位の気候で、しのぎやすいが少し冷たい体感温度である。私はどうもこの気候があまり好きになれない。カッと暑いロスの気候が体に

△▷バーナード・メイベック：クリスチャン・サイエンティスト第一教会、1910年（左は1970年代撮影）

合う。ここの駐車料の高さはニューヨークと双璧である。一日三〇〜五〇ドルといった高値である。特に街中の駐車は苦労する。

海岸通りにあるジョン・ポートマン設計の「ハイヤット・リージェンシー・ホテル」は、今なお健在で、内外共とてもよく管理が行き届いており、観光名所としての役割も果たしている。

五月十四日（日）

撮影の合間を縫って、バークレーにあるバーナード・メイベックの「クリスチャン・サイエンティスト第一教会」に行く。ちょうど教会前面にある藤の花が満開で、シックな外観のデザインとよく合う。しかし日曜日の正午以外は内部が見られないのか、中に入れなかった。残念である。

大学は学期の終わりを控え学生もまばらで静かだった。大学周囲のメイベックの自邸を始め、住宅をいくつか見る。すべてよく保存されており、一昔前の住宅の名手の作品に接することができた。ディテールが豊かなインテリアはシックで、現代住宅にない明暗の素晴らしさがある。

五月十五日（月）

サンフランシスコの郊外、ワインの産地、ソノマに行く。ワイン屋さんの住宅。近年、カリフォルニア・ワインの名声にともなって、この地方の畑はよく整備され、ワイン工場や売り場、そして住宅と、建設のラッシュである。

メキシコの建築家、レゴレッタ＋レゴレッタの設計の住宅（「ペタルマの家」）を見る。ソノマの平原を一望に見渡せる小高い丘の上に建つ、黄色が基調の巨大な住宅である。メキシコ風の壁厚な外壁、木造の室内と、このデザインは、昔メキシコであった風土によく似合う。

GA日記

2006年　6月

六月十七日（土）

サッカーのワールド・カップで沸く日本を後にしてニューヨークに行く。午後四時、ケネディ空港に到着。最近、駐車場に行くバス輸送が高架の無人電車になったので、久し振りにエーロ・サーリネン設計の「TWAターミナル」を上から観る機会に恵まれた。塀で囲まれており現在では使用されていない模様。しかしいつ見ても美しい造形である。スケールが小さいので、現在の飛行機の運行状況では使用には適さないと思うが、何らかのかたちで残すようにならないものだろうか。それにひきかえ最近出来るターミナルの貧しい造形はがっかりさせられる。ワシントンの「ダラス空港」（これもサーリ

エーロ・サーリネン：ジョン・F・ケネディ国際空港TWAターミナル、1962年

ポール・ルドルフ：マサチューセッツ大学ダートマス校、1972年

ケヴィン・ローチ、ジョン・ディンケルー：マサチューセッツ大学、アムハースト校、ファイン・アート・センター、1974年

ル・コルビュジエ：ハーバード大学カーペンター・センター、1963年

ネン設計）のような建物が現れなくなって三〇年にもなる。

六月十八日（日）

今回は、『GA現代建築シリーズ』のための最終チェックの旅である。まず、ボストンの南にある「SMTI」（現「マサチューセッツ大学ダートマス校」）を訪れた。ポール・ルドルフ作、一九七二年完成の大学である。

当時、コンクリートの打放しとしてはかなりスケールの大きな建物であった。少し増築されてはいたが（ルドルフによるものではない）、全体の印象は変わっていない。外装は少し黒ずんでいたが、今日でも立派に通用するデザインである。ルドルフの名前は久しく聞かないが、やはり戦後アメリカが生んだ実力のある建築家の一人である。これから彼の評価は再度上がるような気がする。

ル・コルビュジエの設計で、一九六三年完成の「ハーバード大学カーペンター・センター」へ向かう。数日前から夏休みに入ったため、内部に入ることが出来なかったが、やはり他の建築とは格が違う作品。しかし残念なのは、隣りに新しく建ったチャールズ・グワスミーの校舎がこの建物のアプローチを邪魔していたこと。「カーペンター・センター」は今日ではハーバードのモニュメント建築である。大学側もその周辺環境に十分配慮すべきだったのではないだろうか。

一九六〇年、七〇年代の名建築の保全について一考する必要がありそうである。

六月十九日（月）

ケヴィン・ローチ作、一九七四年完成、ブルータリズム時代のコンクリート作品「マサチューセッツ大学アムハースト校ファイン・アート・センター」に行く。驚いたことに建物前面にあった池が埋め立てられ、芝生のフィールドに変わってい

ジョン・アンドリュース：トロント大学、スカボロー・キャンパス、1969年

ポール・ルドルフ：ウェルズレイ・カレッジ、ジューエット・アート・センター、1959年（1960年代撮影）

た。この作品は、荒々しいコンクリートがプールの水面に影を落とすことによって生まれるやすらぎを表現している。水は重要なポイントであった。

それと同じことがポール・ルドルフの傑作、「ウェルズレイ・カレッジ・ジューエット・アート・センター」でも起こっていた。赤レンガとルーバーの絶妙なコントラストの、女子大学らしいエレガントな建築が出現したのは一九五九年。完成して十年後に二度目の訪問をしたきりだったので楽しみにしていたが、現地は昔の面影はなく、無惨にもオリジナルの半分は姿を消していた。建築も生きているのであるから、それぞれの事情があることは分かる。増築にせよ改築にせよ、前の建築より良い物が出来ることを望むが、ほとんどは良くない状況が出現する。特にこの学校のエレガントさは増築によって失われ、あまり良い環境と云えないものになっていた。

夜遅くトロントに到着。

六月二〇日（火）

ジョン・アンドリュースの「トロント大学スカボロー・キャンパス」に行く。一九六九年に出来た、これもブルータリズムの時代の作。コンクリートが美しく、雄大なスケールと共に魅了されたものである。この大学もその後の増築はレベルが低く、アンドリュースの作品は今日でも光っているが周囲の環境が良くない。やはり残念である。三、四〇年という時間が経ったことによって、ほとんどのものが良くない方向に向かっているのはどうしたものだろうか。

六月二一日（水）

デトロイトのミノル・ヤマサキ作の「ウェイン州立大学」に行く。ここは、出来た当時の講堂がそのまま残っており、前面の池が修理中であったが、メンテナン

レンゾ・ピアノ：モルガン・ライブラリー増改築、2006年（GA Document 92）

SANAA：トレド美術館ガラスパヴィリオン、2006年（GA Japan 83、写真は工事中）

ミノル・ヤマサキ：ウェイン州立大学、マクレガー・メモリアル・コンファレンス・センター、1958年

スもよく行き届いていた。この大学の管理の素晴らしさは特別である。ヤマサキ独特の白亜の殿堂は新築されたと錯覚するような佇まいで、クライアントの素晴らしさを感じさせる。

デトロイトからトレドへ。SANAAの「トレド美術館ガラスパヴィリオン」がほぼ完成に近づいている。トレド美術館は一九九二年にフランク・ゲーリーが別館をつくっている。この度の建物は道路を隔てた公園の中に建つ一層のガラス張りの建築である。十分に透明感のある小品であり、ガラスの美術館に相応しい雰囲気を持っていると思う。オープニングは八月二三日。

一路、ペンシルヴァニアへ。ペン大の中を一巡して、プリンストン大学に向かう。昨年から工事が進んでいるフランク・ゲーリーの「科学図書館」。前回来たときと同じ、まったく進んでいない。コア部分のコンクリートは上がっているが屋根は掛かっていないのでがっかり。

六月二二日（木）

朝からどんよりとした湿度の高い六月のニューヨークである。ニューヨークは今までの経験では、一番暑苦しい日が続くのが六月で、その暑い街中を歩いて、レゾ・ピアノの「モルガン・ライブラリー」の見学に行く。三六丁目の重厚な古い建物群の中央部に新しいライブラリーを割り込ませた計画で、デザイン自体は少し前のボキャブラリーだが、ピアノの軽さが前面に出た気持ちの良い作品である。

霧のサンフランシスコ

フランク・ロイド・ライト：マリン郡庁舎、1969年
上空より見る

夕方、五七丁目のフォスターの高層ビル（「ハースト・タワー」p.225）を見に行く。カーネギー・ホールの近くに建つ高層ビルは、土地条件があまり恵まれていないので、ガラス張りのオフィスビルは窮屈そうに見えた。

六月二四日（土）

ロスからサンフランシスコへ。天気予報では快晴らしい。車で六〇〇キロ。早朝、勿論車で出発すると二時頃にに現地に到着するので、午後の光で撮影出来る。ところが到着したときの気温が四〇℃近くあって、日頃のサンフランシスコの気候とは違う。さらに名物の霧が全市を覆い、撮影どころではなかった。

六月二六日（月）

昨日も霧で撮影不可能であった。周囲は晴れているという情報が入ったので、久し振りにフランク・ロイド・ライトの「マリン郡庁舎」の空撮をすることにした。道中、ゴールデン・ゲート・ブリッジは霧にすっぽりと沈んでおり、頭の部分が少し見えるだけ。しかしロマンチックで、夕方ならばかなりの雰囲気をかもし出すのではないだろうか。

「マリン郡庁舎」の周辺も最近ではどんどん開発されて住宅が密集しているが、この辺りの環境は素晴らしく、昔の感じとあまり変わらない。北上するとカリフォルニアのワイン畑に繋がっており、世界でも有数の景色の良いところである。特に空から見ると絶妙である。

六月二七日（火）

昨夜、ロスに帰る。この数日、カリフォルニアは猛暑で息苦しい。

クレッグ・エルウッドのパサデナの「アートセンター・カレッジ・オブ・デザイン」に行く。ミース風のガラスと鉄の作品であるが、三〇年ぶりに来て驚いた

ロサンゼルスの夜景

ことに森の中の建物に変貌していた。完成した当時は平坦な草木もない土地に建っていたのだが。建物はよく管理されているし、学校そのものもデザイン学校として世界的に有名になっている。この周辺には六〇年代の名作やグリーン&グリーンの有名な住宅もある。

クレッグ・エルウッド：アートセンター・カレッジ・オブ・デザイン、ヒルサイド・キャンパス、1976年

六月二八日（水）

今日は朝、昼、夜と空撮をする。有名なスモッグもなく、珍しく快晴。サンタモニカの海岸上空よりパサデナの山並みがくっきり。砂漠の中に出来た都市は海岸から山並みまでびっしりと住宅街が広がっている。起伏があるのは、ハリウッド、ダウンタウン、リチャード・マイヤー設計の「ゲティ・センター」といった数ヶ所だけで、あくまでも平坦である。

高級住宅街はすべての住宅がプールを持っており、水の消費量の凄まじさを想像する。夜、日没が九時頃なので、光が輝くまで周辺の山並みの上を飛んで時間を待つ。夜景はさすが、世界一と言われるのが分かるような火の海である。水の消費量と共に電力消費量も凄まじいのだろう。空の上は涼しく、昼間の四〇℃をすっかり忘れていた。

GA日記

2006年　9月

九月十四日（木）

昨日、アメリカから帰ってきたのだが、妹島和世さん、西沢立衛さんのバーゼルのオフィスビル「ノバルティスキャンパス WSJ-158」が撮影できるという連絡があったので、今パリ行きの405便に乗っている。同日五時に着いたが、やはり日本より涼しく感じる。

九月十五日（金）

今日の一〇時頃までに行かなくてはならないので、朝四時に出発。六〇〇キロの旅。さすがに少しキツい。夏時間のために七時頃でも真っ暗である。ル・コルビュジエの「ロンシャンの教会」の横を通るA36の高速をひた走り、現場に着く。しかし、撮影する状態ではない。二、三日後のオープン・セレモニーのため、工事が続いていて途方に暮れる。私の長い撮影経験の中でも初めてである。打ち切ってエッセンへ。

九月十六日（土）

バーゼルからエッセンは思ったより距離があって、昨夜遅くに着く。一九三二年に操業を開始した炭鉱施設が世界遺産に指定され、その一角にSANAAのデザイン学校「ツォルフェライン・スクール」が竣工した。珍しくコンクリートの正方形のボックス。ここは、家具が入っていないだけで建築は完成していた。

周囲に広がる世界遺産は、鉄骨造で壁面はレンガ。特にサッシュが素晴らしく、二〇年代のドイツ建築の水準の高さを窺わせる。OMAが全体の改修計画に関わり、展示空間をつくっている。ノーマン・フォスターも携わっていてこちらはすでに完成。ギャラリーとなっている。こういった炭鉱跡はよくドイツに見られるが、規模の大きさといい建築のレベルといい、素晴らしいものだった。

△▷SANAA：ツォルフェライン・スクール、2006年（GA Japan 83）

九月十七日（日）

オランダのアルメラに行く。ここは埋め立てて開発されたアムステルダムのベッドタウン。SANAA設計の大小のシアターが入る建物「スタッドシアター」が工事中。彼らの海外最初のプロジェクトであったが、工事が遅れに遅れ、やっと完成に近づいたと知らされて来た。周囲一体はOMAのマスタープランによる再開発が進められており、ここには騙され続けて三回も足を運んでいる。すぐ近くには数年前に完成したOMAの商業コンプレックスがある。不思議な現代建築が建ち並ぶ、不思議な街である。

SANAAのシアターは思っていたよりもよく出来た建築で、日曜日で中に入れなかったので、内部がどのようになっているか分からなかったが、彼らの初期の雰囲気が残っている。

パリに帰る途中、ピーター・ウィルソ

シュップ＋クレンマ：ツォルフェライン炭鉱

ツォルフェライン炭坑、OMAによる改修計画の一部：当時のベルトコンベアの角度に合わせてエスカレータを増設。建物内部はギャラリーとなっている

SANAA：スタッドシアター・アルメラ、2006年（GA Document 98、写真は工事中）

ンが商業コンプレックスを工事中と聞いていたので、デン・ハーグに行く。一〇年程前に完成したリチャード・マイヤー設計の市庁舎の前である。しかしやっと鉄骨が上がったくらいで、全貌は分からなかった。

その後ブリュッセルへ。郊外に出来た新しい鉄道の駅「エラスムス地下鉄駅」はフィリップ・サミンという建築家の設計。鉄骨のフレームを金網のシートが覆っている。初めて見たのだが、中々軽やかで良い。一昔前のレンゾ・ピアノを思わせる作品で、小品だが気持ちがいい。

九月二一日（木）

ヴェネツィアに来た。九月というのに夏のような天気が続き、観光客も予想したより多い。

サンマルコ広場前の水際の工事もだいぶ完成に近づいていると見えて、船の上

サミン&パートナーズ：エラスムス地下鉄駅、2000年

同上、プラットホーム

ジャン・ヌヴェル：ミニメトロ、2008年
(GA Document 101、写真は工事中)

ウゴ・カメリノ：ヴェネツィア港フェリーターミナル、2002年

から見るサンマルコ広場も以前よりはよく見えるようになった。宮殿自体の工事がほぼ完成して、エレガントな美しい風景として、塔と宮殿と広場を数年振りに見ることが出来たことが一番喜ばしい。
　ギリシャ行きのフェリーが到着する「ヴェネツィア港フェリーターミナル」を撮影する。ヴェネツィアには大型客船が到着するわりには設備が無かったので、何かと便利になったはずである。

ヴェネツィア・ビエンナーレ、2006年、イタリア館

　ちょうど建築のビエンナーレが数日前にオープンしたので、会場に行く。今年は「都市」がテーマなので、各国館とも建築不在で私にはつまらなかった。
　この数年、ますます建築作品の展示が無く、寂しい思いをしていたが、ここに来て完全に建築の姿が消えかかっている。
　日本館は、藤森照信さんの作品が会場を埋めていた。おそらく、会場で具象的な作品が展示されている数少ない場所だ

ヴェネツィア・ビエンナーレ、2006年、日本館（展示は藤森照信）

サンティアゴ・カラトラバ：ルツェルン駅ホール、1989年

SANAA：ノバルティスキャンパス WSJ-158、2006年（GA Japan 83）

と思う。

　全体があまりにもつまらないので早々と引き上げた。入口のスカルパの昔のチケット売り場が修復されて以前の姿が戻っていたことが唯一嬉しかった。次回からはもっと建築の作品で埋めてほしいものである。

九月二二日（金）

中部イタリアのペルージャに来た。シエナの近くで、サッカーの中田英寿さんが初めてイタリアのチームに入った街と言えば分かると思う。

　小高い丘の上まで街が続くというのがこの街の風景である。それと有名なグラッパの生産地が近くにある。今日では、ふもとから頂上に行く道はいつもラッシュで、それを解決することを主眼として交通機関が計画された。ジャン・ヌヴェルが地元の建築家と協同で七つの駅と高架の軌道を設計している（「ミニメトロ」）。これが完成すれば、この街は大変に便利になるだろう。

　帰路、ベルガモに寄る。高速に面した真っ赤な塀を持つオフィスビルが工事中（「ブレンボ研究開発センター」p.240）。設計はジャン・ヌヴェル。彼らしいエキセントリックなアイディア。自動車の音除けと宣伝のための装置。完成すれば話題になるだろう。

九月二三日（土）

朝、昔完成したサンティアゴ・カラトラバ設計、「ルツェルン駅ホール」に立ち寄る。地味だが、しっかりした造形が駅舎の雰囲気とマッチして好感が持てる。隣に建つヌヴェルの「コンサートホール」（p.193）は、隣接している美術館が完成されており、大きな庇と共に湖に面して堂々としたシルエットがそびえている。

　先日、工事中のために撮影できなかったバーゼルのSANAAの「ノバルティ

フランク・ゲーリー：ホテル・マルケス・デ・リスカル、2006年（GA Document 94）

ザハ・ハディド：R・ロペス・デ・エレディア・ヴィナ・トンドニア、2006年（GA Document 94）

ス」ビルに立ち寄る。少しは片付いていたが繊細な建物であるから、一応デッサン風に撮影。後日また本格的に撮影しようと思う。

九月二七日（水）

ボルドー経由でスペインの旅。スペイン・ワインの中心地リオハへ。ここ数年前からワイン会社の試飲のための施設が建設ブームを呼んでおり、カラトラバのワイナリーに始まり、フランク・ゲーリー、ザハ・ハディドと続いている。

ザハの建物（「R・ロペス・デ・エレディア・ヴィナ・トンドニア」）は工場の庭にこじんまりと造形的なフォルムで建っている。まだ地下の試飲室などは完成していないが、次々とお客が来るところを見ると、やはり世界的なブームなのだろう。

九月二八日（木）

アロの街から三〇キロの小高い丘陵地帯の一画に建つフランク・ゲーリーの「ホテル・マルケス・デ・リスカル」は、やはりワイナリーがつくったホテルとスパを併設したかなり大規模な計画で、行った時はちょうど、ジャガーが新車発表のためにオープンに先駆けて一ヶ月も貸し切りで、世界中からディーラーやマスコミを集めて連日パーティをしていた。こんな使い方もするのかと感心した。

宿泊施設はリゾート・ホテルとして本格的で、ぶどう畑の真ん中にこつ然と現れた中世の城のようで、ワイン産業が企業としても大きくなってゆくことを感じさせた。最近のゲーリーは波に乗っていることを証明するかのごとく、スケールの大きな建築で今までにない高級ホテルを演出している。一泊したが、なかなか気持ちの良い空間であった。

GA日記

2006年　10 — 11月

一〇月二一日（土）
昨日ニューヨークに到着。今日は早朝からペンシルヴァニア大学に向かう。ニューヨークの建築家トッド・ウィリアムズ、ビリー・ツィンが新しい生物工学部棟を完成させたというので見学。ルイス・カーンの「リチャーズ医学研究所」（p.39）の近くなのだが、この大学は城下町のように複雑で、道路が一方通行ばかりで、いつもなかなか目的地にたどり着かない。
　到着すると、ちょうど来週のオープニングのために最後の手直しが行われていた。見るからに保守的ながっしりした建物。古い教室群に合わせたのか知らないが、内部を見ると外観よりも重々しい。彼らしくテクスチャーに凝ってはいて手堅いといえば手堅いが、あまり興味が湧かないので撤退。カーンの「リチャーズ医学研究所」を久し振りに見て、ニューヨークへ帰る。

一〇月二三日（月）
早朝から「落水荘」へ。紅葉の景色をここ数年狙っていたのだが、気候の変動なのか、深く紅葉しないのが近年の現実である。「落水荘」のあるミル・ランまでは、ニューヨークから車で約五時間。途中、少し紅葉の美しい所があったが、最盛期の時には及ばない。しかし現場に近づくにつれて少しは良くなっていく感じ。
　今日は月曜で休館日のため、ビジターがいないので撮影がはかどると思っていたが、急に雪模様になり、細かい雪が降ってきたのには困った。現場に到着する頃には、太陽が少しは顔を出したので、最小限の撮影は出来たが、また来年来ようと思う。建築の写真は四季を通じて記録するものなので、楽しみであると共に、気の長い話である。ミル・ランは冬にはスキー場になるのだから仕方がない。紅葉の良い時は雪と背中合わせなのだから。

スティーヴン・ホール：スイス・レジデンス、2006年
(GA Houses 96)

秋の落水荘（フランク・ロイド・ライト設計、1937年）

トッド・ウィリアムズ、ビリー・ツィン：
ペンシルヴァニア大学生物工学部棟、2006年

一〇月二四日（火）

ボストンへ行く。『GA現代建築シリーズ』のために「ボストン市庁舎」の撮影。昔来ているのだが、当時のフィルムは退色していた。これには困ったものである。四〇年近くも経つと、歯が抜けたようにカラーフィルムの色が抜けてしまっている。

ブルータリズムの時代のこの市庁舎建築は、完成した時代より一層ごつく感じられた。出来た当時、周囲にあまり建物が無かったが、最近では建て込んでいる。

来たついでにディラー&スコフィディオの海際にある「ボストン現代美術館」を見学に行く。ちょうど完成間近で、手直しの工事が入っていた。海に面した環境によくマッチした軽い建築であった。

一〇月二五日（水）

ワシントンDCにスティーヴン・ホールのスイス大使館公邸（「スイス・レジデンス」）が完成したので撮影に行く。中心部から

コールマン、マッキンネル&ノウルス：ボストン市庁舎、1969年

ディラー＆スコフィディオ＋レンフロ：ボストン現代美術館、2006年（GA Document 95、写真は工事中）

ル・コルビュジエ、オスカー・ニーマイヤー他／ウォレス・ハリソン、マックス・アブラモビッツ：国際連合本部ビル、1952年

同上、国連総会ホール

少し離れた小高い丘の上に建つ大使の住宅。単純な構成で、一階はパーティー用のリビングとそれを補佐する部屋で、プライベート・スペースは二階に収まっている。

彼にしてはあっさりした造形で、特にインテリアはスイスの建築家が関わっているらしく中途半端な感じである。スティーヴンの住宅だからかなり期待していたが、普段の半分ぐらいのエネルギーしか感じられなかった。

一〇月二六日（木）

『GA現代建築シリーズ』のためニューヨークの「国際連合本部ビル」撮影。まず驚いたことは内部のメンテナンスが良く、昨日完成したかのような佇まいであったこと。外部はサッシュにしてもかなり傷みが目立っていたが。

全世界から来る人たちによって、中は

ノーマン・フォスター：ハースト・タワー、2006年
(GA Document 94)

レンゾ・ピアノ：ニューヨークタイムズ・ビル、
2007年（GA Document 101、写真は工事中）

ごった返している。この日はちょうど国連総会もなかったので自由に見ることができた。

　コルビュジエが自分で設計できなかったなど、当時いろいろと問題が報じられ、ニューヨークの建築家ハリソンとアブラモヴィッツを中心として完成した建物であるが、よく出来ていると思う。ここでもテロ対策で、建物前にテント張りの場所がつくられ荷物検査の機械が並び、つや消しの状態であるが、それを除けば長い時間を経ている建築がよく保たれているものだと感心した。

一〇月二七日（金）

秋のニューヨークは晴天の日が続く。八番街にあるノーマン・フォスターの「ハースト・タワー」の撮影。風が強く、まるで横に倒した煙突の中を強風が吹いてくるかのような状況での撮影は、ニューヨーク独特のものである。

　古い建物の上にまたがった高層ビルはロビーがかなりの高さまで吹抜けで、エスカレータが上昇していくドラマティックな空間構成は、映画を見ているようで楽しい。やはりフォスターはニューヨークに建つビルであるがために、こういった演出をしたのだろう。

　帰りに四一丁目付近に建つ「ニューヨークタイムズ・ビル」（レンゾ・ピアノ設計）を見に行く。細長いエンピツが天に向かって延びているような銀色の建物。外観はほとんど完成しているようだ。

　どこまでニューヨークタイムズが使用するのか知らないが、世界一巨大な新聞

坂茂：サガポナックの家、2006年（GA Houses 96）

社らしいスケールである。
一〇月三〇日（月）
イースト・ハンプトンに建つ坂茂さんの「サガポナックの家」の撮影。ディベロッパーが数人の建築家に依頼して建設しているもので、いち早く彼の住宅が完成した。ヘンリー・スミス＝ミラーの住宅も数ヶ月後には完成する模様。
　昔はこの辺りにリチャード・マイヤー、チャールズ・グワスミーらの住宅が毎月のように完成して、よく来たものである。二〇年振りぐらいに訪れてみると、イースト・ハンプトン辺りでも住宅の密度が高くなっているようであった。
十一月二五日（土）
十一年も掛かって石山修武さんの「ひろしまハウス」が完成したので、久し振りにカンボジアに行く。三五年振りのプノンペンは、暑さは変わりないが、街中は昔に比べて、かなり整理されている模様。フランスの植民地時代に計画された主要な道路は道幅も広く、気持ちの良いところもあるが、他のアジア諸国に比べると発展が遅い。
　「ひろしまハウス」は名前の通り広島の援助を得て完成した、コンクリートと煉瓦のローコストな建築である。しかし建築のレベルはかなり高く、石山さんの作品の中でも上位に位置するものである。最近は柔らかな建築が世界中で大流行であるが、剛な建築が数少なくなっているうちで、今年特記するにふさわしい建築だと思う。ローコストでも良い建築が生まれることを証明できた嬉しい事件であった。
十一月二七日（月）
今日から三日間、アンコールワットの撮影である。三五年前に来た時は、アンコールはジャングルに覆われた中にあった

△▷石山修武：ひろしまハウス、2006年（GA Japan 84）

アンコールワット

し、見物する人はごく少数で、かなりわびしいものであった。当時、プノンペンから数人の乗客がアンコールに向かって飛び立った時は大変心細い思いをしたものであったが、今日では、公園の中を考えられないくらいの大勢の人たちと巡回する。夢の中にいる思いである。初日は早稲田大学のアンコール研究所の下田さんの案内で、ものすごい暑さの中を見学する。

アンコールトムの道路群は三五年前よりよく整理されているものの、修理にはまだまだ時間が掛かるだろうと思う程傷んでいる。世界各国より援助の手がさしのべられているらしいが、アンコールのスケールからすると、まだまだ大変なエネルギーが掛かりそうである。

GA日記

2007年　1月

一月十八日（木）

今朝、雨の成田を出発した時、今年は世界的に暖冬で、ニューヨークは二〇℃で半袖の人たちがセントラルパークで散歩しているとか、南フランスでは海水浴で賑わった等々、気温の異変が報じられていたが、やはり眼下に見るシベリアの原野は例年になく雪が少ないように感じられた。いつもならば真っ白い平原が三時間は続くのだが、今年はシマウマのように白い部分と黒い部分がまだらで、めずらしい風景であった。確かに、シャルル・ド・ゴール空港に降りると、例年より暖かく、しのぎ易そうである。

一月十九日（金）

朝からスペイン、ポルトガルに向かって出発。普通は、リヨン経由で南フランスからモンペリエ、そしてバルセロナへ入るルートか、またはボルドーからサン・セバスチャンに入るという二つの経路が定番であるが、パリ、オルレアン、そしてフランスの中央に位置するクレルモン・フェランを通って、モンペリエに抜けるルートが短路で、高速が整備されつつあることもあり、最近はこのルートを経由することが多い。冬は大雪が降るので要注意なのだが、今年はやはり暖冬で雪が見られない。去年は大雪に遭遇して大変に危険な目に合ったので、やれやれとの思いで通過していった。途中通るノーマン・フォスター設計の「ミヨーの高架橋」は霧の中に沈んでいた。

夕方、スペインの国境近くの町、ジローナに着く。

一月二〇日（土）

故エンリック・ミラージェス設計の「パラフォルス図書館」が完成近いとの情報があったので、早朝現場にやって来た。ここは磯崎さんの体育館（p.26）がある町。図書館は計画が始まってから一〇年近く

△▷エンリック・ミラージェス・ベネデッタ・タグリアブエ：パラフォルス図書館、2007年（GA Document 96）

になる。コンクリートと煉瓦で構成された低層の図書館は初期のデザイン言語で語られており、感じのよい建築であった。建築を囲む庭は、完成したときには重要な役割を果たすだろう。もう数ヶ月で完成すると思われるが、良い出来である。密度の高さを予感した。それにしてもミラージェスがもうこの世にいないことが残念である。

　バルセロナをかすめてサラゴザへ。近年完成した中央駅「サラゴザ・デリシアス駅」へ行く。思ったよりスケールの大きな建物で白亜の殿堂である。何だか戦前のドイツの建築のような雰囲気を持っている。しかしこれは悪い意味ではなく、最近ではなかなか見ることができない堂々たる大空間である。外部も内部も一体感があり、気持ちのよい建築。時間的なこと（行ったのは土曜日の正午）かもしれないが、この駅にはほとんど人が居ない。

カルロス・フェラテール：サラゴザ・デリシアス駅、2003年

同上、プラットホーム

アルヴァロ・シザ：アデーガ・マイヨール、2006年（GA Document 95）

それが余計に、不思議な抽象空間を感じさせてくれた。

サラゴザを後にして、一路マドリッド経由でバダホスへ向かう。今日は快晴で、スペインの中央原野をひた走り、七〇〇キロ。乾燥した空気や風景は月の原野を走っているような感覚である。いつも思うことなのだが、この高速E90号線は、広大なスペインを実感させてくれる。

マドリッドを過ぎた頃からひどい霧。行けども行けども真っ白なミルクの中を、走るというより泳いでいる感覚である。

一月二一日（日）

昨晩は、僧院を改装してホテルにしたパラドールで一泊。朝を迎えても依然、霧である。二〇〇キロほど走り、バダホスの町の手前で霧が晴れて快晴になった。国境を越えてポルトガルに入ったところにアルヴァロ・シザのワイン工場「アデーガ・マイヨール」があるので、約束は明日の撮影だが、まずは下見にと、ひとっ走りする。

この辺りがワインの産地とは知らなかったが、一面広がるワイン畑の遠くに細長い白い建物が見える。幸運にもたまたまオーナー一家が来ていたので、許可をもらって内部に入らせてもらい、仕事を始める。建物はワインを製造して寝かせるだけの場所で至って単純。一階は工場、二、三階はお客のテイスティング・ルームなどがあって、シザ独自の単純明解なデザインの建物である。

一月二二日（月）

バダホスに戻って「バダホス会議場・劇場」の撮影。この建物は以前雑誌に発表されていたが、何だか気になっていたので、シザの作品に引っかけて見に来たのだが、来て良かったと思うほど素晴らしい建築であった。設計は、ホセ・セルガスとルチア・カーノという二人組セルガ

◁△フスト・ガルシア・ルビオ：カサール・デ・カセレス地区バス・ステーション、2003年（GA Document 95）

スカーノ。二重のリングに囲まれた劇場で、構成する材料はありきたりでどちらかと言えばローコストのものばかりだが、空間の見事さは十分納得する出来映えである。劇場自体やロビーの配置に至るまで、無駄なく適当な空間が連続し、久しぶりに見事な設計のコンセプトに接した。

セルガスカーノ：バダホス会議場・劇場、2006年（GA Document 95）

　この町から北上すること一〇〇キロ、カセレスという小さな町に、フスト・ガルシア・ルビオ設計のコンクリート・シェル構造のバス停車場「カサール・デ・カセレス地区バス・ステーション」がある。メキシコのフェリックス・キャンデラの再来を思わせるようなシェル構造の建築が町の一隅にポツンと建っていた。小さい建物だが、シェルがもたらす緊張感が漲っており、なかなかシャープな建築である。隅々までよく考えられている建物で水準は高い。これもここまで見に来た満足感でいっぱいであった。

同上、ホワイエ

磯崎新：イソザキ・アテア、2008年（写真は工事中）

この二つの、町の劇場とバスの停車場は、最近の日本には見ることがない手仕事の建築である。スペインの現代建築の幅の広さを感じた。

昨日までの暖冬が夕方から一転して雪模様になった。やはり冬である。ブルゴスに近づくに従って雪である。町に着く頃にはもう大雪で、やっとの思いでホテルにたどり着く。

部屋のテレビはスペイン、フランス、ドイツの大雪の模様を映し出していた。

一月二三日（火）

スペインのディベロッパーが計画した、磯崎新さん設計のビルバオの複合ビル「イソザキ・アテア」を見る。ゲーリーの「ビルバオ・グッゲンハイム」横の川の上流に面している。

一路パリへ。

モーフォシス：ハイポ・アルプ・アドリア銀行本社、2006年（GA Document 95）

同上、ホール

カルロ・スカルパ：ブリオン・ヴェガ墓地、1972年

イタリア上空、アルプスを見る

一月二七日（土）
フランス国内の大雪と時間の関係でイタリア、ウディネへの旅行は飛行機にすることにした。朝五時にシャルル・ド・ゴール空港へ向かい冬のヴェネツィアへ。機上から見るアルプスは氷の世界である。九時に到着。レンタカーで一時間、快晴のウディネへ。モーフォシス設計の「ハイポ・アルプ・アドリア銀行本社」の撮影。

最近のモーフォシスの仕事の量はものすごい。すべてが巨大建築で、ここ数ヶ月、数件の作品の完成が続いている。プール、会議場は完成していなかったが、本館を何とか撮影した。

一月二八日（日）
午後の飛行機までの時間、思い出してカルロ・スカルパの「ブリオン・ヴェガ墓地」に行く。有名な丘陵の町、アーゾロの下、サン・ヴィトにあるお墓は、日曜なので朝から数人の見学者が居た。

やはりこの建築は幾度見てもすばらしいの一言に尽きる。まずは、スカルパのお墓にお参りして、スカルパさんと話をした。たまたま墓守の人が来て、御堂の鍵を開けてくれたので、ゆっくり建物の中も含めて見ることができた。やはり手を入れているらしく、よく維持されているが、打ち放しのコンクリートはさすがに黒ずんでいて、痛々しい。しかし良い空気を胸いっぱい吸った気持ちで、嬉しい一日であった。

ブリオン・ヴェガ墓地にあるスカルパのお墓

GA日記

2007年　4月

四月十五日（日）

パリに着く。天気予報では、珍しく一週間快晴とかで、久しぶりにパリの街中を歩いてみようと思う。

四月十六日（月）～十八日（水）

春には珍しく晴天が続く。一年の中でパリは今が一番素晴らしい季節である。マロニエに初芽が付いて、木立の間に街路の建築が連続して見える。長い冬が終わって春を迎えた街並みは、本当に美しい。特にノートルダム寺院からセーヌに沿って凱旋門までの間が、パリ、パリである。キリスト教の復活祭のお休みで、地方からパリにやって来る家族で溢れているが、夏に較べて外国人はまだまだ少ない。

新芽は、少し油断すると二、三日でどんどん緑の量を増していく。左岸から見るルーヴル宮はあっという間に緑に覆われて、姿を変貌させてしまう。

天気が良いせいか、夏ほどでもないが遊覧船の数が増えてくる。チュイルリー公園の池の周りには老人や子供がベンチに腰掛けて、春の一日を満喫する。新緑の中に真っ白い花と赤い花を持った二本の木立がアクセントとして美しい。日本のように花の咲く高木はチュイルリー公園では珍しく、もう少し時期が経つと花壇にチューリップやその他の花々が公園管理者によって植えられる。

こういった街路の美しさの中にいると、自分が十九世紀の人間になったような錯覚さえ覚える。日本と違うのは、街路に面した街並みすべてが、十九世紀であるということだ。昔の写真を見ているとオペラ座に向かう通りなどは、今もほぼ同じ雰囲気を持っている。

公園の端にあるコンコルド広場と、そこから遠くに一直線上に見える凱旋門の風景は、いつ見ても都市美として最高のものだろう。

三日間も続いて歩いていると、次から

ベルナール・チュミ：ゼニス・リモージュ（リモージュ・コンサートホール）、2006年

パリ、チュイルリー公園

次に新しい発見がある。一九六〇年に初めて来ているので日本人としてはかなり知っているつもりでも、街並みの中には初めて接する景色がある。中心部でもこうなのだから、おそらくパリ全体では今まで見たこともない所があるのだろう。やはり世界一の都市美を持った街であることは間違いない。

四月二二日（土）

パリ、朝七時発、陶器の街リモージュへ向かう。フランスの中央部の小高い丘が連続する、いかにも土の街といった雰囲気が漂う場所である。近年までニューヨークのコロンビア大学でディーンを務めていたベルナール・チュミの作品を見に来た。主に音楽などの催し物会場として使われるホール。これと同じ目的で建てられたチュミ設計のルーアンの建物（「ゼニス・ルーアン」）は鉄骨造だったが、ここではリモージュが木材の生産地であることから集成材で構成され、形はほぼ同じシルエットを持っていた。集成材のリブとリブの間はポリカーボネート板で覆われており、八千人収容可能という。

四月二三日（月）

スペインのバルセロナに、ヘリコプター

バルセロナ上空。中央はサグラダ・ファミリア教会

UNスタジオ：防御壕に載るティー・ハウス、2006年
（GA Document 96）

伊東豊雄：バルセロナ見本市・グランビア会場（エントランスホール／パヴィリオン1）、2007年（GA Japan 88）

による都市撮影にやって来た。一九九二年のオリンピックで大きな再開発をして、その後EUになり、ヨーロッパの中では遅れていたスペインも今日では、フランスやドイツと肩を並べる都市に発展している。

ヘリコプターの基地は港に隣接した場所にあるので、飛び立つと同時に港が眼下に広がる。貿易で発展したこの街は、港が歴史的にも重要である。こじんまりしているが、さすがに広場やカテドラル、ゴシック地区と呼ばれる旧市街には歴史を感じる。

オリンピックでは、中心部から飛行場に行く大通りの左側、モンジュイックの丘にあるスタジアムを中心として開発され、その後、港から北東へ海岸に沿って村が開墾され、新興住宅地が急速に増えた。今回撮影に行った、エンリック・ミラージェスの図書館のあるパラフォルスはその典型で、バルセロナから六〇キロ北にあるが、オリンピック以後、人口が急激に増えた町である。

バルセロナの街は海岸から北西に向かって徐々に坂道が傾斜を増し、そのまま北の山地帯に延びているのだが、オリンピックのためにこの尾根沿いに高速道路を通した。海岸道路のみであった交通路を山の手にもつくることによって、街へのアクセスのみならず、通過動線としてもよく整備されて、この街の発展の基礎となった。街の中は旧市街を除いて碁盤の目のように街区がつくられ、ヘリコプターから見る街は、現在でもこの基本を忠実に守り、旧市街と碁盤の目の街区が対照的である。伝統ある街をいかに新しく開発するかという考え方は、日本などと違ってかなり厳格なシステムによって計画されている。上空から見てもガウディの街は保存が完璧で見事であった。

今一番開発が進められている場所は、オリンピック・スタジアムと飛行場の中

△▷UNスタジオ：レリスタッド劇場、2007年（GA Document 96）

間である。そこには伊東豊雄さんの「バルセロナ見本市・グランビア会場」やジャン・ヌヴェルによるホテル等が工事中である。

四月二六日（木）

昨日、スペインからパリへ戻り、今日は、六時発でオランダへ。アムステルダムから東へ三〇キロほど走った所にある街、レリスタッドに向かう。この隣の街は、妹島和世さんと西沢立衛さんの海外での初めての仕事となった「スタッドシアター」(p.218)のあるアルメラである。この周辺はアムステルダム近郊の住宅地として開発された衛星都市である。

　レリスタッドへは、ＵＮスタジオ設計の「レリスタッド劇場」の撮影にやって来た。街の中央に建設された建物は、橙色に塗られた鉄骨造の建物。写真で見た時には驚いたが、この辺りは埋め立て地ゆえか、朝は大変霧が深く、派手な色合いの意味が分かった。

　一歩中に入ると、吹抜けのロビーは派手なピンクで塗られたかなり過激な空間構成。同じくＵＮスタジオ設計の、先日完成したシュトゥットガルトの「メルセデス・ベンツ美術館」(p.207)と較べるとローコストの軽い建築である。

　半日撮影して、アムステルダム近郊のフリースワイクへ向かう。湖に面して昔の砲台が残っている場所があるのだが、その一つを基礎としてつくった「防御壕に載るティー・ハウス」の撮影である。設計はＵＮスタジオ。今ではポロのフィールドと厩舎があり、ポロ競技を見るためのスペースとして使われる。住宅作品のようなこじんまりとした鉄骨の構造体にアルミニウムを張り多面体に仕上げている。隅まで行き届いたデザインで外観のガラスとアルミニウムのコントラストが夕景のなかに美しく輝いていた。

GA日記

2007年　6月

六月十六日（土）

パリから西へ一〇〇〇キロ走って、ザルツブルクへ夕方到着。民家博物館に行く。ヨーロッパの民家園は日本と違って、本来あったような姿で展示されていることが多い。ここも歩くと一日掛かるような広大な敷地の中に木の民家が点在している。今度じっくりと見に来ようと思う。

六月十七日（日）

チェコのテルチに行く。プラハとブルノを結ぶ高速道路から南に下った小さな町である。六〇年代に東西ドイツが冷戦で分離していた頃から行きたかったのだが、なかなか機会がなく、感激ひとしおである。十二世紀に歴史を遡るテルチは、二度の大火の後再建され、今残っているのは十六世紀の建物が多い。子供の絵本に出てきそうなルネサンスの街並みは、ほぼ原型をとどめた姿で存在していた。

中央の広場は一辺が三五〇メートルほどもある細長い三角形状で、両側を池に囲まれている。一つ一つの建物はそれぞれ個別に改修が施され、微妙にスタイルやモデュールが違うものの、一列に並んだパステル調のカラフルなファサードは圧巻であった。

朝五時半にザルツブルクを出発したのだが、幹線道路が整備されているものの高速道路ではなく、思ったより遠い。帰りも六時間ほどかかってインスブルックへ夕方到着。六月のヨーロッパは、日没が一〇時半ぐらいなので、また昼間のように明るい。ザハ・ハディドがケーブル鉄道の駅（「ノルドパーク・ケーブル鉄道」）を建設中というので見学。彼女の特徴的な造形が、町の小さな駅舎という機能に合っている。

六月十八日（月）

昨日のうちに、イタリアのヴェローナまで降りてきた。インスブルックからイタ

ザハ：ハディド：ノルドパーク・ケーブル鉄道、2007年
(GA Document 101、写真は工事中)

チェコ、テルチのザハリアーシュ広場

リア国境までは三〇キロ程で大変近い。朝、ヴェローナから一時間ほど走ってベルガモに到着。

ベルガモはミラノから東へ五〇キロほどの場所にあり、高速を隔てて北が市街地、南が産業地帯となっている。そのミラノ—ヴェネツィア間をつなぐイタリア主要幹線Ａ４号線に沿って建つジャン・ヌヴェル設計の「ブレンボ研究開発センター」の撮影。高速道路に沿って全長一キロの赤い壁を持つ建築は、数年前のヴェネツィア・ビエンナーレで会場前の広場にその模型が飾られていた。

世界的に有名な自動車ブレーキ・メーカーの研究所で、ヌヴェルらしい機知に富んだ作品である。会社のシンボルカラーである赤い壁の、高速道路側に駐車場、内側に研究所とオフィス部分が置かれている。この一画には、イタリア政府主導で先端企業をいくつも誘致しており、ゆくゆくは産学協同の一大企業団地となるらしい。シリコンヴァレーのような場所にしたいようだ。そのマスタープランもヌヴェルによる。広大な敷地のなかで、リチャード・マイヤーらも設計に携わってどんどん開発が進んでいる。数年も経つと、この辺り一帯が研究所の集合地帯になるのだろう。

今回の建物の敷地内には、一九八〇年代に建てられたＳＯＭによる棟もあり、赤い壁は、それらいくつかの棟をまとめ、高速の騒音と公害に対するフェンスとして機能し、さらに、この一帯の開発の象徴的なモニュメントでもある。

六月十九日（火）

「ブレンボ・センター」の西面の撮影まで時間があるので、久しぶりにベルガモの旧市街に行く。ベルガモは、大変急な坂道を上がった山頂に旧市街があり、一〇キロほど離れたヌヴェルの建物からでもその姿を眺めることができる。旧市街の

ジャン・ヌヴェル：ブレンボ研究開発センター、2007年（GA Document 98）

入口は城壁で囲われており、石畳みの細い道を上がって中心部に至る。

昔コルビュジエが絶賛したというヴェッキア広場が素晴らしい。パラディオ様式の新宮殿を背景に、街のストリートから奥の教会に向かって延びる広場は、コルビュジエに限らず、誰が見てもイタリアの美しい広場の一つである。広場の一画にある、昔、市庁舎だった建物が修理中なので、本来の姿は見られなかったが、数年後にはまたきっと美しい姿が目の前に現れることだろう。

ベルガモには数回来たことがあるが、旧市街を歩いてみると、中世に栄えた街の骨格は大変立派で、道路や壁、門扉、開口部といった街のディテールは、イタリア独特の美しさを持っている。歩いていても時間がすぐに経つ楽しい街である。

ヴァンデル・ヘーファー・ロアヒ＋ヒルシュ：ヒンツァルト資料館、2005年

六月二〇日（水）

パリに帰る途中、ルクセンブルクの右隣、ドイツのヒンツァルトに立ち寄る。ここはナチスの強制収容所があった場所で、ヨーロッパ各地にあるような、迫害を受けたユダヤ人の資料館（「ヒンツァルト資料館」）がある。何だか暗い感じのする田園の一画に資料館と墓があり、雨が降っていたわけでもないのに、怨霊が漂うような雰囲気だった。

ザハ・ハディド：アーキテクチャー＆デザイン展、デザイン・ミュージアム、2007年（GA Document 98）

ノーマン・フォスター＆HOK S+V+E：国立ウェンブリー・スタジアム、2007年（GA Document 98）

六月二六日（火）

ノーマン・フォスターの「国立ウェンブリー・スタジアム」の撮影のためロンドンに行く。

　ちょうどウィンブルドンの季節、今年は天気が落ち着かなかったので心配していたのだが、雲間から太陽が覗いたので、上手く撮影できた。近くのビルの屋上に上げてもらって建物を見ると、ロンドン郊外の典型的な住宅地に建っていることが判る。象徴的な風景であった。

六月二七日（水）

午後からザハ・ハディドのインタヴューのために事務所に行く。シティから少し離れた以前からの場所。昔の小学校を改築して使っている。事務所を訪ねたのは一〇年振りぐらいだが、変わっていたのはスタッフの多さ。二〇〇人居るという。売れっ子の事務所らしく、巨大な設計工場に姿を変えていた。コンピュータを前にした人たちが所狭しと並んでいる姿は、かなり異様であった。数年前まで誰も想像できなかった風景である。近くにある彼女の新しいアパートのリビングルームで話を聞く。真っ白な空間に彼女の初期のドローイングが壁に掛けられ、彼女のデザインした家具が置かれた気持ちの良い家である。

六月二八日（木）

ロンドン、テムズ川沿いにあるデザイン・ミュージアムで始まったザハの展覧会（「アーキテクチャー&デザイン展」）の取材。建築のデザインと共通する三次元的な展示で、素晴らしい。これを見ると、建築の展示も新しい時代が始まっているような予感がする。

GA日記

2008年　2月

二月十二日（火）

十一時発のＪＡＬでニューデリーへ。インドの旅は久しぶり。約九時間の飛行で午後三時半に到着。考えてもみなかった寒いデリー。ホテルは寒さに対応しておらず暖房が無いので、朝が待ち遠しい夜であった。

二月十三日（水）

電車でチャンディガールへ。チャンディガールは四回目だが、初めての電車での旅。六〇年代はバスで五～六時間の旅だったことを思い出す。電車は一等車なのですこぶる快適。ここ数年で、デリーははじめインドの大都市は近代的に変貌しているが、一端、郊外に出ると昔のインドの顔を見せる。車窓には何の変哲も無い風景が続き、一路ヒマラヤの麓を目指して四時間の旅。

二月十四日（木）

チャンディガール市内

やはりチャンディガールの街も近代化が進んでおり、以前とは違う雰囲気である。一〇年ほど前のル・コルビュジエ設計の「高等裁判所」などは、鉄条網で囲まれ窓のガラスは割られ、柱に塗られた赤黄青の色は剥げ、惨憺たる姿を見せていたが、現在では一〇九もある法廷がいつも満員で、裁判官とそれを必要とする人たちで溢れかえっている。

「議事堂」は内部の改修がちょうど終わったところで、新築時よりも立派であった。私が六〇年代初頭に見た頃の荒々しさは影をひそめ、コルビュジエの設計

ル・コルビュジエ：議事堂（左、1962年）と高等裁判所（右遠方、1956年）、チャンディガール

高等裁判所（手前）と合同庁舎（左奥、1958年）

高等裁判所

議事堂内部

なのかなあと、途方に暮れる。「合同庁舎」はかなり痛んでおり、おそらくそのうちに、世界遺産に登録されて改修されるだろう。昔から軍隊が管理しているので、内部の撮影はダメだし、撮影許可をもらうのもかなり面倒である。内部はほとんどが竣工時のままで、オリジナルといえばそのままであった。

「合同庁舎」「高等裁判所」「議事堂」は、古くなったとはいえ、やはり現代建築の華である。見事な造形美は、今日建設される他の建築にはもう見ることの出来ない、素晴らしさを持っている。

しかし都市計画としてのもう一方の顔も持つチャンディガールは、五〇年経過した今日でも発展性が無く、都市としての進歩は無い。やはりコルビュジエの都市計画は、自分の建築をつくりたいための手段ではなかったのかと考えられる。コルビュジエだけでなく、建築家が考え

ルイス・カーン：インド経営大学、1974年、外観見上げ

デリー市内

る都市は、ほとんどがそれであるように見える。
「合同庁舎」の屋上から見る風景はあまり発展の無い都市である。そのために美しい森に囲まれた、今日的に言えば環境の良い状況を保持していた。

二月十七日（日）
五日間のチャンディガール滞在で数多くのことを見て経験することができた。この人工的な都市に対して、最近力を付けてきているインド経済の発展がどのように影響していくのかが、一番興味のあることだ。
デリーに向って自動車で移動。デリー近郊は、二〇一〇年のアジア大会のために、高速道路の工事が到る所で進められており、大混乱である。新しいホテルとアパートの建設が進行し、デリーを中心として郊外に向って恐ろしいスピードで開発されている。ちょうど、北京とデリーは世界中で一番開発が振興している都市だろう。
現代のデリーにはあまり興味がないので、夕方の飛行機で一路、アーメダバードへ。

二月十八日（月）
ルイス・カーンの「インド経営大学」に行く。やはり四回目であるが、昔の印象とまったく同じで、今さらながらカーンの力量を感じる。建物もよく管理され、インド一番のビジネススクールらしく、ここにはインド中から選ばれた五〇〇人の優秀な学生がいるとか。今日の経済発展のためか、隣りの敷地に現在、新校舎が建っている。
午後四時にバルクリシュナ・ドーシに会う。彼は大変古い友人で、コルビュジエの下で「チャンディガール」を担当し、その後ルイス・カーンのパートナーとして活躍した建築家である。現在八一歳と

ル・コルビュジエ：ショーダン邸、1956年

ル・コルビュジエ：サラバイ邸、1955年

か。接していると四〇歳ぐらいにしか見えない風貌で、驚かされる。前回は新しい事務所に移ってきた時だったが、今や植物が育ち、庭園の中にいるような素晴らしい環境になっていた。インドの経済発展はドーシの事務所にも現れており、インド各地の新しいプロジェクトが所狭しと溢れていた。

バルクリシュナ・ドーシのアトリエ「サンガト」

二月十九日（火）

コルビュジエ設計の「サラバイ邸」を訪問。最初、六〇年代に来た時には、サラバイ夫人が元気な姿で迎えてくれたことを思い出す。前回来た時にはかなり痛んでいたので、心配していたが、手を入れたと見えて前庭は昔の姿に戻っていた。

内部も美しい姿が保たれており、コルビュジエの住宅が持っている力強さとエレガントな空間を感じることができた。

バルクリシュナ・ドーシ（左）

△▽ル・コルビュジエ：アーメダバードの繊維業者協会会館、1954年、川越しに見える会館（上）と外観（下）

△▽同上、内部

二月二〇日（水）

同じくコルビュジエの「ショーダン邸」を訪ねる。思いがけず、夫人にお目に掛かることができた。大変お元気で、前にお会いしたのが四〇年前とは思えないほど。ドーシといい、インド人の若さには驚かされる。やはりヨガのせいなのだろうか。

この建物もよく管理され、ほとんど変化が無い。近隣に病院が建設されて環境が損なわれているという話をドーシに聞いていたが、思ったよりその害が大きくなく、安心した。やはり「サラバイ邸」と「ショーダン邸」は、コルビュジエの中でも特にレベルが高く、もちろん世界の住宅の中でも一〇指に入る傑作である。

二月二二日（金）

アーメダバードで泊まったホテルから川を挟んでコルビュジエの「繊維業者協会

△▷ファテプール・シークリ（アーグラ近郊）

会館」が見える。以前来たときには、川縁のスラム越しに眺めなければならなかったのだが、そのスラムがこつ然と消え、美しい河原が目の前に広がっていたのは大変嬉しい（ただし、横に目をやるとまだ残っていたのだが）。インドの近代化が出来るだけ良い方向に向いてくれることを願いたい。

二月二三日（土）

日本に帰る道筋上デリーに戻り、デリーから日帰りでアーグラ近郊の「ファテプール・シークリー」に行く。アーグラはデリーから二五〇キロ、ジャイプールから二五〇キロという距離。「ファテプール・シークリー」は私にとってはインド最高の宮廷建築である。形といい空間といい、これほどまで洗練された建築は他に類を見ないと思っている。一九六三年に建築家の磯崎新さんと初めて訪れたときの感激と少しも変わらない。赤い砂岩で構成された全体像は強い太陽光を吸収してディテールまではっきりと見せ、軽さを強調する。以前に比べて違うのは観光バスの波々で、ゆっくりこの空間を鑑賞するにふさわしくない環境である。次回は早朝に来ることにしよう。帰りにアーグラの「タージ・マハル」（p.76）を見よう、と思ったが、アグラの街は大渋滞しており、遠くに眺めながら、デリーへ帰る。

GA日記

2008年　3—4月

三月十六日（日）

フィン・エアーで一路ヘルシンキへ。アルヴァ・アアルトの「ヴィラ・マイレア」の雪景色の撮影のため。一九六〇年から今まで五回ほど行っているのだが、雪の中の「マイレア」を見たことが無いので、一度見てみたいと思っていた。時期的に少し遅いかなと心配だったが、夕方着いたヘルシンキは冬の終わりなのに〇℃で、飛行場の空気はやはり北欧そのものだった。しかし、周辺は雪が無く、雪景色は難しいかなと不安である。

ヴィラ・マイレアへ向かう道中

雪景色のヴィラ・マイレア（アルヴァ・アアルト設計、1939年）

三月十七日（月）

夜中に一度、ホテルの窓からのぞいたところ、雪が降り始めていたので、ひと安心。朝は前日と一転して雪景色。ヘルシ

△▷アルヴァ・アアルト：サヴォイ・レストラン、1937年

ンキから二七〇キロ離れた西北の町、ポリを目指して走る。やはり郊外の高速道路は一〇センチぐらい雪が積もっている。

ポリの郊外にある「ヴィラ・マイレア」は雪の中。近づく道中は、雪が二〇センチ程積もっていて、周囲の池は氷が張っている。本当の雪景色。周囲の松林や、木々に程よく張りついた雪が、撮影にはちょうどよい。やはりマイレア邸は、雪がよく似合う。オーナーであるグリクセン氏が、私のために人を派遣して住宅を開けて下さっていたのには感激した。私の予定では外観のみを撮影して帰ろうと思っていたのだが、内部も入ってよいと言って下さった。しかし、今回は外観の雪景色に専念しようと、撮影を始める。

いつものことながら、撮影している時は興奮状態なので、寒さを感じないものだ。特に初めての雪景色なので、寒さなど感じる暇もない。周囲の温度が低いので、木々は霧氷状態で、よりいっそう住宅が映える。北欧の住宅の傑作は、やはり雪の中で堂々として美しい。夏場には感じられない「マイレア邸」を見ることができた。特に西側から見る景色は絶妙で、世界で一、二の住宅の風格が表現されている。おそらく総合点でも、世界の住宅のなかで一番高い点数が取れるだろう。雪が適当に降ったり止んだりしているうちに、あっと言う間に午後となり、撮影は終わった。こんな幸せな時間を費やしたのは久しぶりだった。

三月十八日（火）

快晴のヘルシンキの街を散歩。午前一〇時にアアルトがインテリアを設計した「サヴォイ・レストラン」の前を通ったので、見学できるか訊ねてみたら、「どうぞ、どうぞ」と嬉しい返事。一〇年ぐらい前に食事をした時の記憶では、少しうらぶれていたような気がしていたのだが、今日見る「サヴォイ」は完成された頃と同

△▷アルヴァ・アアルト：アカデミア書店、1969年
市内中心部のエスプラナーディ公園に面して建つ

じような雰囲気で、ディテールまでも美しい。ちょうどフランスのＴＶクルーが撮影していた。家具も照明も、すべてオリジナル。そして部屋の隅々まで掃除が行き届いていた。アアルトの家具がここでは一層素晴らしく、この空間にあるすべてのものが生き生きとしていた。入るのを許してくれたウェイター氏の物腰の柔らかさが、一層このレストランの素晴らしさを物語っていた。

　ヘルシンキの中心はアアルトの建物が立ち並び、どこに入ってもインテリアの美しさは並外れている。近年出来たスティーヴン・ホールの「ヘルシンキ現代美術館」(p.190)もそれらに負けない優雅な姿を見せていた。スティーヴン・ホールの実力の高さを十分感じることができた。

　北欧は民家園が充実しているので、来る度に行っているのだが、冬場は初めて。しかし、冬場は休みで、園内には入れるが各建築の内部は見ることができない。海に面した敷地はやはり冷たい風が通り抜けるので、かなりの寒さであった。

三月二〇日（木）

ヘルシンキから冬のロンドンに来る。八度。快晴で久しぶりにゆっくりとロンドンを満喫する。ボンドストリートのアーケードを見たり、少し前に完成した建築を見て歩く。

三月二二日（土）

フランス、ル・アーヴルのジャン・ヌヴェルのプール（「アクアティック・コンプレックス」、p.263）を見に行く。外観はほとんど完成しているが、内部は工事中。あまり完成後の感じが掴めない。ル・アーヴルは南のニースと並び、北の海の観光地である。若い頃はよく夏に来たものだが、夏でも冷気が充満している感じで、独特の雰囲気がある。また、近代建築の父であるオーギュスト・ペレの有名な教会とハ

△▷エンリック・ミラージェス、ベネデッタ・タグリアブエ：バルセロナの家、1993年–（GA Houses 46／104）

ウジングがある街としても知られている。南米の建築家、ニーマイヤーの文化会館（「ル・ヴォルカン」、p.266）もある。

三月二三日（日）

パリからボルドー経由で、サラゴザ、バルセロナの旅に出る。ちょうど新芽の時期で、南下する街道は美しい早春の空気に満ちている。ボルドー付近から雲が出て来て、しかしおかしな雲行き。スペインに入って、サン・セバスチャンの街を過ぎる頃から雪が降り出して、パンプローナの街の峠では大雪。四、五年前から変な気候で、春先に雪に降られるのが続いているが、この度も雪に悩まされた。やっとの思いで街に入ったが、ちょうど復活祭の休みとかで、死人の街のように静かだった。

三月二四日（月）

午前中は雪。サラゴザに近づくと、さすがに雪はなくなり、六月から始まる万博会場のザハのメイン・ゲートに行く。

工事はかなり遅れており、六月開催は本当かと怪しむような状態である。遠くから眺めるとザハの建築が群を抜いて大きく、その他の建物は心配になるほど小さい。

夕方バルセロナに入る。

三月二五日（火）

バルセロナのエンリック・ミラージェス、ベネデッタ・タグリアブエのデザインした住宅（「バルセロナの家」）の撮影。彼が亡くなる数年前、旧市街に建つ古いアパートを購入して、初めは事務所として使用していた。その後、ゆっくりとしたテンポで住宅に改造。彼の没後は、パートナーであるベネデッタが改造を続け、プールが出来て一応の区切りが付いたので、再度撮影することにした。伝統あるこの家には壁の下地から、かなり古い壁画が

アルネ・コルスモ：ダムマン邸、1932年（GA Houses 105）

アルネ・コルスモ：ステーネーシェン邸、1939年（GA Houses 105）

出てきたりしているのだが、二層分の天井高さを持つ空間を見事に現代的に改造している素晴らしい住宅である。この手の改造住宅はヨーロッパではよくあるが、特にこの家の良さは特別である。現代住宅に多く見られる奥行きの無さ、薄っぺらさではなく、重厚で、一段上の空間を感じさせる。それを支えているのは、やはり住み手の教養の高さである。改造住宅としては、おそらく世界でもっともレベルの高い住宅であると思う。

アルネ・コルスモ：ステーネーシェン邸、玄関

四月十九日（土）

パリからオスロに行く。やはりオスロの春は遅い。特に朝夕と昼間の温度差は北国らしい。天気は快晴。

四月二〇日（日）

以前に一度見たことのある住宅、ノルベルグ＝シュルツやスヴェーレ・フェーン

アルネ・コルスモ：ダムマン邸、書斎

スノヘッタ：オスロ新オペラハウス、2008年（GA Document 102）

スノヘッタ：オスロ新オペラハウス、屋上庭園に囲まれたホワイエ

の先生で、一九三〇年前後に活躍した、アルネ・コルスモの住宅二軒を撮影。一軒は以前ノルウェーの首相が住んでいたとかで、豪華な家ではなく近代の良質の住宅（「ステーネーシェン邸」）。壁面のガラスブロックが特徴である。もう一軒は以前にフェーンさんが自邸にしていた住宅である（「ダムマン邸」）。一九三〇年頃に完成した住宅としては、かなり洒落た住宅で、近代住宅としては、かなりレベルが高い。この度、この住宅の撮影許可が出たので、オスロ参りとなった。

　オスロはノルベルグ＝シュルツが居たし、フェーンの美術館を撮影に来たり、そして北欧随一の美しさを誇る民家のためによく来たものである。やはり、この二軒も撮影できて大いに満足したし、近代建築が北ヨーロッパで進展していたことも確認することができた。

四月二一日（月）

スノヘッタの設計による「オスロ新オペラハウス」が完成したので、その撮影である。彼らは数年前エジプトのアレキサンドリアで図書館をつくった建築家である。オスロの港近く、鉄道の中央駅の向い側に、白亜の殿堂を見ることができる。南から来る巨大なカーフェリーとオペラハウス、そして市街地の風景が重なり合って、北欧らしい風景が、透明な空気のなか新しいオスロとして完成されていた。

GA日記

2008年　5 — 6月

五月二一日（水）

約三〇時間の旅の末、サン・パウロ空港に到着。さすがに疲れた。

一九六〇年代初めに来てから一〇年に一度は訪れているブラジル。六四年だと思うが、パウロ・メンデス・ダ・ローシャ、現在ブラジルの建築協会長をやっているホアキム・ゲデスと初めて会ったのを憶えている。二人ともほぼ同年代で、四〇年前はお互いに三〇代。当時完成した彼らの住宅は、今日でも通用する傑作である。勿論、オスカー・ニーマイヤー氏やブラジリアの都市計画の立案者であるルシオ・コスタ氏はともに尊敬している素晴らしい建築家である。五、六〇年代のブラジルは、キラ星のように素晴らしい建築家が活躍した時代であった。

この度の旅行はニーマイヤー氏が昨年暮れに一〇〇歳を迎え、新しいプロジェクトを数多く完成させていると聞き、またちょうどポルトガルの建築家、アルヴァロ・シザがポルト・アレグレに「イベレ・カマルゴ財団美術館」を完成させ、そのオープニングにブラジルへ行くとの情報を得たのがきっかけであった。そこで、彼にニーマイヤーさんと対談をしてはどうかと誘ったところ快諾してくれたので、今日のブラジルの若い建築家の仕事を見るのと合わせて、三週間という最近ではかなり長い時間を掛けてブラジル各地を廻るという計画を立てたのだった。

五月二七日（火）

リオ・デ・ジャネイロのニーマイヤー事務所に行く。コパカバーナ海岸に面したビルの最上階。世界一の海岸と言われる風景が眼下に広がっている。

一〇〇歳のニーマイヤーとシザの対談が始まった。午後四時。一応は企画したが、このような機会を持てたことには期待半分、不安半分だった。自分の眼に映る二人の姿を見て、その瞬間本当だろう

リオ・デ・ジャネイロのニーマイヤーのオフィス

オスカー・ニーマイヤー（左）とアルヴァロ・シザ（右）

かと疑った。それから一時間の間、一度の休みも無く話を続けておられた。

ニーマイヤーさんとは七〇年、彼がパリで事務所を開いていた頃に数度お目に掛かり、「一度日本に来て話をされませんか」と、誘ったことがあったが、彼は飛行機に乗らないので、その計画はダメになった。勿論、今でも飛行機には一切乗らないとのこと。当時、フランスとブラジルの往復はすべて船旅であった。彼によると、船の中で色々と考えられるからとかで、そういえば、建築評論家のラッセル・ヒッチコックも飛行機嫌いであった。ケビン・ローチの作品集の序文を書いてもらった時、日本に来ないかと誘うと、ニーマイヤーさんと同じことを言われて実現できなかったことを思い出す。

それにしても、とても一〇〇歳の人とは思えない。しっかりした対談を録れたことを感謝する。

五月二八日（水）

アンジェロ・ブッチ／SPBRアルキテートスの「リオ・デ・ジャネイロの家」の撮影。彼は現在、若手のホープである。数軒の優れた住宅作品があるが、この最新作も見事な出来映えである。リオの山と海の風景が一度に見渡せる素晴らしい立地条件に相応しいプランニングである。

アンジェロ・ブッチ／SPBRアルキテートス：リオ・デ・ジャネイロの家、2008年（GA Houses 106）

△▷ルシオ・コスタ、オスカー・ニーマイヤー他：旧教育保健省、1943年

五月二九日（木）

コルビュジエも協力し、オスカー・ニーマイヤーがデザイナーの一人に名前を列ねた「旧教育保健省」の撮影。以前にも数回撮影したが、内部はこの度初めて許可がおりたので、屋上庭園と内部のホールなどの撮影をした。外観の素晴らしさに負けないインテリアはたいへん興味深いもので、一度紹介してみたいと思っていた。外観とは一転、木の内装を中心とした、暖かみのあるインテリアである。

五月三〇日（金）

午後から「ニーマイヤー自邸（カノアスの住宅）」に行く。今まで数回撮影しているが、最近完全に手を入れたので訪れたのだが雨に見舞われ、それはたいへんな豪雨であった。土砂降りのニーマイヤー邸の写真も珍しいだろうと思い、雨の中、約一時間の撮影をした。こんな経験は初めて。たいへん興味深い写真が撮れた。

五月三一日（土）

リオを後にしてブラジリアへ。七年ぶりの訪問である。新しいニーマイヤー設計の美術館（「ギマラエス国立美術館」）も完成しているし、明日は楽しみ。

六月一日（日）

快晴のブラジリアの各建物を撮影。ブラジリアそのものは数年前とあまり変化はない。空港での飛行機の発着状況が昔よ

オスカー・ニーマイヤー：ニーマイヤー自邸（カノアスの住宅）、1953年

オスカー・ニーマイヤー：パンプーリャのサン・フランシス・アシス教会、1943年

オスカー・ニーマイヤー：パンプーリャのダンスホール、1943年

り多いとは感じたから、やはり少しずつは発展しているのだろうか。現在のブラジル全体の好景気のためかもしれない。

六月三日（火）

昨晩、ブラジリアからベロ・オリゾンチへやってきた。郊外のパンプーリャ湖畔に点在するニーマイヤーの作品をすべて見て廻ったが、どれも七〇年近く年を経た感じがしない、瑞々しさを持っている。

オスカー・ニーマイヤー：ギマラエス国立美術館、2006年

やはりニーマイヤーの作品は、独特の魅力があるように見える。単純なようだが、バランスの良さは誰にも真似の出来ない独特の形と空間である。

六月五日（木）

サン・パウロからクリチーバへ日帰りの旅。「オスカー・ニーマイヤー美術館」の撮影のためで、これは、二〇〇二年に出来たもの。二一世紀に入ってから完成した建物がいくつもあるが、どれも、とても一〇〇歳の人間の作品とは思えない新しさがある。ちょうど会場で彼の作品展が開催されていた。

六月九日（月）

サン・パウロ市内をヘリコプターに乗って撮影した。

巨大都市サン・パウロを空から見ると、他の都市と比べることの出来ない巨大さに圧倒される。コンクリートの高層ビル

サン・パウロ上空より見たリナ・ボー・バルディ設計のサン・パウロ美術館、1968年

オスカー・ニーマイヤー：オスカー・ニーマイヤー美術館、2002年

の間に、緑に囲まれた赤い屋根の低層住宅が重なり合って美しいパターンを形作っている。ここが坂の街であることは、あまり知られていない。多分サンフランシスコに匹敵する都市なのだ。旧市街の治安の悪さが叫ばれて数十年が経つが、やはりそれらは解決されていない。リオ・デ・ジャネイロとはまた違った形のスラムが緑の住宅地と高層ビルの隙間に横たわっている。その不気味さを空から明確に確認することが出来た。

ニーマイヤー氏設計の「コパン」と称される巨大なアパートのカーブは、空から見てもサン・パウロの記念碑的な建物であった。

リナ・ボー・バルディの「サン・パウロ美術館」は、力強く街の中心に横たわっている。外観の力強さは完成した時と同じである。インテリアの素晴らしい展示システムが改修で無くなったことは、この美術館の魅力を大きく損なった。是非、サン・パウロ市は復元するべきである。

六月十一日（水）

近年プリツカー賞を得たパウロ・メンデス・ダ・ローシャ夫妻と事務所で会う。彼とは六四年からの知り合いで、現在、ブラジルの先頭を切って活躍していることはたいへん喜ばしいことである。彼も私とほぼ同年輩だと思うが、元気で作品も若々しいし、まだまだ未来に向かって進んでいることを喜び合った。

今回、彼の先生であったヴィラノヴァ・アルティガスという建築家の作品を見て廻った。自邸や、「サン・パウロ大学建築学部棟」のスケールの大きさ、密度のある空間の豊かさに接して、もっともっと彼の作品を評価しなければならないと考えた。世界的にも評価が低いように思える。

オスカー・ニーマイヤー：イビラプエラ公園、1951年〜
左に見えるのがイビラプエラ・オーディトリアム

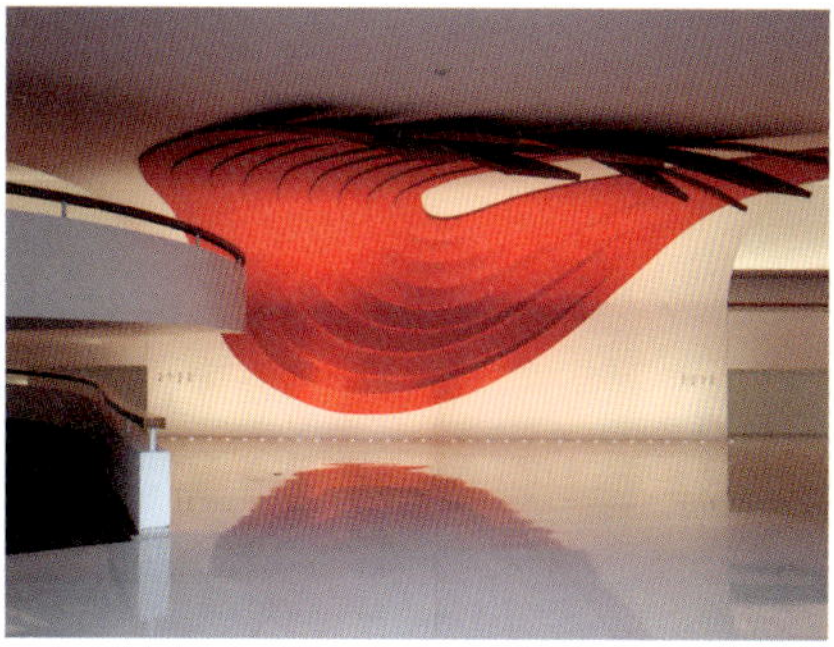

オスカー・ニーマイヤー：イビラプエラ公園内にあるイビラプエラ・オーディトリアム、2005年、彫刻は大竹富江作

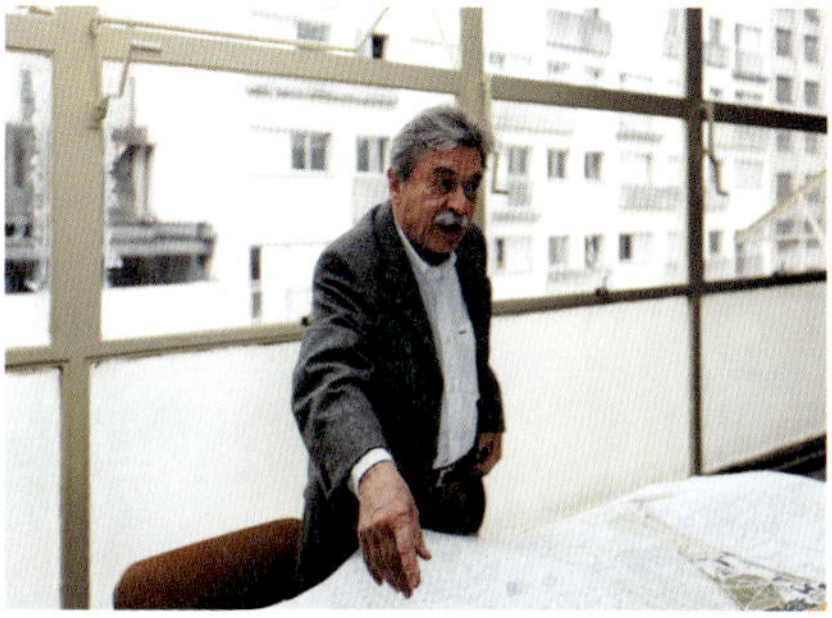

パウロ・メンデス・ダ・ローシャ

ヴィラノヴァ・アルティガス：アルティガス自邸、1949年
(GA Houses 107)

ヴィラノヴァ・アルティガス：サン・パウロ大学建築学部棟、1961年

六月十二日（木）

ニーマイヤーの二〇〇五年に出来た「イビラプエラ・オーディトリアム」の撮影。公園にある劇場でそのロビーに設置された、日系一世の大竹富江さんの現代美術のスケールの大きさにも感激した。彼女は九四歳で、今日でも元気に創作活動をされている。建築家のルイ・オオタケ氏のお母さんである。一〇〇歳のニーマイヤーとの協働制作はスケールのある仕事で、我々が教わることは多い。

なんと言っても今度の滞在を通して、ブラジルの現代建築が元気で、若い優秀な建築家が多いことを特記したい。久しぶりに興奮した毎日を送らせてくれた。

ブラジル建築界にお礼を述べる次第。

ありがとう。

GA日記

2008年　7―8月

七月三一日（木）

昨夜、ウィーンに着く。本日から東欧旅行が始まる。まずはハンガリーへ。朝六時三〇分出発。

三〇℃を超す東京から来ると、早朝はひんやりとした空気に満ちている。ブダペストの街に入る。共産党時代の名残りを多く残している街は、やはりかなり遅れた都市環境である。一応、地下鉄工事が始まっているらしいが、都市交通機関もヨーロッパの他の国に較べて、かなり遅れている。

ハンガリーを横断する主要高速道路M3が街の中に入り込んでいるためにものすごい渋滞。昔の東ベルリンを思い出す。ハンガリーを何とか抜けて、スロバキアのハンスカー・ビストリツァ（Banska Bystrica）で泊まる。なかなか落ち着いた良い街である。

八月一日（金）

世界遺産の村、スロバキア、ヴルコリニェツ（Vlkolinec）へ向かう。山頂の村を目指してどんどん高度が上がって行く。深い霧に囲まれているために、どこを走っているか見当がつかない。山頂の近くにゲートがあるも、村がどこなのかわからない。午後一時頃に少し霧が晴れて来て、うっすらと村の全体が姿を現す。

なかなかドラマチックで、尾根に沿って村が形成されており、現在でも村人が生活しているために遺産と言っても、活力があって、村が生きている。オオカミを捕る猟師の村とかで、もちろん現代ではそのようなことはないだろうが、村から見る周囲の風景は、豊かな森林に囲まれた別天地である。古城が山頂にあってそこから村全体を見渡せる。数軒の家は造形的に優れており、東欧の古い形を遺していた。

しかし、どこでも世界遺産になると商店が軒を並べているのはいかがなものか。

スロバキア、ヴルコリニェツの村（GA Houses 107）

スロバキア、ハンスカー・ビストリツァの街

ここも白川郷ほどではないが、やはり雰囲気を壊していることには変わりない。

八月二日（土）

スロバキアのスヴィドニク(Svidnik)の民家博物館に来る。ウクライナの国境に近く、東欧の東の端に当たるこの地方は、文化的にウクライナに近い場所だったと思われる。

昔、この近くには多くのウクライナ人が住んでいたので、それらの部落から集められた民家で形成されている。スロバキアの民家とは違った木造の民家や教会、穀物の倉、火の見櫓といった大変センスの良い民家群が保存されており、漆喰の壁一つをとってみても、今までに見たことのないデザインの質の高さで、世界でも有数な民家群である。特に木組みが優れている。まだ行ったことのないウクライナに、早い時期に行きたいと思った。

八月三日（日）

スロバキア、マルティン(Martin)の民家博物館に行く。思いもよらない素晴らしい民家園で、三ツ星の価値である。造型的にはウクライナとはかなり違っているものの、オーストリアの地続きの感じが強く、現在の農村では見ることのできないものが保存されているのは有り難い。

八月四日（月）

一旦、ウィーンに戻り、チェコのテルチ(Telc)に行く。この有名な広場はやはりヨーロッパでも最高のもので、劇場の舞台装置の中に居るような色彩豊かな空間である。三角形の形をした広場はパースペクティブが効いていて、平面的な外観を立体的に見せる効果があり、いつ来ても我々を飽きさせない。

八月五日（火）

久しぶりにプラハに来る。ジャン・ヌヴ

ジャン・ヌヴェル：プラハ・アンデル、2000年

スロバキア、スヴィドニクの民家博物館

エルの二〇〇〇年に出来たオフィス、ショッピングセンターなどの入るビル「プラハ・アンデル」とフランク・ゲーリーのオフィス「ナショナル・ネーデルランデン・ビル」、そして立体派の近代のアパートを見る。

チェコのホラショヴィツェ（Holasovice）に行く。小さな村。東西に並んだ一〇〇メートルほどの集落。真ん中に広場があり、各戸の壁面のデザインが美しい。豊かな色彩で、おとぎの国に居るようである。オーストリアとチェコの国境周辺に点在する村や街の美しさは、言いようのない世界である。

八月六日（水）

プラハの南に八〇キロ、ターボル（Tábor）の街に来たが、思ったより良くないので、プラハに舞い戻る。立体派のアパートを三軒見て、オーストリアに戻り、二〇〇

チェコ、プラハ、立体派のアパート
（J・ホホール：コヴァロヴィク邸、1913年）

チェコ、ホラショヴィツェの村（GA Houses 110）

ジャン・ヌヴェル：ル・アーヴル・アクアティック・コンプレックス、2008年（GA Document 105）

スティーヴン・ホール：ロイジウム・ホテル・スパ・リゾート、2005年（GA Document 89）

五年に出来たスティーヴン・ホールのホテル&ワイン・セラー「ロイジウム」に向かう。以前撮影に来たときに天気が悪かったことを思い出して、急遽行くことにした。今日は快晴で、心ゆくまで撮影ができた。

八月八日（金）

昨夜パリの家に着いたのが夜の九時。今日は、朝五時五〇分にシャルル・ド・ゴールへ行く。朝十一時三五分にフィンランドのヘルシンキに到着。「ヴィラ・マイレア」の持ち主のクリスティアン・グリクセンさんに会う。三〇年ぶりの再会。『住宅全集』の打ち合わせのため。彼もすこぶる元気だった。

アルヴァ・アアルト：文化の家、1958年

ヴィラ・マイレア、居間（アルヴァ・アアルト設計、1939年）

八月九日（土）

「ヴィラ・マイレア」に行く。一九六〇年に初めて訪れてから、何度か来ているが、

フランク・ゲーリー：サーペンタイン・ギャラリー・パヴィリオン、2008年（GA Document 105）

フィンランド、ヘルシンキの民家園

いつも変わらない佇まいは感心する他ない。今年もこれで二回目の訪問。

ロートレックやピカソ、モディリアーニの絵画が四〇年間もそのまま飾られている住宅は、世界に一つしかない。私にとって、理想的な住宅の一つである。アアルトの設計に応えたグリクセン一家の見識の高さが、世界一の住宅の品をいつまでも支えているのだろう。今年、春前の雪の季節に来たときとは、違った顔を見せていた。

八月一〇日（日）

ヘルシンキの「サヴォイ・レストラン」（アアルト設計、p.249）に撮影に行く。このレストランも完成時（一九三七年）とまったく同じ雰囲気を持っている。インテリアも家具も、その当時のそのまま。私は、一九六〇年に初めて来て以来、数十年の間に何度か来ているが、ヘルシンキは変わらないままである。「アカデミア書店」（p.250）も「文化の家」も、建設された当時のままの姿で、我々を迎えてくれる。フィンランドの豊かさがそこにあることを実感する。

八月十一日（月）

小雨が降っているが、ヘルシンキの民家園に行く。ここもヘルシンキに来るといつも行きたくなる場所。オスロの民家園は世界最大だが、ここは落ち着きがあり、海に面している敷地が素晴らしい。

八月十二日（火）

今日は、フランス、ル・アーヴルのプール「アクアティック・コンプレックス」の撮影に行く。ジャン・ヌヴェルの設計。夏休みでプールは満員。銭湯のよう。さすが空間の仕切りはヌヴェル流の見事さ。

八月十四日（木）

ロンドンに行く。サーペンタイン・ギャ

イギリス、オックスフォード近くの村

リチャード・ロジャース：ヒースロー空港ターミナル5、2008年
(GA Document 105)

ラリーの庭に、毎年夏、建築家が設計する野外パヴィリオン。今年は、フランク・ゲーリーによる。木造（芯は鉄骨）で、最近彼がいろいろな場所で実験している造形。このような施設を彼にやらせるとさすがに巧い。夏の日差しの下にロンドン子がゆっくりと夏の長い一日を楽しんでいる。建物のあるハイドパークは満員。

　午後からブリティッシュ・エアの新しいターミナル「ヒースロー空港ターミナル5」の撮影。これはリチャード・ロジャースの設計。長いこと最悪だったこの飛行場で初めて、まともなターミナルが完成した。ロジャースのデザイン用語が詰まった空間。

八月十六日（土）

オックスフォードの近くの村に行く。この辺りは、素晴らしい民家が点在している場所だが、今度は一つ大きな収穫があった。いつものルートを外れたところ、新しい街道沿いに素晴らしい集落があった。おそらく、観光地からはずれていたのだろう。古びているのだがよく見ると、各戸のデザインが際立って素晴らしかった。ちょうど、逆光だったが、次回にはぜひ朝から訪れたいと思う。

GA日記

2008年　9 — 10月

九月十五日（月）
東京からパリへ。残暑の東京から来るとやはり寒い。着いた時は十二℃しかなかった。

九月十七日（水）
朝七時出発して、パリから西北の街、ル・アーヴルに向かう。この街の中心にある教会やアパート群を一九四五年から

オスカー・ニーマイヤー：ル・ヴォルカン（ル・アーヴル文化センター）、1982年

同上、ホワイエ

ペレが設計している。この場所にオスカー・ニーマイヤーが一九八二年に建てた文化センター（「ル・ヴォルカン」）の撮影のためにやって来た。実はペレの撮影の時に二度も来ているのだが、内部を撮影していなかったので来た次第。建物はかなり傷んでいてくたびれてもいるが、ニーマイヤーらしいカーブが優美である。ち

安藤忠雄：プンタ・デラ・ドガーナ再生計画、2009年
（GA Japan 100、写真は工事中）

オーギュスト・ペレ：ル・アーヴルのアパート、1950年

ょうど入り江になっている運河に沿った敷地で、ペレのアパートと隣接している場所に建っている。

内部に入ると、美術の展示空間や映画館、劇場が大小二つあって、堂々とした文化センターである。館の人が親切に隅々まで案内してくださって、ニーマイヤー芸術に接することができた。九〇%オリジナルのまま保存されており、彼の家具や照明もまだ使われている。コンクリート打ち放しのために、黒ずんだ質感が残念だが、少し手を入れることで再生されるのは確実だ。

円形のプランに沿って劇場の控え室や事務室が並ぶ。空間はいかにも彼らしい発想でゆったりとして、そこにある形と空間は他のどの建築家とも違った独特の世界である。一見、単純なフォルムだが、室内を廻ることによって部屋と部屋とが重なり合って、複雑な三次元空間が形成されていることが分かる。建築はやはり実物を見なければ本当の姿を理解することができないということを、この建物は物語っている。

九月二〇日（土）

昨日午前中いっぱい、工場でベンツを定期点検していたので、少し遅れたが午後二時頃、トリノに向かって出発する。昨夜遅くにトリノに泊まり、今日は早朝ヴェネツィアにやって来た。安藤忠雄さんの建設中のヴェネツィアの美術館（「プンタ・デラ・ドガーナ再生計画」）を見る。美術館をつくるにはおそらくヴェネツィアで一番の場所だろう。サン・ピエトロ広場の向かい側、以前、税関のあったところで、完成したら、ヴェネツィアを訪れた世界中の人が、必ず目にする場所である。

内部はインテリア工事の作業中。仕切りの壁がコンクリートの打ち放しで、安藤さんらしい底光りするコンクリートの質感が大理石にも負けない輝きを発して

ヴェネツィア・ビエンナーレ、2008年
（日本館、展示は石上純也）

ヴェネツィア・ビエンナーレ、2008年（展示はザハ・ハディド）

いた。控えめな改修で、古典での空間を大切にしているが、完成すれば古典に負けない素晴らしい空間になると思う。来年六月に完成するらしいが、それまでにまた一度見たいと思った。

今年のビエンナーレは、やはり面白くない。ここ数年、建築の質は下がりっぱなしで、おそらく展覧会のプロデューサーが良くないのではないかと思う。日本館はじめ、どこでもドキドキする興奮がない。建築はこのまま、どんどんダメになって行くのだろうか。

九月二四日（水）
新しいシリーズ、『住宅全集』のため、OMA設計、「ヴィラ・ダラヴァ」を訪問。オーナー夫妻にお目にかかる。完成した時以来の再会。本のためのダメ出しの再撮影を快くOKしていただいたのだが、霧が出てきて撮影不可能になったので、今日は中止。スペインから帰ってきてから、また来させていただくことにする。

九月二五日（木）
スペイン、マドリッドの北方、ヴァラドリードの町にある、リチャード・ロジャースのワイン工場（「ボデーガス・プロト」）に来た。木造合板の建物であるが、ロジャースにしては重い建物なので、撮影は中止した。午後、マドリッドに来て、バルドウェグの劇場を見る。これも計画段階で見たものとは異なる印象なので、撮影しないことにした。

九月二六日（金）
ホセ・セルガスは、以前、「バダホス会議場・劇場」（p.231）を紹介したことのある建築家で、今回はマドリッドの郊外に建つ自邸を訪れた。ローコストで実によくできた住まいである。広い敷地に、仕事場やプール、寝室や居間が広がっている。造形的にも素晴らしいが、住みごこちも良

セルガスカーノ：フロリダの家、2006年（GA Houses 107）

リチャード・ロジャース：ボデーガス・プロト、2008年

さそう。久しぶりに生き生きとした住宅を見た。

九月二八日（日）

スペインからの帰り、OMAの「ヴィラ・ダラヴァ」を再訪。今日は秋晴れ、快晴である。夕方はセーヌの向こう、エッフェル塔が新しいネオンに光る姿を住宅のプール越しに見ることができる。今日一日いて、この住宅が大変優れていることを実感した。住宅ではあるが、彼の設計した「シアトル中央図書館」、北京のTV局「CCTV」に匹敵する質を持っている建築であると再認識した。

九月三〇日（火）

東京へ。

一〇月十九日（日）

USA、ワシントンへ向かう。

一〇月二〇日（月）

「落水荘」に来る。ここ数年、秋の景色が思うようにならず、今日は久しぶりの秋晴れ。素晴らしい紅葉である。一九六〇年に初めて訪れてから、四八年目だが、「落水荘」の環境もずいぶん変わったものである。あの有名な大木が十数年前、落雷のために倒れ、リビング・ルームのキャンティレヴァーが危険になったので、数年間工事が続いたし、色んなことがあったが、リンダ・ワグナーさんが館長として来られてから、運営が上手く行った

落水荘を撮影中

ホアン・オゴールマン：ディエゴ・リベラとフリーダ・カーロの家、1932年

OMA：ヴィラ・ダラヴァ、1991年（GA Houses 36）

のだろう。今日では、一〇分おきに団体客が見学に訪れている盛りようである。去年などは一年に十四万五千人の見学客が来たらしい。建築のファンデーションは、どこも運営が大変らしいが、上手く行っている数少ない財団である。

このたびの訪問は『住宅全集』の最後のチェックのために来たのだが、二日間、大変に満足した日々であった。勿論、これからも数年に一度は必ず訪れたい建築の一つである。

一〇月二三日（木）

ワシントンからひと飛びにメキシコ・シティの「バラガン邸」へ。館長のカタリーナ・コルクエラさんに会う。見学者は少数であるが、ここも「落水荘」に負けず、運営がよく行き届いている。ファンデーションはしっかりした人材がいれば、上手く行くことを証明している。一九六

ルイス・バラガン：バラガン邸、1948年

同上、書斎

レンゾ・ピアノ：カリフォルニア科学アカデミー、2008年
（GA Document 106）

ヘルツォーク&ド・ムーロンのデ・ヤング美術館と、その手前にあるレンゾ・ピアノのカリフォルニア科学アカデミーの敷地。2006年撮影

○年代、バラガン氏が元気だった時のことを書斎に居ると思い出す。かなり気難しい人らしかったがぼくには良くしてくださった。

この家のスペイン料理は格別に美味かった。今日も撮影していると台所でメキシコ人の女性が何かをつくっているのがうかがえる。多少は変わっているが昔のまま。書籍の本棚にも一時グアダラハラに行っていたのが返ってきていたし、裏庭の植物もよく管理されていて美しい。これから先も、このままでこの家が存在していくことを望むばかりである。

一〇月二五日（土）

ホアン・オゴールマンの「リベラ邸」を見る。この家は六〇年代に一度見たことがあるが、ファンデーションになってから初めて。ここの運営はひどい。特にアトリエの素晴らしいオゴールマンの空間をおかしな幕でさえぎって台無しにしているし、庭も変なことになっている。この優れた住宅をダメにしている。この住宅の運営者は、この住宅が持っている意味に早く気づかなくてはならない。今のままだと、この住宅が別の意味で見る人に嘘をついていることになる。

一〇月二七日（月）

サン・フランシスコに来る。ヘルツォーク&ド・ムーロンの「デ・ヤング美術館」の隣にレンゾ・ピアノの博物館（「カリフォルニア科学アカデミー」）が出来た。世の中は依然として美術館ブームである。

巨大なこの博物館は、開館した直後らしく長蛇の列である。少し隙間が感じられる建築で、ピアノの昔のような充実感は少ない。彼は毎年、巨大な美術館を世界でつくっているが、ピアノらしい繊細さで、流動感溢れる美術館を見たいものだ。

GA日記

2008年　11月

十一月十四日（金）

昨夜遅く北京に着く。今日は朝から磯崎新さんの「中央美術学院美術館」の撮影と、隈研吾さんの新しいホテル（「The Opposite House」）を見学に行く。

磯崎さんの建物は、中国でもトップクラスの芸術大学の附属美術館。外観は、彼の何遍も使われたデザイン用語で構成された表現なので新味は無かったが、内部の処理の仕方に新しい展開が感じられた。特に三階の展示室は外光を取り入れたスケールの大きな空間で、なかなか気持ちの良いスペース。大きな催し物にはうってつけな場所になるだろうと想像ができた。

隈さんのホテルは、外観はオフィスビルのような色ガラス張りの建物で、中に入るまではホテルとは思われない。内部は大きな吹き抜けの廻りを部屋が取り囲む構成。この吹き抜けには才人らしい処理が施されていて、ゴージャスな雰囲気を醸し出している。ステンレス・スティールで編まれた、ちょうど日本のすだれのようなスクリーンが最上階から垂れ下がり、トップライトや周囲の開口部から入る光によって、白から赤味かかった色に一日中変化する。その様子はなかなかのものである。

以前から彼が使用している日本風の空間構成は、最近ではなかなか堂に入ったもので、新しい日本美の現代化が人々に魅力あるものに映っているのではないだろうか。特に客室のインテリアはシックで上品。上質なデザインは、今後、世界中の高級ホテルに利用される予感がする。装飾がオーバーな高級ホテルに取って変わる可能性が十分にあると思う。

十一月十五日（土）

オリンピック施設のデザインにはあまり興味が無かったので、今まで取材に来ていなかったのだが、一応拝見しようと思

△▷磯崎新：中央美術学院美術館、2007年（GA Japan 96）、３階展示室（左）と外観（右）

って、水泳場（ＰＴＷ設計「北京国立競泳場」）とメイン・スタジアム（ヘルツォーク＆ド・ムーロン設計「北京国立競技場」）に行った。水泳場は思った通りの安っぽいバラックで、発表された写真やテレビ放映の方が数段良かったのではないだろうか。特に夜景にごまかされたと言っても過言ではない。建築的に新しいものは何も感じられなかった。

　メイン・スタジアムは鳥かごのイメージの再現がよく出来ており、やはり彼らの設計によるミュンヘンの「アリアンツ・アリーナ」と同じく外観のデザイン・センスは優れたものだと思ったが、内部は普通のスタジアムなのでがっかりしてしまった。ミュンヘンの時も同じで、内部のデザインにひと工夫が無かったことが残念である。

　以前に比べて感心したのは、北京の街が大変美しくなったことだ。同時に人々

李祖原によるPANGUプラザ（奥）とPTWによる北京国立競泳場（右）

ヘルツォーク＆ド・ムーロン：北京国立競技場、2008年

PTW：北京国立水競泳場、2008年

四川省成都の再開発された繁華街、寛巷子の街並み

隈研吾：The Opposite House、2008年（GA Document 106）

のマナーが良くなっているのも目を見張るものがあった。東京オリンピックの時もそうだったが、街の美観とマナーのためにもオリンピックは必要なものかもしれない。

　ついでに書くと、天安門広場の近くに完成したポール・アンドルー設計のオペラハウス（「国立大劇場」）にはびっくりした。室内体育館がオリンピックのためにつくられたのかと思ったほどである。壮大なスケールで、およそ想像していたオペラハウスとは違った建物には恐れ入った。

　その他、二、三のオリンピック会場を訪れたが、何ら見るべきものは無い。このようなバラックっぽい建物ばかりを見せられていると不安になったが、水泳場の向かい側にそびえている李祖原さん設計の、保守的だが壮大な中国風のスケールを持つビル（「PANGUプラザ」）を見て、中国にもこのような良質な施工が出来る

ポール・アンドルー：国立大劇場、2007年

同上、ホワイエ

△▷四川省新城鎮の集落：散髪の風景（右）と市場（左）

OMA：CCTV＋TVCC（写真は工事中）

ゼネコンがあると判ったことは発見だった。

十一月十七日（月）

ＯＭＡのテレビ局と、ホテル＋劇場のコンプレックス「ＣＣＴＶ＋ＴＶＣＣ」を見る。思っていた通り巨大で、まるで現代のピラミッド。外観はほとんど出来上がっており、壮大な鉄とガラスの箱が周囲の街並を圧している。テレビ局と接するホテル棟がほとんど完成に近づき、その内部も見ることが出来たが、ＯＭＡ流のインテリアが各所に顔を出す。中央の吹き抜けの柱の処理など、「シアトル中央図書館」に見られる手法。テレビ局は三〇〇ものスタジオが内部にあるとか、中国の巨大さを魅せる建築である。

十一月十八日（火）

前々から約束があったので、成都に行くことになった。中国の民家を見るためである。四川には古くから少数民族の民家が多くあって興味があり、ぜひ見たいと思っていた。

成都の中心部にある繁華街、寛巷子を訪ねる。以前からあった街並みを改修し、そこに移設してきた建物が上手く融合して、現代の街並みをつくっている。無理のない環境をつくっているのに大変感心した。世界各国で行われている都市の再開発は成功したものをなかなか見ること

◁△四川省羅城の舟形集落

ができないが、これは、まれに見る成功例として推奨したい。夜遅くまで地元の人たちや旅行者がサロン風の場所で楽しく歓談している様子は素晴らしい。ここで数度した食事もなかなかのもので、聞く所によると食事のレベルがキープされていることを、開発者側でチェックしているとか。市長の意気込みは見事である。

十一月十九日（水）

まずは、日本を出発する前から訪れたかった羅城に行く。小高い丘の上にある、舟形の中央広場に囲まれた小集落で、昔の写真そのままに残っていた。中国の民家といえば、反り返った屋根とムーンゲートに代表される造形が思い出されるが、数年前に訪れた上海近郊の村々で、思っていたより近代的な造形があることを発見した。その後、中国各地を訪れ現代の造形に近いものが数多くあることを知り、その探求の旅をしていたが、やはり四川にもあることが判った。特にこの地は木造が中心になっているので、日本の民家で発見した美しい造形に似通った木組みがある。中央広場を囲んでいる木造の建物の形は美しく、特に屋根瓦の連続は見事で、今日、日本では見ることが出来なくなった懐かしい風景である。ただし、瓦のディテールは違っていた。

成都周辺の数カ所を廻ったが、観光資源として開発された集落が無惨な光景になっているのは悲しい限りである。スペインやフランスにおいても集落のリノベーションがすべて成功しているわけではなく、失敗している場所も数多くある。日本の白川郷なども世界遺産として、観光地として開発されているが、合掌造りだけでなく周辺の環境にも、もう少し気を使ってほしいと思う。村全体が今日では土産物の売店化しているのはいかがなものかと思われる。おそらく、中国の山間部には集落としての一級品が今日もな

△▷スティーヴン・ホール：リンクド・ハイブリッド、2005年より工事開始（GA Document 106、写真は工事中）

お存在しているのではないだろうか。
六〇年代から世界の集落を見ているが、新しい道路、特に高速道路が周辺に出来ると、その土地の文化が都市化現象を起こし、壊滅している姿を多く見かけてきた。これからの開発にはやはり難しい問題が山積していることが窺える。

十一月二二日（土）

北京に戻り、スティーヴン・ホール設計のハウジングを含むコンプレックス「リンクド・ハイブリッド」を撮影。彼が幕張で設計したアパート「幕張ベイタウン・パティオス11番街」（p.144）の数倍のスケール。特に、空中で各棟をつなげる回廊のアイディアは見事である。彼の中でも特に優れたプロジェクトであったドイツの「ベルリン・アメリカ記念図書館」の計画案は実現しなかったが、そのイメージに近いということで楽しみにしていた。やはり素晴らしく夢のある建築である。回廊の中はプールやジムなどが計画されており、完成すれば楽しい空中プールになるものと期待される。造形としてかなり無理な部分もあるが、この独特のバランスの良さは、不安を鎮めることに役立っている。建物を一巡して感じたことは、ブリッジのレベルが各棟ごとに異なるのだが、自分が建物のどの階のどの場所に居るのか忘れるほど、移動の感覚がスムーズで、やはり新しい空間の構成であることを感じさせる。

GA日記

2009年　3月

三月十二日（木）

アフリカ、サハラ砂漠の西、大西洋上にあるスペイン領カナリア諸島に来る。三回目の訪問である。十年以上前に、ここ

テネリフェ市内の公園

の建築家協会に講演を依頼されて来たことがある。この諸島には、新大陸発見の時代以降、ヨーロッパと中南米の連絡基地として栄えた歴史があり、島の至る所にスペインが顔を出し、民家などに、古き良き時代のスペイン式住宅を見ることが出来る。海流や気候の関係で、これら七島には生物学的にそれぞれ特徴を持っ

ヘルツォーク＆ド・ムーロン：スペイン広場（港湾地区再開発Ｉ期）、2008年

た生態系が存在し、世界の学者にとってその宝庫として有名である。食事にしても海産物に限らず豊富で、豊かな食体系も存在し、もちろん白赤ワインも質が高

△▷ヘルツォーク&ド・ムーロン：TEA／テネリフェ・アート・スペース、2008年（GA Document 107）

い。初めて来たときには、数少ない世界の楽園だと感じた。

この度、テネリフェを一周したが、やはりリゾートとしてこの楽園を世界中がほおっておくはずがなく、人口密度の高い保養地として生まれ変わっているところが随所に見られた。しかし、まだまだ他の場所に比べて楽園は残っているし、近頃の不景気によって、開発のテンポはかなり落ちているとか。私にとっては喜ばしいことである。

三月十三日（金）

ヘルツォーク&ド・ムーロンの図書館と美術館「TEA／テネリフェ・アート・スペース」の撮影。この建物のローカル・アーキテクトとして活躍した、ビルヒリオと再会。彼は私の講演会をプロデュースした人物で、やはり十年も経つとお互いに歳をとる。

さて、ヘルツォークらの建物であるが、これはなかなかの力作である。彼らの作品に見られる装飾的というか、オドシ的な空間が影をひそめ、素直に考えられた形と空間は好感を持てる。特に図書館は、カナリアの風土にぴったりで、透き通る空気や、周辺の海や山々のスカイラインと共通する造形でつくられている。彼らがデザインしたガラスの照明器具も空間とよくマッチしており、読書の場所にふさわしい落ち着きを持っている。モノト

TEA／テネリフェ・アート・スペース、海を遠望する

△▷サンティアゴ・カラトラバ：オーディトリアム・テネリフェ、2003年

ーンで統一された全体の色彩も好ましい。

道路側から入るメインのエントランス・プラザは、海と山を表現する三角形の幾何学がシャープに表現されていて、すがすがしい。裏の、調整用の水路に面した図書館の入口には、この島独特な木立が配置され、これらをつなぐスロープは郷土色の強い表現がなされている。やはり、建築家、クライアント、そして施工が揃った時に気持ちの良い建築が完成することをよく物語っている。

三月十四日（土）

出来てから時間が経っているが、サンティアゴ・カラトラバの劇場「オーディトリアム・テネリフェ」を撮影する。海岸通りに鳥がとまっているような形でそびえている。あまり無駄の無い造形で、コンクリートの特徴をよく表現している。案内してくれた女性の建築家が、内部の劇場に入るなり、バドミントンのシャトルに似ていると言ったのだが、この建築のかたちを適切に表していると思った。

三月十五日（日）

昨日、少し天気が崩れたが、今日持ち直したので、島の南の端にある、フェルナンド・メニス設計の多目的ホール「ＭＡＧＭＡアート＆コングレス・センター」の撮影に行く。フェルナンド・メニス氏は五〇代後半の建築家でテネリフェ出身。バルセロナの大学で学んで島に帰ってきた人物である。前回来たときに、アパートや小さなオフィスビルを見せてくれて、その力量にはなかなか優れたものがあったのでよく憶えていた。あれから十余年経過して、彼は世界各国に仕事を持ち、現在はバレンシアの大学で教鞭をとっている。

昔からコンクリートそのものの造形を追究している作家で、日本で言えば、安藤忠雄さんといったところ。フェルナン

フェルナンド・メニス：サンティシモ・レデントール教会（工事中）

ドの巨大なコンクリートの塊は、少しオーバーなところもあるが、最近では珍しくスケール感がある建築で、造形的にはバランスのとれた迫力ある作品。久しぶりに建築らしい建築を見た想いがした。帰りに街中で現在建設中の教会（「サンティシモ・レデントール教会」）を見たが、これもなかなか素晴らしく、現在、建設費用の基金が足りないために一時工事を中断しているが、今まで出来上がっている状況を見る限り、かなりの力作である。今年の末には完成させたいと言っていた。またカナリア諸島に来る楽しみが増えた。

三月十八日（水）

昨日、常夏のカナリア諸島から帰ってきたせいかもしれないが、パリはやはりまだまだ冬。ただ、数日前は十五度ぐらいあったので、並木は所々少し芽が出かかっていて、春がそこまで来ていることを

フェルナンド・メニス：MAGMAアート&コングレス・センター、2005年（GA Document 107）

ジャン・ヌヴェル：デンマーク・ラジオ・コンサートセンター、2009年（GA Document 107）

ル・コルビュジエ：サヴォア邸、1931年

感じさせる。

今日は、『住宅全集』の最後のツメのためにパリ郊外の「サヴォア邸」に来ている。快晴。やはり、この住宅は快晴が似合う建物である。周囲の木立は黒々として春はまだまだという感じもするが、それもよく似合う風景である。

一九六〇年以降、もう十回以上も来ているので、撮影するところも無いといえばないのだが、やはり再確認のためにやって来た。ぐるぐる廻るうちに、新しいアングルを数カ所発見できた。コルビュジエの傑作というより、現代建築の傑作といった方が適切だと思うのだが、この住宅の持っている魔力はすごい、とつくづく思う。理論と造形が一体となって、語りかけてくる。こちら側が成長するにしたがって、どんどん高度な言葉が投げかけられてくるのは、この住宅の奥の深さだろう。特に若い人たちは少なくても三、四年に一度は「サヴォア邸」を訪れ、会話することをお勧めしたい。二〇年ぐらい続ければ、おそらく少しは住宅のことが解るかもしれない。

三月二一日（土）

ジャン・ヌヴェルの「デンマーク・ラジオ・コンサートセンター」撮影のため、コペンハーゲンに来る。厳寒の空気が、飛行場に降り立つと共に吹き込んで来た。雪は無いが人口の少ない北欧の街は人通りも少なく静かなので、余計に寒い。街の中心から十五分ぐらい離れた場所に、ラジオ局のいくつかの建物の一棟として、運河に面した場所に、青い膜に覆われた何の変哲も無い四角いビルが建っている。

このビルが威力を発揮するのは、夜になってからである。ちょうど土曜日の夜で、コンサートが行われるということで、六時頃から人々が集まってきた。青一色の外壁に、演奏する音楽家の映像が映し出され、ヌヴェル・マジックが始まる。

同右、コンサートホール

同右、ホワイエ

それほど鮮明ではないが、外側の膜面に映し出される巨大な映像は、それはそれでインパクトがある。

開場されて内部に入ると、玄関ホール、二階ホワイエと、大空間に、外膜と同じく装飾化された模様が壁や天井に映し出され、それは楽しい空間に早変わりする。開幕を待つまで、観客は楽しい空間で一杯飲みながら会話に花を咲かせ、時を待つ。

彼の新しい作品は一作ごとに、話題になる仕掛けがいつも顔を出す。ロビーにあるクロークは、アルミの楽器用ハードケースだし、階段や廊下廻りのフェンスはバーチ材。コンクリートの壁面には模様を付けるため特殊なプラスチック板の型枠が使われ、事務所の天井や壁面には赤や黄色のダイナミックな模様が登場して、夜空に浮かび上がる。その風景は非常に新鮮なものだった。

いよいよメインのコンサートホールである。一見して木をくり抜いたような造形で、今までの彼のインテリアには珍しく暖かみのある雰囲気が漂う。やはり北欧を意識したのだろうが、一昨年完成したパリの「ケ・ブランリー美術館」に通じるものがある。

今日において、OMAとスティーヴン・ホールとジャン・ヌヴェルの作品は、現代建築に新風を吹き込む御三家と言っても過言ではないと思う。

GA日記

2009年　4 — 5月

四月二六日（日）
シカゴ到着。ウィスコンシン州の州都であるマディソンで一泊する。大変寒い。まだ春は遠い模様、やはり北国である。

ミース・ファン・デル・ローエ：ファンズワース邸、1950年

四月二七日（月）
曇りの「ファンズワース邸」を訪問。風雲急を告げるくらいの天候。しかし、この天気は長い間待ち望んでいたので、し

同上、フォックス・リバー越しに見る

◁△フランク・ロイド・ライト：タリアセン、
「ロミオとジュリエットの塔」の風車（左）

めしめという気持ちである。なぜならば、この家は昔からこのフォックス・リバーの洪水に苛まれ、一時は家全体が水流に瀕したこともある。去年も床上まで水が来て、この度も床上の壁にはっきりと水跡があるのを見た。実は去年の秋、来る予定にしていたのだが、直前に洪水が起こって中止にしたのだった。多分、今日の天気のように薄暗い空の上を雲が飛んでいく光景の中で大雨が突然降ってきて、あっという間に洪水になるのだろうと想像する。今日も川向こうの公園から撮影していると、川の流れは思ったより急で、動画で撮影してみて、撮った映像を見ると、かなり迫力のある光景である。特に白亜の殿堂とこの周囲の景色の対照的なこと、素晴らしいものがあるが、風景だけで終わって欲しいと思い、今年の秋の撮影まで安泰であることを祈って後にした。

四月二八日（火）

早朝、F・L・ライト・ファンデーションである「タリアセン」に来る。広大な敷地にはまだまだ春の息吹は遠く、前面の池も強風に煽られて波立っている。遠くから眺めると書斎の屋根が工事のために無くなっていることがわかる。最近、いつ来ても手直しがあり、古い建築の保存の大変さを感じる。しかし一旦中に入るとよく手入れが行き届いており、建物の中心である巨大なリビングルームは、この数十年の中でも一番美しい佇まいで恐らく近年に修復が行われたことがわかる。

ライトの寝室を始め書斎を除いた部分は完璧な姿を保っていることを確認した。敷地の木立もよく手入れされ、遠望できる「ロミオとジュリエットの塔」の風車も美しい姿を見せていた。

敷地内にある農機具倉庫はかなり傷んでおり、昨今、農作業は行われていないようである。昔は教育の一環として「タリ

△▷フィリップ・ジョンソン：ガラスの家（ジョンソン自邸）、1949年

アセン」に学ぶ学生たちが働いている風景がよく見られたものである。ホーム・ファンデーションの建物や製図室は健在、昔と変わらない「タリアセン」を見ることができ、夕方、安心して別れを告げた。

四月二九日（水）

次の訪問先は、ミシガン州、リチャード・マイヤー設計の「ダグラス邸」である。三代目の現オーナーから連絡があり、明日は快晴だが明後日は大雨が降ると言う。「タリアセン」から車で九時間の距離があり、飛行機にするかどうか思案していたのだが、結局車で出発。午後十時頃にグランド・ラピッドに到着、翌日朝三時に起き、ひたすらハーバー・スプリングスを目指すはめになったが、九時、無事に到着することができた。

「ダグラス邸」は一九七三年に完成、たぶんその直後に撮影に来たはずで、三五年前に建った住宅が、手を入れているにしても、完成時と同じ姿で私の目の前にあらわれたことには驚いた。三代目の現オーナーの苦労話を聞くにつれて、その理由が分かる。このようなオーナーに恵まれた住宅は幸せである。

五月一日（金）

フィリップ・ジョンソンのニュー・キャナンの「ジョンソン自邸」に行く。彼は亡くなる前にコネチカット州にここを寄付することにしていたのは知っていたが、今日、この住宅がどのようになっているかが気になっていた。しかし、住宅と点在するパヴィリオン群はほぼ完全に保存され、州が本気で運営していることが確認できた。再び、この一年間で四季の「自邸」を撮影することへの勇気が出てきた。六〇年代に撮影したフィルムが、モノクロは変化がないのだが、カラーが退色してきたことが原因。

五月二日（土）

リチャード・マイヤー設計の「オールド・ウェストベリーの家」（一九七一年）に行く。この住宅はニューヨーク郊外、木立に囲まれた見るからに環境の良さそうな高級住宅地の一角にある。緑に包まれて、特徴のある純白のマイヤー調の家が見えてくる。近づくと三五年前の新築時と少しも変わらない完璧な保存状態に感心させられる。

リチャード・マイヤー：ダグラス邸，1973年

同上、居間

住宅としては大スケールの空間に、以前と違って現代美術の作品が現オーナーによって所狭しと押し込められている。原色に彩られた作品が折り重なっている光景を良しとするかどうかは個人の趣味の違いだけなのだろう。アメリカには、この手の巨大住宅はよく見られるが、クライアントが要求した空間原理に対する答えである。

モーフォシス：クーパー・ユニオン、2009年（写真は工事中）

五月三日（日）

久しぶり（一年ぶりくらいか）のニューヨークなので、少し街中をドライブしてみた。

ちょうど、モーフォシス設計のクーパー・ユニオンの新校舎が完成間近で、これを見に行く。トム・メインの作品の中でも、上位に入る作品である。インテリア工事が進んでいる最中だったので内部は見なかったが、想像するかぎりでは密度の高い作品だろう。七、八月の撮影が楽しみである。

五月四日（月）

一九六七年完成のリチャード・マイヤーの作品、「スミス邸」に行く。私が初めて訪れたリチャードの作品であった。ニューヨークからニューイングランドに行く途中、海側の素晴らしい岩々に囲まれた最高級住宅地である。四〇年経った今も、この住宅の品位と美しさは何ら変わって

リチャード・マイヤー：スミス邸、1967年

同上、居間を見下ろす

リチャード・マイヤー：サルツマン邸、1969年

いないことを確認した。昔撮影した時に居たと思われる御子息にお目にかかることが出来たことも感激であった。中年になった彼は映像作家であり、現代美術の巨匠、フランク・ステラの映画を撮影しているとか、この家のクライアントであったアーティストである彼の母が昨年亡くなられたとか。昔撮影の時に親切にしていただいたことを思い出した。

　この傑作住宅も新築時と同じように見事に保存されて建っていることが、何か夢をみているかのような気持ちになった。海の彼方に見えるロング・アイランドの陸地も、住宅を囲む岩も何も変わっていない静かな環境があることが大変不思議であった。

五月五日（火）

ニューヨーカーが憧れるイースト・ハンプトンの住宅地に来ている。七〇年頃から続々と建てられた高級別荘地帯は昔よりも少しは密度が増したと思われるが、それでも一軒ごとの敷地の大きさがその豊かさをキープしているのはさすがである。

　昨日夕方、下見に来た時、窓拭きの職人が多数仕事をしていたのを見たのだが、今日は何と運悪く大雨で、オーナーの好意もこの雨と共に流れ落ちてしまった。この「サルツマン邸」は、マイヤーがニューヨーク・ファイブと呼ばれていた頃の作品であり、この地にはチャールズ・グワスミーの作品も数多くある。

　この度、シカゴから始まってニューヨーク一帯まで、四〇年ほど前の住宅をリサーチして廻ったが、ほぼ満足する結果であった。いやそれ以上かもしれない。どの家も完璧に保護されていたことは、オーナーの労力のたまものであり、住宅を深く愛しておられる気持ちの結果であろう。

△▷スティーヴン・ホール：Yハウス、1999年（GA Houses 64）

五月六日（水）

一転して、ニューヨークの町から北上、ニューヨーク州の州都であるアルバニー近郊にある、スティーヴン・ホールが一九九九年に完成させた「Yハウス」に行く。この住宅が完成した時にヨーロッパに居たために来られず、今回が初めての訪問である。

写真を見て想像していたより、遙かに素晴らしい住宅で、写真ではローコストに見えた住宅はとてもゴージャスで、スティーヴンの巧みな空間構成は私を唸らせるのに充分であった。林に囲まれた外観が赤褐色に塗られていることの必然性も納得できるし、外観と内部空間を歩くことで、それらの一体感を体験することができる。天井高、室内の壁の寸法の完成度の高さはさすがと言わざるを得ない。だから建築は現場に足を運ばないと永久に解らないものだ。特に最近のトップレベルの建築家、フランク・ゲーリー、レム・コールハース、トム・メイン、ジャン・ヌヴェルらの作品は是非見なければならない。

五月八日（金）

昨日夕方、ニューヨークを出発、テキサス州ダラスに夜遅く到着した。

今日もホールが一九九二年に設計した、ダラスの街中、高級住宅街の一角にある住宅、「ストレット・ハウス」の撮影。勿論、この家も新築当時そのままの姿を外観にも、インテリアにも見ることができた。もしかすると、新築当時以上かもしれない。オーナー夫婦だけが住む住宅で、彼らの卓越した教養と趣味が家全体ににじみでていて、ホールの建築哲学をしっかりと受け止めていて、すばらしい空間が合成されている。

特に新築の時と違うのは庭全体が完成されたことであり、ダラスの街中に居るとは思えない幽玄の世界を創造している。

△▷スティーヴン・ホール：ストレット・ハウス、1992年（GA Houses 38）

緑と水のシンフォニーが気持ちよく住宅を取り囲んでいる。

この二週間、息付く暇もなく強行軍の旅行であったが、疲れなど一切感じなかったし、建築の持つ魅力を充分に堪能した。このような素晴らしい時間をくれたオーナーと建築家に心からお礼を言いたい。

GA日記

2009年　6月

六月十五日（月）

予定通り、十三日にパリに着いたのだが、自動車のバッテリが上がっていたので、バーゼルには、十五日の早朝四時に出発。

フランク・ゲーリー：ノバルティス・キャンパス・ゲーリー棟（工事中）、アトリウム

目的は、数年前から建設工事が進んでいる、スイス、バーゼルのノバルティス製薬のオフィス群である。二〇〇六年先行して完成した妹島和世さん、西沢立衛さんの棟（「ノバルティスキャンパスWSJ-158」p.220）を覚えておられる人もいると思うが、その後、次々と建物が完成していた。この度のゲーリーの「ノバルティス・キャンパス・ゲーリー棟」も、一連の計画に続くものである。

同上、オープンオフィス

現場は手直しの最中で、撮影などする雰囲気は無く、建築材料が建物の中に広

フランク・ゲーリー：ノバルティス・キャンパス・ゲーリー棟の外観（工事中）

がっており、ただ唖然とするばかり。一応二時間かけて全体を見て、ウィーンに向かうことにした。

六月十八日（木）

ウィーン、グラーツとオーストリアの仕事をして、今日はバーゼルに帰ってきた。まだまだ工事現場の様だが、先日よりは少しましで、内部の撮影だけでもと、撮り始める。

　この建築、やはりフランク・ゲーリー調で、空間は複雑、自由奔放。ゲーリー芸術は行く所を知らず、好調である。最近の作品の中でもよくまとめられており、空間のつながりは、上下、左右に不自然さがない。天井は、スティールとガラスのスカイライトで覆われているが、遮光がよく計算されており、ルーバーのコンピュータ制御によって不愉快な光の洩れがないのが良い。おそらく、この中で仕事をする人にとっては、ただ明るいだけでなく、一日を通じて変化する明暗が楽しいはず。間仕切りはほとんど無く、建物全体が一室空間となっている。基本的なオフィス家具はゲーリー作。もはやワンマンションである。おそらく建築費も他の棟とは比べものにならない待遇である。現代のオフィス空間の革命であり、賃貸オフィスとは一線を画している。今後、ますますゲーリー芸術は世界各地に話題作を提供するだろう。

　広大な敷地には、現在、日本勢では、槇文彦さん、安藤忠雄さん、谷口吉生さんらの棟も進行している。

六月二一日（日）

朝七時にサンマルコ広場から安藤さんの美術館「プンタ・デラ・ドガーナ」を眺めている。サンマルコ広場の向かい側、ヴェネツィアでは最高のロケーションである。十五世紀から十七世紀にかけてつくられた、もともとは海の税関だった建

安藤忠雄：プンタ・デラ・ドガーナ再生計画、2009年（GA Japan 100）

物を改修し美術館としてこの六月オープンした。

パリでルノーの工場跡に計画されたピノー美術館が中止になったが、そのヴェネツィア版である。建築の出来がどうのこうのと云ったことより、日本人がこの仕事をしたことこそ、最大のニュースであると思われる。最近の安藤さんの仕事はこの手のものが多く、この美術館も安藤さんでないと出来ない仕事の系列に入るだろう。

外観は歴史的な建物であるゆえ、ほとんど新しいデザインは施されておらず、開口部に填められたスカルパ調のスティール格子が目を引くのみである。美術館内部は良く出来ており、大小の展示スペースは、現代と古典とが上手く絡み合って、安藤さんが今まで数多くの美術館で手がけてきたことが実証されている。

特に彼の得意のコンクリート打ち放し

同上、外壁ディテール

△▽同上、展示室

△▷カルロ・スカルパ：ヴェリッティ邸、1961年（GA Houses 111）

の技術が、伝統ある古典建築の中でいやみなく成立しているのは、安藤さんの力であると思う。古典の大空間が、現代の材料であるコンクリートによって囲まれている姿は安心感を与えるし、現代を象徴するに相応しいデザインである。古典的な木の小屋組、レンガの柱、伝統ある石造の組み合わせに対して、安藤さんのコンクリートは古典材料に匹敵する質を持っている。この美しさは安藤マジックの一つだが、おそらく今日までつくられた現代建築のコンクリートの中で一番優雅で品格がある。

六月二二日（月）

以前から撮影したかったカルロ・スカルパのウディネの住宅（「ヴェリッティ邸」）の撮影許可がやっと取れて勇んでやって来た。

　ウディネの街の中心から少し外れた場所にある建物は、道路に面した門からして堂々とした大邸宅である。外観から察するところ、周囲の便利の良い場所は高層マンションが建っており、現在でも隣接している場所に工事現場を見ることができる。

　門から長いアプローチをたどると、カルロ・スカルパの特徴ある全景が顔を出した。思っていたより状態が良く、少し大袈裟に言えば、完成した頃とほとんど変わりがなく、いかにクライアントがこの住宅を大切にしていたかを感じることができた。クライアントの娘さんが現在のオーナーで、彼女の話によれば、弁護士の父とカルロは大変親密だったようだ。

　内部に入ると、インテリアも新築状態で驚きである。インテリアがすべてカルロの世界そのもので、五〇年代のイタリアの職人の素晴らしさを満喫した。フランク・ロイド・ライトの影響を所々に見ることができるが、造り付けの家具や天井、壁面など、どこをとってもカルロの

△▷トビア・スカルパ：トビア・スカルパ邸、1970年

芸術が宝石のように散りばめられている。彼の作品は非常に数が少ないので、この住宅は貴重な文化財である。

六月二三日（火）

カルロの息子であるトビア・スカルパが新しい住宅をつくったので、その家を訪ねた。彼とは長いこと会っていなかったので、大変に嬉しい思いがした。初めて会ったのは六〇年代の初め、彼は売り出し中の新進の家具デザイナーで、カルロに負けないセンスでイタリアの黄金時代（六〇年代）の一員として登場し、カッシーナの重要なメンバーの一人であった。その後、B&Bを設立して大活躍するのであるが、家具だけでなく建築にも優れた作品が多い。

　話をしているうちに、彼の初期の自宅を見たく思い、ヴェネツィアとアーゾロの中間にある住宅（「トビア・スカルパ邸」）に行く。広大なワイン畑のなかにある建物は、以前と変わりなく、現在では娘さんの一家が住んでいた。広い敷地の中にはテニスコートがあり、子供たちの声が飛びかっている。四〇年も経っているが、やはり優れた住宅は、古い新しいを超越した素晴らしさがある。

　最近完成した、古い美術館の修復の仕事の写真を見せてもらってトビアと別れた。お父さんのカルロが、ヴェローナの「カステルヴェッキオ美術館」で、中世に建

カルロ・スカルパ：カステルヴェッキオ美術館、1964年

△▷アルヴァロ・シザ：ミデレン＝デュポン邸，2003年（GA Houses 111）

てられた彫刻美術館を修復し、美術館として再生させたように、トビアもこれからこのような仕事を手掛けていくのかもしれない。

六月二五日（木）

ベルギーの港町ブルージュの近くの町、オステンドにやってきた。アルヴァロ・シザの住宅兼画廊「ミデレン＝デュポン邸」。広いフィールドの中に古い農家の改造と新築を合体した建物である。現代美術のコレクターである画商の家らしく、シザ独特のかたちとスペースがゆったりとした空間を構成している。

この手の仕事はシザの得意分野で、何でもない古い農家を現代美術と融合させるという離れ業を楽々とこなしている。この地に来た人たちは、おそらく絵を見る満足感と同じく建築に対してよい印象を持つことができるだろうと思う。

あとがき

この本は、『GA Japan』が一〇〇号を迎えたので、それを機に、連載していた撮影記録をまとめたものである。

私は、建築を評価するには、まず実物そのものを見なければならないと思っている。

ちょうど十八歳の頃、日本の民家を見てみようと思った頃から建築の旅は始まっている。

ある日、日本という自分が生まれた国について、生まれ育った関西地方と大学の所在地である関東しか知らないことに、偶然気がついた。そして、この先何の仕事に携わるにしても、日本を知らないのは良くないのではないか、と不安を感じるようになった。

たまたま建築を勉強していたので、何気なく民家を選んだまでで、深い意味は無かった。

その頃、古い日本がアメリカ文化の振興によってどんどん壊されていく、と新聞やラジオで報道されていた。ある日、大学の先生に高山の民家のことを教えられ、一九五二年の夏休みに初めて、日下部さん、吉島さんの家を訪れることになった。この二軒の民家にたいへんな感激をおぼえ、その後、六年間にわたって日本国中を歩くことになる。

当時の日本の交通手段は、国鉄と駅に連絡している国鉄バスがほとんどで、その他はすべて歩きであった。勿論、旅館など現在のように完備されているはずもなく、山中のバスの停留所などに夕方到着したならば、その晩はほとんど野宿だった。当時一〇代の後半で二〇代の中頃までの旅であったので、体力的にも問題なくこの旅行ができたのだろうと思う。しかし、この旅行で体験したことは、今日まで基本的には続けていることであり、書いてある内容を不思議に思う人もいるかもしれないが、事実、この通りである。

『GA日記』は十五年間にわたる海外滞在録で、日本の民家の旅とはかなり違って、移動手段は自動車が中心である。

ヨーロッパとアメリカ大陸での基本的なパターンは、朝、四時か五時に出発して、目的地に八時か九時に到着するために、二〇〇キロから四〇〇キロ走る。現地に着くと、工事現場や完成された建築の撮影を夕方までする。夕方近くに終わると、次の目的地に向かって二時間から四時間走って、次の日の仕事の場所に到着するか、近くまで行く。

かなりハードなスケジュールであるが、我々の仕事は天候に左右されるので、一週間のうち二日ぐらいは長距離移動が無くなり、助かることになっている。自動車旅行を選んでいるのは、撮影用の機材がとても多くて飛行機や電車では持ち運びが制限されることと、目的地までの関係のない移動が、建築を見る旅にとっては非常に重要なことだからである。

建築は一つだけ独立して建っているわけではなく、その地方の気候や環境に多くが影響され発展したものである。また古来から建築家はよく旅行しているし、近代になってもフランク・ロイド・ライトやル・コルビュジエ、アルヴァ・アアルト、ルイス・カーンといった巨匠たちは、優れた旅行記を遺している。勿論、建築の設計は、持って生まれたセンスが重要であるが、旅行で培った経験も大切な要素になっているのは明白である。

一九五九年以降、一年のうち三分の二は日本から離れている。また日本に滞在している三分の一の期間も、日本中を駆け巡っている。旅は、建築に限らず衣食も教えてくれるし、平地の文化、山の文化、都市の文化、様々な体験をさせてくれる。

今年で七七歳になるが、このローテーションを変更しようとも思わないし、まだまだ建築のことを見極めたいと思っている。来週からもスイス、ドイツ、スペイン、イギリスの旅行が始まるが、今からわくわくして、新しい発見が待ち遠しい。

二〇〇九年八月一日　　二川幸夫

二川幸夫 略歴

1932年　大阪市生まれ
1956年　早稲田大学卒業
1970年　A. D. A. EDITA Tokyo設立

主な受賞

1959年　『日本の民家』全10巻により
　　　　毎日出版文化賞
1975年　アメリカ建築家協会（AIA）賞
1979年　毎日デザイン賞
1984年　芸術選奨文部大臣賞
1985年　国際建築家連合（UIA）賞
1997年　紫綬褒章
　　　　日本建築学会文化賞
2005年　旭日小綬章

GA日記

2009年8月25日発行

著者：二川幸夫
企画・編集・撮影：二川幸夫
アート・ディレクション：細谷巖

印刷・製本：図書印刷株式会社
制作・発行：エーディーエー・エディタ・トーキョー
151-0051　東京都渋谷区千駄ヶ谷3-12-14
TEL.(03)3403-1581(代)

ISBN 978-4-87140-666-6 C1052